Legal Tech und Legal Robots

Jens Wagner

Legal Tech und Legal Robots

Der Wandel im Rechtswesen durch neue Technologien und Künstliche Intelligenz

2., vollständig überarbeitete und erweiterte Auflage

Springer Gabler

Jens Wagner
München, Deutschland

ISBN 978-3-658-28554-8 ISBN 978-3-658-28555-5 (eBook)
https://doi.org/10.1007/978-3-658-28555-5

Die Deutsche Nationalbibliothek verzeichnet diese Publikation in der Deutschen Nationalbibliografie; detaillierte bibliografische Daten sind im Internet über http://dnb.d-nb.de abrufbar.

Springer Gabler ist ein Imprint der eingetragenen Gesellschaft Springer Fachmedien Wiesbaden GmbH und ist ein Teil von Springer Nature.
Die Anschrift der Gesellschaft ist: Abraham-Lincoln-Str. 46, 65189 Wiesbaden, Germany

Vorwort

Vor über einem Jahrzehnt hatte *Richard Susskind,* der weltweit wohl bekannteste Wissenschaftler, Autor und Berater zum Thema Legal Profession, in einem Buchtitel die provokante Frage nach dem Ende der Anwälte gestellt („The End of Lawyers?"). Er hat die Frage im Ergebnis zwar verneint, aber eine Verschmelzung von rechtlicher und technologischer Kompetenz als künftiges Anforderungsprofil an den juristischen Berufsstand prophezeit (Susskind 2008, S. 270 ff.). Die grundsätzliche Richtigkeit dieser Vorhersage dürfte heute keiner mehr anzweifeln. Schließlich ist zu erwarten, dass die technologische Entwicklung in Form der Digitalisierung den Rechtsmarkt ebenso verändern wird, wie sie andere Märkte zuvor bereits verändert hat. Die Veränderung betrifft zuvorderst Kanzleien sowie Rechtsabteilungen in Unternehmen. Im Bereich von Justiz und Verwaltung bleiben Veränderungen aber ebenfalls nicht aus. Und im Bereich der Gesetzgebung gibt es Überlegungen dazu, wie die Digitalisierung den Entstehungsprozess und die Anwendung von Gesetzen optimieren könnte. Dort könnte auch der Schlüssel für eine spätere, erneute Digitalisierungswelle im Rechtswesen liegen.

Die technischen Neuerungen der vergangenen 20 Jahre bedeuteten für Juristen in erster Linie Erleichterung und Beschleunigung ihrer täglichen Arbeit durch ein optimiertes Arbeitsumfeld. Für die kommenden 20 Jahre zeichnet sich ab, dass Legal Tech die Strukturen im Kernbereich der juristischen Tätigkeit, und damit zugleich die Arbeitsweise, vermutlich sogar die Denkweise von Juristen aufbrechen und stark verändern wird. Im Laufe der Zeit ist eine ganz neue Branche entstanden: Legal Tech Start-ups arbeiten an Anwendungen, die auf einen durchgreifenden Wandel der juristischen Tätigkeit setzen und diesen mit ihren Produkten ermöglichen. Kanzleien und Unternehmen loten Chancen und Risiken aus und sind vielfach gewillt, die Entwicklung nicht nur mitzugehen, sondern aktiv mitzugestalten. Der Rechtsmarkt verliert zudem seinen Nischencharakter. Die großen IT- und Internetkonzerne haben längst ein Auge auf ihn geworfen (vgl. Jacob 2018, S. 189 ff.).

Das vorliegende Buch soll es dem Leser ermöglichen, sich in relativ kurzer Zeit einen tieferen Einblick in das Thema Legal Tech und die damit zusammenhängenden Fragestellungen zu verschaffen. Dazu erfolgt in kompakter und leicht verständlicher Form eine systematische, zukunftsbezogene und inspirierende, aber auch kritische

Auseinandersetzung mit dem Thema. Die Darstellung hat ihren Ursprung in einem Aufsatz des Verfassers, der unter dem Titel „Legal Tech und Legal Robots in Unternehmen und den diese beratenden Kanzleien" im April 2017 erschienen ist. Die erste Auflage des Buchs erfolgte als Springer *essential,* für das der Aufsatz vollständig überarbeitet, die darin enthaltenen Gedankengänge und Informationen neu strukturiert, fortentwickelt und ergänzt wurden. Für die vorliegende zweite Auflage wurde die Darstellung aktualisiert, um neue Aspekte ergänzt und an den relevanten Stellen vertieft. Insbesondere widmet sich die zweite Auflage jetzt auch dem Einsatz von Legal Tech in Justiz und Verwaltung und innovativen Überlegungen im Hinblick auf Entstehung und Anwendung von Gesetzen. In diesen Bereichen, die nicht zum Rechtsmarkt gehören, wohl aber zum Rechtswesen bzw. zum „Ökosystem Recht", hat das Thema Legal Tech in kurzer Zeit erheblich an Bedeutung gewonnen. Vor diesem Hintergrund wurde auch der Untertitel dieses Buchs neu gefasst.

In die vorliegende Darstellung sind insbesondere die Kenntnisse und Erfahrungen eingeflossen, die der Autor als Leiter eines durch Legal Tech geprägten Bereichs einer internationalen Anwaltsgesellschaft sowie aus Gesprächen mit Vertretern von Rechtsabteilungen, Legal-Tech-Unternehmen, Wissenschaft sowie Justiz und Verwaltung gewinnen konnte. Besonderer Dank gilt den Mitgründern des Liquid Legal Institute e. V. für viele konstruktive und gewinnbringende Diskussionen. Über Fragen und Anmerkungen freut sich der Autor unter jens.wagner@allenovery.com.

Jens Wagner

Literatur

Jacob, K. (2018). From contract management to legal content management. In M. Hartung, M. Bues, & G. Halbleib (Hrsg.), *Legal Tech – Die Digitalisierung des Rechtsmarkts* (S. 189–197). München: C. H. Beck.

Susskind, R. (2008). *The end of lawyers? Rethinking the nature of legal services.* Oxford: Oxford University Press.

Inhaltsverzeichnis

Grundlagen 1

Legal Technology, kurz: Legal Tech, wird den Rechtsmarkt sowie das juristische Arbeiten grundlegend verändern (Susskind 2013). Umfang und Geschwindigkeit der Veränderung lassen sich dabei nur schwer abschätzen. Fest steht jedoch: Wir befinden uns gerade am Anfang einer Phase, in der Legal Tech von der Peripherie ins Zentrum der juristischen Tätigkeit vorzurücken beginnt. Der damit wachsende Einsatz von Legal Tech bringt Herausforderungen mit sich, auf die sich der Rechtsmarkt einstellen muss. Vor allem aber ergeben sich daraus ganz neue Möglichkeiten für

- eine effizientere Rechtsberatung,
- eine Steigerung der Qualität der juristischen Arbeit,
- ein echtes Legal Management im Sinne einer (auch) auf rechtliche Parameter abstellenden Entscheidungsfindung und Steuerung in Unternehmen (dazu Jacob 2018, S. 194 f.),
- einen besseren Zugang zum Recht und eine effizientere Rechtsdurchsetzung für Private sowie für kleine und mittlere Unternehmen (KMU) und im Idealfall schließlich auch
- eine effektivere Rechtsdurchsetzung.

Nicht nur in Kanzleien und Rechtsabteilungen, sondern auch in Justiz und Verwaltung ist Legal Tech auf dem Vormarsch. Selbst in der Gesetzgebung wird früher oder später die Digitalisierung Einzug halten, und zwar nicht nur in dem Sinne, dass sich Gesetze zunehmend mit den Rahmenbedingungen der Digitalisierung befassen, sondern auch dergestalt, dass der Gesetzgebungsprozess und der Vollzug bzw. die Anwendung von Gesetzen digitaler werden dürften.

J. Wagner, *Legal Tech und Legal Robots*, https://doi.org/10.1007/978-3-658-28555-5_1

1.1 Legal Tech im Überblick

▶ **Legal Tech** bezeichnet im weitesten Sinne Informationstechnik (IT), die im juristischen Bereich zum Einsatz gelangt. Eine feste Definition, welche die Bedeutung des Begriffs konkreter zu fassen vermag, gibt es nicht. Der Begriff wird vielmehr als Sammelbecken für jegliche im juristischen Bereich nutzbare Software gesehen (Grupp 2014, S. 660).

1.1.1 Unmerkliche Anfänge

Die Mehrheit der Juristen hat in den vielen Neuerungen der vergangenen 20 Jahre, die wir heute unter Legal Tech einordnen würden, lange Zeit nichts Außergewöhnliches gesehen. Der Übergang von der Papierakte zur „Virtual File", der Gebrauch von Programmen, die automatisiert den ersten Entwurf eines Dokuments erstellen (und die bereits zu Beginn der 2000er Jahre genutzt wurden), die Recherche in juristischen Online-Datenbanken (z. B. *juris*, *beck-online* oder *JURION*), die Nutzung virtueller Datenräume, all das hat die juristische Tätigkeit spürbar effizienter gemacht. Als radikaler Umbruch wurde das aber nicht empfunden. Auch die zunehmende Zahl virtueller Marktplätze für Juristen und von Portalen für rechtliche Inhalte sorgte im Lichte des allgemeinen technologischen Fortschritts lange Zeit nicht für übermäßiges Aufsehen. Erst in der jüngeren Vergangenheit ist plötzlich Legal Tech als begriffliche Klammer und Thema in den Fokus vieler Juristen und sogar in das Bewusstsein einer breiteren Öffentlichkeit gerückt. Zuletzt hat sich auch der Deutsche Bundestag vertiefter mit dem Thema befasst. Anlass waren mehrere sogenannte Kleine Antragen einzelner Fraktionen sowie Gesetzesentwürfe, die das Rechtsdienstleistungsgesetz und das Berufsrecht betreffen.

1.1.2 Veränderung der Wahrnehmung

Zwei aus dem Legal-Tech-Bereich bzw. der Informatik stammende Faktoren haben für die plötzlich gestiegene Aufmerksamkeit gesorgt:

Lernfähige Algorithmen und damit einhergehende Verbesserungen im Bereich der Erkennung natürlicher Sprache (dem sogenannten **Natural Language Processing**) sorgen dafür, dass mithilfe von IT nicht nur mechanische Tätigkeiten des Menschen bzw. Workflow, sondern zunehmend auch geistige Tätigkeiten nachgebildet werden können. So ist man durch Einsatz lernfähiger Algorithmen im Bereich der Sichtung und juristischen Analyse von Dokumenten bereits weit vorangeschritten. Auch bei der Kombination unterschiedlicher Lösungsansätze, Lernverfahren und Datenbanken innerhalb eines Gesamtsystems, gibt es beachtliche Fortschritte. Es erscheint nur noch eine Frage der

Zeit, bis Legal Robots in der Lage sind, in praxistauglicher Weise Rechtsfragen selbstständig zu lösen. Es geht also längst nicht mehr nur um die Digitalisierung des Arbeitsumfelds und um das Bereitstellen von einzelnen effizienzsteigernden Tools, sondern darum, dass Legal Tech in der Lage ist, originär juristische Tätigkeiten zu übernehmen und diese in bestimmten Bereichen womöglich schneller und zuverlässiger zu erledigen als ein Mensch. Das macht Legal Tech zu einem ernst zu nehmenden Thema.

Und dementsprechend ist Legal Tech nicht in der Theorie stecken geblieben. Vielmehr sind zahlreiche **Legal Tech Start-ups** zunächst in den USA, danach im Vereinigten Königreich und später auch in Deutschland entstanden. Eine ganze Branche beschäftigt sich heute damit, nicht nur digitale Hilfsfunktionen für Juristen bereitzustellen, sondern darüber hinaus auch Tätigkeiten im Kernbereich der juristischen Arbeit zu digitalisieren. In 2017 ging man davon aus, dass es weltweit rund 700 Legal-Tech-Unternehmen gibt, von denen rund 100 im deutschen Markt aktiv sind (Tobschall und Kempe 2017, S. 10). Heute sind es weltweit deutlich über 1000 (zur dadurch entstehenden Komplexität der Legal-Tech-Landschaft Abschn. 1.1.6) und deutschlandweit lassen sich weit über 100 Legal-Tech-Unternehmen zählen. Sie entwickeln mit großem Ehrgeiz IT-Anwendungen, die immer mehr und immer komplexere Aufgabenstellungen mit beachtlichem Erfolg meistern. Sie alle lockt auch das finanzielle Volumen des Marktes für Rechtsberatung, das allein in Deutschland in einer Größenordnung von 20 bis 30 Mrd. EUR liegt. Außerdem wollen sie diesen Markt noch vergrößern, indem sie Verbrauchern Klagen ermöglichen, die bislang wegen eines unverhältnismäßigen Kostenrisikos unterblieben sind. Die wachsende Legal-Tech-Branche macht natürlich auch mit entsprechenden Werbemaßnahmen auf sich aufmerksam.

1.1.3 Legal Tech als Antwort auf Effizienz- und Kostendruck

Die Verheißungen der Legal-Tech-Branche fallen auf fruchtbaren Boden. Legal Tech gibt Antworten auf den steigenden Effizienz- und Kostendruck in der juristischen Branche. Lange Zeit war der Kostendruck im Rechtsmarkt – relativ betrachtet – geringer als in anderen Bereichen. Das hat sich mittlerweile geändert. Auch im Rechtsmarkt fordern heute die (externen oder internen) Kunden mehr und bessere Leistung zu niedrigeren Preisen ein. Der Effizienz- und Kostendruck lastet am stärksten auf den Rechtsabteilungen der Unternehmen und damit mittelbar auch auf den diese beratenden Kanzleien. Legal Tech kann entscheidend zur Effizienzsteigerung und Kostensenkung beitragen.

Dabei steht Legal Tech ergänzend neben dem Trend zum sogenannten **Legal Process Outsourcing (LPO),** bei dem einfache und repetitive Teile der juristischen Tätigkeit auf darauf spezialisierte Dritte ausgelagert werden. Beispielsweise gibt es Anbieter, die die Dokumentensichtung im Rahmen einer Due Diligence übernehmen. Nicht selten nutzen gerade solche LPO-Anbieter bei ihrer Tätigkeit Legal-Tech-Anwendungen, um einen Kostenvorteil gegenüber Kanzleien zu erzielen.

Auch Justiz und Verwaltung sind vom Effizienz- und Kostendruck nicht ausgenommen. So werden auch hier Veränderungen angestoßen, um die knappen finanziellen Ressourcen im Interesse einer besseren Rechtsdurchsetzung optimal zu nutzen und um der Forderung nach einem verbesserten Zugang zum Recht nachzukommen. Bei Justiz und Verwaltung kommen aber zusätzliche, durch soziale und technische Veränderungen hervorgerufene Phänomene hinzu, die unser Rechtswesen in einzelnen Bereichen herausfordern und seine Effektivität verringern. Unser Rechtssystem ist historisch auf individuelle rechtliche Konflikte im Verhältnis zweier in räumlicher Nähe angesiedelter Parteien ausgerichtet gewesen. Seine Prozesse müssen an die stetig wachsenden Herausforderungen einer globalisierten Welt und an die Wandlung einer Industriegesellschaft zu einer Internetgesellschaft angepasst werden. Legal Tech kann für diese Anpassung ein wichtiges Element sein. Die voranschreitende Digitalisierung vieler Lebensbereiche lässt zudem eine weniger stark digitalisierte Justiz und Verwaltung als rückständig erscheinen und schmälert das Vertrauen in diese. Legal Tech scheint in der Folge unabdingbar, damit Justiz und Verwaltung dem Erwartungsdruck seitens der digitalisierten Gesellschaft standhalten können.

1.1.4 Neue juristische Aufgaben und Geschäftsfelder

Mit Legal Tech lassen sich aber auch Aufgaben bewältigen, die in der Vergangenheit unmöglich erschienen: Verträge, die sich selbst erfüllen. Die Analyse von Vertragsinhalten und anderen rechtlichen Daten in Echtzeit zur Überwachung und Steuerung von rechtlichen Risiken. Auch eine Analyse, für welche Klauseln eines Vertrags sich zeit- und kostenintensive Verhandlungen tatsächlich lohnen, lässt sich IT-gestützt durchführen. Legal Tech könnte aber über solche Einzelaspekte hinaus einen ganzheitlichen Blick generieren und dadurch neue Möglichkeiten eines **echten Legal Managements** im Sinne einer (auch) auf rechtliche Parameter abstellenden Entscheidungsfindung und Steuerung in Unternehmen eröffnen (dazu Jacob 2018, S. 194 f.).

Zudem erschließt Legal Tech auch neue juristische Geschäftsfelder, die überhaupt erst durch den Technologieeinsatz wirtschaftlich interessant werden. Eines der frühen und bekanntesten Beispiele hierfür findet sich im Bereich des Verbraucherrechts, nämlich die online angebotene Prüfung und Verfolgung von Fluggastrechten bei Flugausfällen und -verspätungen.

Ferner gibt es zunehmend Herausforderungen, die ohne Legal Tech kaum noch zu bewältigen sind. Das gilt beispielsweise im Compliance-Bereich hinsichtlich einer Internal-Investigation, bei der teilweise zehntausende von Dokumenten gesichtet werden müssen, um daraus die relevanten Dokumente herauszufiltern. Andere Beispiele finden sich im Bereich des Kapitalmarktrechts. Dort gibt es aufsichtsrechtliche Vorgaben, deren Umsetzung sich etwa im Massengeschäft einer Bank ohne technische Unterstützung nicht mehr ohne weiteres bewerkstelligen lässt. Und schließlich ist an singuläre Ereignisse wie den Brexit oder den Wegfall des Referenzzinssatzes IBOR zu denken, die Auswirkungen auf unzählige Verträge haben – Auswirkungen, die ohne Legal Tech kaum in den Griff zu bekommen sind.

All diese Faktoren werden Legal Tech auch künftig weiter vorantreiben.

1.1.5 Legal Tech – ein Hype?

Das Jahr 2016 war wohl das bislang bedeutendste Jahr für Legal Tech in Deutschland (Reinemann 2017, S. 8). In 2016 hat die Bundesrechtsanwaltskammer eine Arbeitsgemeinschaft „Digitale Rechtsberatung" gegründet, der Bundesverband der Unternehmensjuristen (BUJ) hat eine Fachgruppe „Legal Tech" ins Leben gerufen und mit der European Legal Tech Association (ELTA) wurde in Berlin sogar ein eigener Verband gegründet. Vor allem aber entschied sich der Deutsche Anwaltverein dafür, den **68. Deutschen Anwaltstag,** der 2017 in Essen stattfand, dem Thema „Innovation & Legal Tech" zu widmen. Spätestens damit konnte in Deutschland kein Jurist mehr die Augen vor Legal Tech verschließen. Durch die begleitenden Medienberichte und Presseartikel wurde das Thema darüber hinaus einer breiteren Öffentlichkeit bekannt. Seit 2016 gab es zudem zahlreiche Konferenzen, Tagungen und sonstige Treffen, die dem Austausch zwischen Juristen, Programmierern und Start-up-Unternehmern dienten.

Das rasant gewachsene Maß an Aufmerksamkeit steht gewiss außer Verhältnis zur Bedeutung, die Legal Tech gemessen beispielsweise am aktuellen Umsatz der Branche oder dem gegenwärtigen Umfang der praktischen Nutzung von Legal-Tech-Anwendungen hat. Darauf abstellend könnte man allzu leicht einen gewissen Hype konstatieren. Wenn man jedoch auf das Veränderungspotenzial schaut, das Legal Tech für die Zukunft der juristischen Tätigkeit mit sich bringt, ist das gestiegene Maß an Aufmerksamkeit mehr als gerechtfertigt.

Der Höhepunkt des Hypes scheint zudem bereits überschritten. Wollte man den **Gartner Hype Cycle** (siehe Abb. 1.1) nicht für einzelne Anwendungen, sondern für Legal Tech als Ganzes beschreiben, dann würden wir uns vermutlich auf dem steilen Weg bergab ins „Tal der Ernüchterung" befinden, also in der Phase eines schnellen Abschwungs nach dem Hype, hervorgerufen durch eine wissenschaftlich fundierte Desillusionierung. Gerade das ist aber die Phase, in der sich die Ausdifferenzierung der Marktteilnehmer in zukunftsfähige, weniger zukunftsfähige und rückständige Marktteilnehmer erheblich verstärkt. Einzelne Legal-Tech-Themen sind außerdem schon deutlich weiter fortgeschritten und haben die Talsohle längst durchschritten.

Mit dem Höhepunkt des Hypes, also im Jahr 2016, sind auch die Investitionen in Legal Tech Start-ups in die Höhe geschossen und sodann weiter angestiegen. Das zeigen beispielhaft die Zahlen für das Vereinigte Königreich (siehe Abb. 1.2), den größten europäischen Legal-Tech-Markt. Die Form der sich daraus ergebenden Wachstumskurve dürfte für Gesamteuropa und die USA ähnlich sein. Die Geldgeber messen dem Legal-Tech-Markt offenbar eine zunehmende **wirtschaftliche Bedeutung** bei und glauben an die Entwicklung gewinnbringender Legal-Tech-Produkte. Auch die vermehrten Käufe

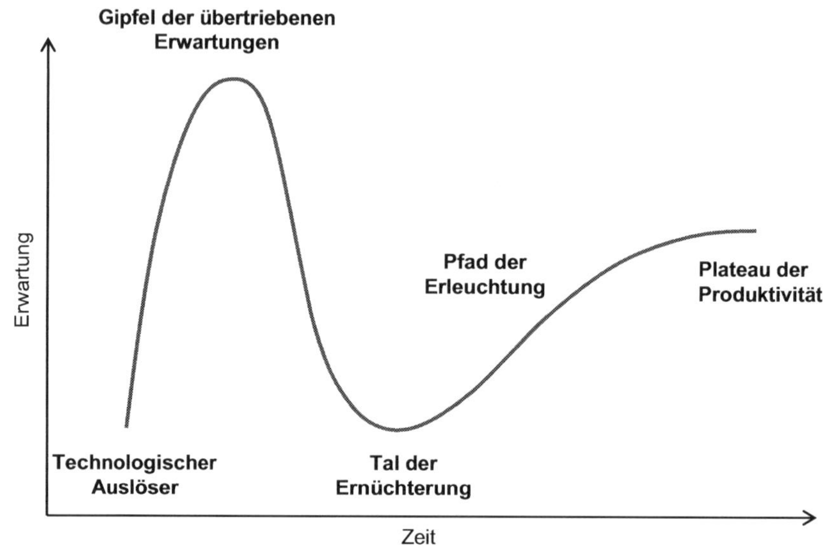

Abb. 1.1 Abstrakte Darstellung des Hype Cycle. (Nach Gartner 2019, Inc. abrufbar unter https://www.gartner.com/en/information-technology/research/hype-cycle)

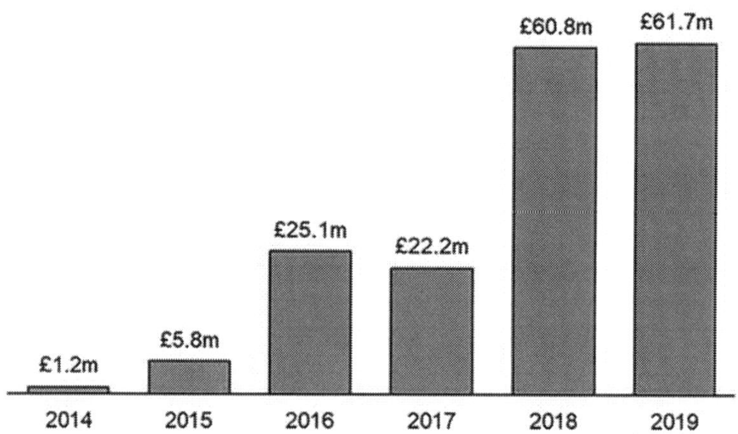

Abb. 1.2 Investitionen in Legal Tech im Vereinigten Königreich bis 30.09.2019. (Copyright © Thomson Reuters. Alle Rechte vorbehalten)

und Verkäufe von Legal-Tech-Unternehmen (dazu unter Abschn. 1.1.6) zeigen die Überzeugung des Marktes vom Mehrwert der Produkte und künftigen positiven Ertragsaussichten. Die globale Rechtsindustrie ist ein Billionen-USD-Markt, der stark zersplittert ist und auf dem es bislang – anders als etwa in der Wirtschaftsprüfung – nicht einzelne große „Player" gibt. Aufgrund dieser Ausgangssituation verbunden mit der Fokussierung der Rechtsdienstleistung auf den Kunden wird im Legal-Tech-Markt seitens der Investoren ein beachtliches Potential gesehen (Cohen 2019).

Andererseits darf man keiner blinden **Machbarkeitsillusion** verfallen. Vieles aus der Juristerei wird man auch künftig nicht oder nicht gewinnbringend durch Software erledigen können. Umgekehrt kann jedoch auch die Digitalisierung einfacher Arbeitsschritte sehr weitreichende Auswirkungen haben. Bestes Beispiel für Letzteres sind virtuelle Datenräume. Diese sind im Vergleich zu vielen anderen Legal-Tech-Anwendungen technisch eher weniger anspruchsvoll. Gleichwohl hatte ihre Einführung für viele Großkanzleien erhebliche wirtschaftliche Bedeutung, weil sich dadurch die bei einer Due Diligence abrechenbaren Stunden erheblich reduziert haben. Zusammenfassend kann man daraus folgern: Die Möglichkeiten von Legal Tech werden tendenziell überschätzt, das Veränderungspotenzial dessen, was möglich ist, wird hingegen häufig unterschätzt.

1.1.6 Die Komplexität der Legal-Tech-Landschaft

Wer sich dem Thema Legal Tech nähert, fühlt sich mitunter etwas verloren. Die Orientierung in der Legal-Tech-Landschaft fällt schwer. Denn über die Jahre hinweg sind viele kleine Unternehmen entstanden, die Produkte meistens für sehr singuläre Aufgabenstellungen anbieten. Das hat zu einem kaum noch überschaubaren Markt geführt.

Erst allmählich gibt es erste Anzeichen für eine bevorstehende **Konsolidierung.** Erste bekanntere Beispiele sind der Erwerb des britischen Legal-KI-Pioniers *RAVN* durch *iManage* in 2017 und des US-amerikanischen Legal-Tech- und Consulting-Unternehmens *LexPredict* durch *Elevate* in 2018 sowie des britischen Unternehmens *HighQ*, dessen Kernprodukt eine Kollaborationsplattform ist, durch *Thomson Reuters* und des auf Due Diligence und Vertragsmanagement im Real-Estate-Bereich spezialisierten deutschen Unternehmens *Leverton* durch *MRI Software* jeweils in 2019. Da immer wieder neue Unternehmen – wenn auch immer seltener mit neuartigen Techniken – am Markt auftauchen, wird die Legal-Tech-Landschaft aber noch lange Zeit äußerst kleinteilig bleiben.

Durch Unterteilung von Legal Tech in verschiedene Kategorien wird versucht, die Legal-Tech-Landschaft übersichtlicher zu machen:

- Ein bekanntes Beispiel aus dem Vereinigten Königreich ist die ***Legal Geek Start-up Map*** (http://www.legalgeek.co/startup-map/), die bezogen auf über 250 in Europa tätige Legal-Tech-Unternehmen eine Übersicht in modifizierter Matrix-Struktur bietet. Dabei werden in Anlehnung an einen U-Bahn-Plan einzelne Einsatzbereiche (People & Resources, Finance & Operations, Clients, Knowledge, Matters, Risk, Rights Management, Documents & Contracts, Litigation, Transactions, Consumer Service) als Linien mit zahlreichen Teilbereichen als Streckenabschnitten aufgeführt. Ergänzt wird das Ganze um eine Liste von Unternehmen, die die Start-up-Phase bereits verlassen haben und nun als „Scale-ups" ausgewiesen werden.

- Einen Überblick über den deutschen Legal-Tech-Markt nach verschiedenen Produktkategorien (automatisierte Rechtsberatungsprodukte; Marktplätze und Expertenportale; Legal Process Outsourcing [LPO]; sonstige Portale, Verzeichnisse und Inhalte; Forschung, Aus- und Weiterbildung; Anwaltliche Hilfsmittel; eDiscovery, Dokumentenanalyse; Dokumentenerstellung und Werkzeuge; Kanzleimanagementsoftware; juristische Datenbanken) findet man bei *Tobschall* und *Kempe* (Tobschall und Kempe 2018, S. 25 ff.).
- Einen globalen Überblick bietet der ***CodeX Techindex*** (http://techindex.law.stanford.edu/), der federführend vom Stanford Center for Legal Informatics erstellt wird und mittlerweile um die 1200 Legal-Tech-Unternehmen verschiedenen Kategorien (Marketplace; Document Automation; Practice Management; Legal Research; Legal Education; Online Dispute Resolution; E-Discovery; Analytics; Compliance) zuordnet.
- Vergleichbares hält der *Bundesverband der Unternehmensjuristen* (BUJ) im Internet mit dem ***LegalTechnology Compass*** (https://legaltechnology-compass.com/de/) bereit, der anhand ähnlicher Kategorien (Blockchain; Cloud Solutions; Communication Tools; eBilling; eDiscovery; Legal Document Automation; Legal Education; Legal Research; LPO [Legal Process Outsourcing]; Matter Management; Mobile Expertise; Spend Management) dem hierzulande tätigen Unternehmensjuristen weltweite Orientierung verspricht.

  Diese Versuche der Kategorienbildung verdeutlichen zugleich, wie groß das Spektrum ist, das durch Legal Tech abgedeckt wird.

1.1.7 Mehrdimensionalität von Legal Tech

Die Unübersichtlichkeit der Legal-Tech-Landschaft wird dadurch erhöht, dass Legal Tech mehrere Dimensionen hat. Es geht nicht nur um IT-Anwendungen rund um die Tätigkeit von Juristen. Auch das Objekt der juristischen Tätigkeit wird zunehmend digital. Rechtsverbindliche Erklärungen und konstitutive Rechtsakte erfolgen zunehmend elektronisch. Beispielsweise sind wirksame Anmeldungen zum Handelsregister in Deutschland nur noch in elektronischer Form möglich, und eine Satzungsänderung bei einer Kapitalgesellschaft wird mit ihrer „Eintragung" ins elektronische Handelsregister wirksam, die darin besteht, dass die betreffenden Daten im System hochgeladen werden. In ein paar Jahren wird man zudem Klagen vor Gericht nur noch im Wege elektronischer Kommunikation erheben können. Verträge zwischen Privaten können schon heute digital, etwa mittels elektronischer Signatur geschlossen und der verbindliche Vertrag als digitale Datei hinterlegt werden.

Noch weiter gehend sind sogenannte Smart Contracts: Bei ihnen findet sich der „Vertrag" nicht mehr (nur) in menschlicher Sprache, sondern ist als computerisiertes Transaktionsprotokoll geschrieben und kann sich dadurch ganz oder teilweise selbst vollziehen, also etwa eine in ihm vereinbarte Zahlung selbst auslösen. Man mag daran zweifeln, ob Smart Contracts tatsächlich ein Teil von Legal Tech sind. Da sie in Zukunft aller Voraussicht nach die Tätigkeit vieler Juristen beeinflussen werden, sollen sie vorliegend jedoch unabhängig von dieser dogmatischen Frage als Teil von Legal Tech behandelt werden.

Auch die Blockchain-Technologie wird teilweise in einem Atemzug mit Legal Tech genannt und in einschlägigen Werken zu Legal Tech ebenfalls mit behandelt. Indessen ist die Blockchain-Technologie als solche eher Objekt der juristischen Tätigkeit in dem Sinne, dass sie vielfältige juristische Fragen aufwirft, die es zu klären gilt. Jedoch ist es auch denkbar, dass Legal-Tech-Anwendungen auf einer Blockchain basieren. Vor diesem Hintergrund soll vorliegend die Blockchain ebenso wie Smart Contracts als ein Teil von Legal Tech behandelt werden.

1.2 Legal Tech im Kontext

1.2.1 Legal Tech als Teil der Legal Transformation

Der Rechtsmarkt verändert sich. Legal Tech ist nicht primär der Auslöser dieser Veränderung, sondern vor allem Mittel zum Zweck (siehe Abschn. 1.1.3). Legal Tech ist einer von mehreren Faktoren, die – sich wechselseitig ergänzend und verstärkend – zu jener grundlegenden Veränderung des **Ökosystems Recht** führen, die als Legal Transformation bezeichnet wird.

Zu den Faktoren, die die Legal Transformation vorantreiben, gehört neben technologischen und sonstigen Innovationen vor allem ein neues Denken. So wird die Frage nach dem Sinn und Zweck von Recht aus ganz neuen Blickwinkeln heraus gestellt. Dabei spielen Gesichtspunkte wie Funktionalität, Praktikabilität und Effizienz eine immer größere Rolle. Der effiziente Zugang zum Recht und die effiziente Durchsetzung von Recht sind heute prägende Themen. Die Aufgabe des Juristen ist es nicht mehr nur, Antworten auf Rechtsfragen zu geben (so einfach war die Aufgabenstellung allerdings auch in der Vergangenheit häufig nicht). Der Jurist muss vielmehr Lösungen anbieten, die über die bloße Klärung von Rechtsfragen weit hinausgehen. Das Arbeitsergebnis des Juristen soll einen Mehrwert darstellen.

Zwar werden Kanzleien und auch Rechtsabteilungen schon länger wie herkömmliche Wirtschaftsunternehmen gedacht und geführt. Auch bei Justiz und Verwaltung wurde zunehmend ein Service-Gedanke etabliert, in dem der Bürger die Rolle eines Kunden einnimmt. Es befremdet schon lange niemanden mehr, wenn im Bereich des Rechts von Beratungsprodukten gesprochen wird. Im Laufe der 2010er Jahre ist aber von diesem Ansatz aus die Vorstellung vom juristischen Arbeitsergebnis als einem Produkt so weit vorangeschritten, dass die Rechtsberatung heute wie ein gewöhnlicher **Industriebereich** gesehen wird. In der Folge werden dessen Produkte und deren Herstellung parallel zu anderen Industriebereichen gedacht (so ausdrücklich von Breidenbach 2017). So entstand die Idee einer **juristischen Wertschöpfungskette** und die Erkenntnis, dass es einzelne Arbeitsschritte und -abschnitte in der „Produktion" gibt, die man mithilfe von Legal Tech effizienter erledigen oder steuern kann. Ob Legal Tech bei dieser Entwicklung die Henne oder das Ei war, lässt sich schwer sagen.

1.2.2 Legal Design

Der vorstehend (unter Abschn. 1.2.1) aufgegriffene Produktgedanke zeigt sich auch bei dem Thema Legal Design, aus dem zwischenzeitlich eine eigene kleine Beratungsbranche geworden ist. Juristische Arbeitsergebnisse werden dabei wie normale Produkte betrachtet, bei deren Erstellung die Nutzer und die konkreten Nutzungssituationen in den Mittelpunkt gerückt werden – ähnlich wie beim Design eines Küchengeräts. Der klassische Angang eines Juristen besteht darin, die rechtliche Fragestellung schnell zu erfassen und anhand des Gesetzes eine möglichst rechtssichere Lösung zu entwickeln. Wenn der Jurist hierbei einen „Nutzer" im Sinn hat, dann allenfalls den Richter, den er vor seinem geistigen Auge beispielsweise einen Vertrag lesen und auslegen sieht.

Die Herangehensweise bei Legal Design ist eine andere. Hier wird für die Erstellung des juristischen Arbeitsergebnisses die Methode des sogenannten **Design Thinking** angewendet, wie sie in herkömmlichen Industrien längst erfolgreich zum Einsatz kommt. Dazu gehört, dass ein Designer Aufgabenstellungen erst einmal nur als Annahme hinnimmt und die Fragestellung viel intensiver und nicht nur aus der juristischen Fachperspektive untersucht (Kohlmeier 2018). Insbesondere wird analysiert, welche Beteiligten es an einer Problemstellung gibt und in welchem Gesamt-Ökosystem sich die Fragestellung befindet (Kohlmeier 2018). Ausgehend hiervon beschäftigt sich der Designer intensiv mit den unterschiedlichen Blickwinkeln der einzelnen am Prozess Beteiligten und versucht dabei, sich auf die in einer sogenannten **„Journey"** ergebenden Einzelsituationen zu konzentrieren und herauszufinden, welche Bedürfnisse sich an jeder Stelle einer Fragestellung ergeben (Kohlmeier 2018).

Für den Entwurf eines Vertrags beispielsweise bedeutet der Design-Thinking-Ansatz, dass man sich unter anderem mit der Frage befasst, wer den Vertrag wann, wozu und wie nutzt. Dabei kann sich beispielsweise herausstellen, dass ein Vertrag von nichtjuristischen Mitarbeitern im Vertrieb herangezogen werden muss, um zu bestimmen, welche Waren der anderen Vertragspartei wann zu liefern sind. Mitarbeiter der Finanzabteilung der anderen Vertragspartei werden vielleicht direkt anhand des Vertrags prüfen, wann sie welche Zahlungen zur Erfüllung des Kaufpreises für die erhaltenen Waren veranlassen müssen. Ein Mitarbeiter aus dem Controlling wird anhand des Vertrags prüfen, ob dieser richtig „gelebt" wird, und er wird sodann schauen, ob der Vertrag wie erwartet positiv für das Unternehmen ist. Womöglich soll der Vertrag leicht digitalisierbar oder mit anderen Verträgen vergleichbar sein. Möglicherweise besteht auch ein Interesse daran, dass der Vertrag besonders kosteneffizient erstellt werden kann. Die Wahrung der Interessen einer Vertragspartei in möglichst rechtssicherer Weise ist plötzlich nur noch ein Aspekt von vielen. Auf diese Bedürfnisse stellt sich der Designer dann ein und versucht, bessere Lösungen zu finden, die den Bedarf optimal treffen (Kohlmeier 2018).

Legal Design setzt also die Idee, Rechtsberatung als einen gewöhnlichen Industriebereich zu betrachten, konsequent um. Legal Design ist damit wie Legal Tech fester Bestandteil der Legal Transformation.

1.2.3 Wertewandel und Legal Tech

In der vorstehend (unter Abschn. 1.2.1 und 1.2.2) beschriebenen Entwicklung zeigt sich zugleich ein Wertewandel. Der Jurist sucht(e) klassischerweise nach der rechtssichersten Lösung. Nach ständiger Rechtsprechung des BGH gehört es zu den anwaltlichen Obliegenheiten, dem Gebot des sichersten Weges höchste Priorität zukommen zu lassen. Der Rechtsanwalt muss bei allem, was er tut den „sichersten" bzw. – nach neuerer Diktion – den „relativ sichersten" Weg aufzeigen. Dieser Grundsatz wird in der Beratungspraxis zunehmend durch andere Werte überlagert, die aus den anderweitigen Bedürfnissen der Nutzer von juristischen Arbeitsergebnissen resultieren. Die angemessene **Kosten-Nutzen-Relation** ist ein solcher Wert, der heute eine ganz erhebliche Rolle spielt. Sichtbar wird das etwa in der deutlich zunehmenden Bereitschaft von Unternehmen, in immer neuen Bereichen auf standardisierte Muster zurückzugreifen und dabei bewusst in Kauf zu nehmen, dass der Standard nicht die für jeden Fall optimale Lösung bietet.

Teil des Wertewandels ist auch die Vorstellung, dass

- das Recht und Juristen eine Enabler-Funktion besitzen sollten (dazu unter Abschn. 4.3.1), also bestimmte Geschäftsmodelle überhaupt erst ermöglichen, und
- Entscheidungsfindung und Steuerung in Unternehmen auch auf rechtliche Parameter abstellen können und müssen, es also in diesem Sinne zu einem echten Legal Management (dazu bereits unter Abschn. 1.1.4) kommt.

Damit ist Recht nicht mehr bloß ein beschränkender Rahmen, sondern das Recht und die Juristen spielen heute – gerade in Unternehmen – eine viel aktivere Rolle als früher.

Der Wertewandel macht auch vor Justiz und Verwaltung nicht halt. Längst geht es nicht mehr nur darum, ein korrektes Urteil zu fällen. Effizienz- und Kostendruck sind hier ebenfalls als wichtige Parameter allgegenwärtig. Schon seit längerem streben Justiz und Verwaltung zudem danach, Verfahren zu beschleunigen, damit die Bürger möglichst schnell zu ihrem Recht kommen. Außerdem soll insgesamt ein besserer Zugang der Bürger zum Recht gewährleistet werden. Darüber hinaus ist die Nachvollziehbarkeit von Entscheidungen für die von ihnen unmittelbar betroffenen Bürger ein wichtiges Thema.

Der Wertewandel im Rechtswesen ist ebenso wie der Einsatz von Legal Tech nicht per se gut oder schlecht. Entscheidend ist, dass die besondere Bedeutung und die Funktionen des Rechts – Steuerung, Sanktionierung, Schutz und Konfliktlösung – nicht aus dem Blickfeld geraten, sondern gewahrt bleiben. Diskussionen sind dabei jedoch unausweichlich. Denn die Funktionen des Rechts lassen sich auf unterschiedliche, teils widersprüchliche Art und Weise erfüllen.

Beispiel

Das zeigt beispielsweise die Diskussion über die rechtlichen Grundlagen für Legal Tech Start-ups, die im Bereich des Verbraucherschutzes agieren: Die Online-Portale zur Prüfung und Verfolgung von verbraucherrechtlichen Entschädigungsansprüchen treten zumeist als Inkassodienstleister auf. Ihr Geschäftsmodell basiert weniger auf einer anwaltlichen Beratungsleistung, sondern vor allem auf der Nutzung von Legal Tech, wodurch es überhaupt erst wirtschaftlich rentabel wird, Kleinstansprüche von Verbrauchern geltend zu machen. Die einen weisen dementsprechend darauf hin, dass nur so das Recht von einer Vielzahl an betroffenen Verbrauchern durchgesetzt werden kann. Die anderen meinen, man müsse die Verbraucher gerade vor möglichen Beratungsfehlern dieser Online-Portale schützen. Deshalb dürften derartige Online-Portale – jedenfalls nach gegenwärtigem Recht – nur von Anwälten angeboten werden. Es stehen sich damit in der Diskussion zwei Seiten gegenüber, von denen die eine den niedrigschwelligen Zugang zum Recht und die andere die Gewähr der Richtigkeit im Einzelfall als wichtigeren Wert ansieht. In beiden Fällen werden aber die Funktionen des Rechts nicht infrage gestellt. Denn die massenhafte Durchsetzung von Verbraucheransprüchen mittels Legal Tech dient unter anderem der gerade im Verbraucherschutz wichtigen Steuerungsfunktion des Rechts.

Ein ähnliches Beispiel findet sich in der Justiz: Dort stellt sich die Frage, ob eine Automatisation von Entscheidungen sinnvoll ist, auch wenn die dadurch gefällten Entscheidungen womöglich dem Einzelfall nicht immer gerecht werden. Denkbar wäre etwa eine Art automatisierter Vorentscheidung, die in Rechtskraft erwächst, wenn keine Partei innerhalb vorgegebener Fristen die Entscheidung durch einen Richter verlangt. Hier tritt das Ziel, mittels Legal Tech möglichst vielen Bürgern eine staatliche Konfliktlösung zu ermöglichen, in Widerstreit zu dem Ziel der Einzelfallgerechtigkeit, die der Staat seinen Bürgern zweifelsohne schuldet.

1.2.4 Disruption des Rechtsmarkts durch Legal Tech?

Legal Tech wird vielfach mit Disruption in Zusammenhang gebracht (so etwa Bues 2018, S. 19 f.; siehe auch unter Abschn. 1.3.2). Unter Disruption wird dabei meist eine Entwicklung verstanden, bei der ein etabliertes Geschäftsmodell durch den Einsatz neuer Technologien zerstört und durch ein anderes Geschäftsmodell ersetzt wird. Zumeist tritt dabei zugleich ein neuer Marktteilnehmer an die Stelle desjenigen, dessen etabliertes Geschäftsmodell nun zerstört ist. Beliebtes Beispiel ist der Untergang des Marktführers für Filmmaterial, *Eastman Kodak Company*, mit Aufkommen der Digitalkameras.

Führt Legal Tech zu einer Disruption im Rechtsmarkt? Bislang sieht es nicht danach aus. Die meisten Legal-Tech-Anwendungen haben entweder zum Ziel, den Anwalt bei seiner Arbeit zu unterstützen, ihm einfache Aufgaben abzunehmen, oder bislang ungenutzte Bereiche als neue Märkte zu erschließen. Das neue, auf Legal Tech basierende Geschäftsmodell, welches das traditionelle Geschäftsmodell der Kanzleien oder Rechtsabteilungen zerstört, ist momentan nicht in Sicht. Legal Tech führt zwar zu erheblichen Veränderungen im Rechtsmarkt, ist dabei aber keine die Kanzleien und Rechtsabteilungen bzw. deren Geschäftsmodelle zerstörende, sondern vielmehr eine diese transformierende Kraft. Die LPO-Anbieter, die stark auf Legal Tech setzen, machen den herkömmlichen Marktteilnehmern zwar an den Rändern Geschäft streitig, stellen das Geschäftsmodell von Kanzleien und Rechtsabteilungen aber nicht von Grund auf infrage.

Auf das Veränderungspotenzial von Legal Tech soll nachfolgend (unter Kap. 2 und 3) im Zusammenhang mit der Darstellung der Einsatzbereiche von Legal Tech und von Legal Robots ergänzend eingegangen werden.

1.2.5 Die Bedeutung von Big Data für Legal Tech

▶ Der Begriff **Big Data** bezeichnet große Datenmengen, die – aufgrund ihrer Größe, Komplexität oder mangelnden Strukturierung – nicht mit manuellen und herkömmlichen Methoden der Datenverarbeitung ausgewertet werden können.

Im Recht gibt es Big Data insbesondere in Form von gerichtlichen Entscheidungen, in Form von durch Unternehmen abgeschlossenen Verträgen sowie in Form von unterschiedlichsten rechtlichen Dokumenten in Kanzleien und Rechtsabteilungen. Legal Tech kann nicht nur helfen, solche rechtlich relevanten Massendaten zu strukturieren und zu analysieren (dazu unter Abschn. 2.3.1), sondern diese Massendaten können unter Einsatz von Legal Tech auch neue Erkenntnismöglichkeiten eröffnen. Massenhafte historische Daten ermöglichen nämlich sogenanntes Maschinelles Lernen. Maschinelles Lernen ist ein wesentliches Element künstlich intelligenter Systeme, die unter anderem rechtliche Informationen reproduzieren können (dazu umfassend unter Abschn. 3.1.4 und 3.2).

1.2.6 Digitalisierungswellen

Der weitere Verlauf der Digitalisierung des Rechtswesens lässt sich schwer vorhersagen. Einiges spricht aber dafür, dass Legal Tech – zusammen mit dem elektronischen Rechtsverkehr (dazu Abschn. 2.2.1.3) – nur die erste von mehreren Wellen bildet, die das Rechtswesen jeweils auf ein neues Digitalisierungsniveau heben (siehe Abb. 1.3). Der zunehmende Einsatz von Blockchain und Smart Contracts (dazu Abschn. 2.2.4) dürfte eine zweite Digitalisierungswelle auslösen. Digitalisierung der Gesetze und ihres Vollzugs bzw. ihrer Anwendung – Stichwörter hierzu sind Computable Law, Granular Law und Code-ifikation (dazu Abschn. 4.5) – werden vermutlich eine dritte Digitalisierungswelle auslösen.

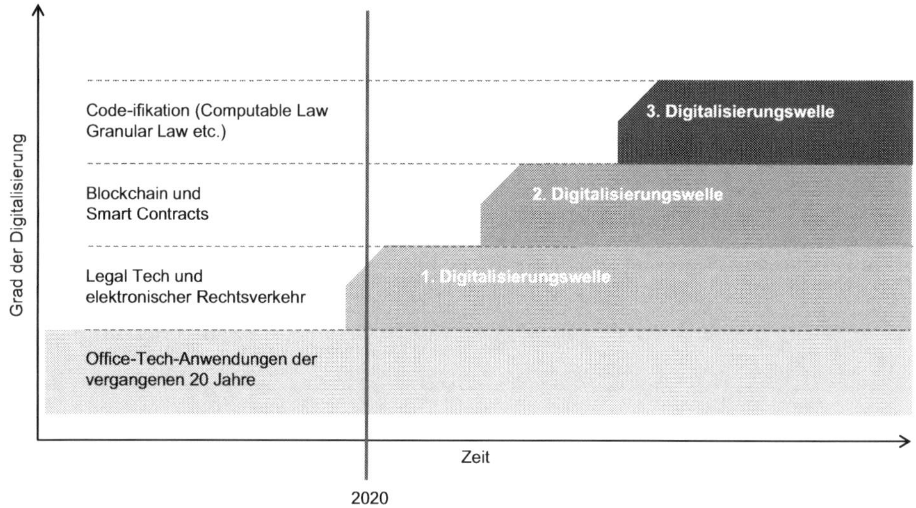

Abb. 1.3 Digitalisierungswellen im Rechtswesen

1.3 Kategorisierung von Legal Tech

1.3.1 Allgemeines

Legal Tech lässt sich durch Bildung von Kategorien leichter erfassen und verstehen. Die vorstehend (unter Abschn. 1.1.6) dargestellten Kategorisierungen sind allerdings eher anwendungs- und produktbezogen. Sie gehen damit bereits sehr ins Detail und lassen grundsätzliche Fragen unberücksichtigt. Für das Verständnis von Legal Tech, und um das Potenzial und die Auswirkungen von Legal Tech abschätzen zu können, erscheinen hingegen Kategorien auf übergeordneter Ebene vorzugswürdig. Dabei sind verschiedene Einteilungen denkbar.

1.3.2 Einteilung nach Wirkungsphasen (Legal Tech 1.0, 2.0 und 3.0)

Eine häufig verwendete, an den Auswirkungen orientierte Einteilung von Legal Tech stammt von *Oliver Goodenough* (2015), Professor an der *Vermont Law School* und dort Direktor des *Center of Legal Innovation*, der unter Nutzung der im Zusammenhang mit neuen Technologien schon klassischen Nummerierung zwischen Legal Tech 1.0, 2.0 und 3.0 wie folgt unterscheidet:

- Legal Tech 1.0 unterstützt den menschlichen Juristen in seinem herkömmlichen Tun.
- Legal Tech 2.0 ersetzt einzelne menschliche Juristen innerhalb des bestehenden Systems und ist insoweit disruptiv.
- Legal Tech 3.0 verändert das gesamte System und stellt den Menschen als zentrale Figur der Erbringung juristischer Tätigkeiten infrage.

Die Kategorisierung von *Goodenough* blickt auf das Verhältnis von Legal Tech zum Juristen und unterstellt dabei zugleich bestimmte Entwicklungsphasen von Legal Tech.

1.3.3 Einteilung nach technischen Lösungsebenen

Eine von der *Boston Consulting Group* und der *Bucerius Law School* erstellte Studie stellt hingegen primär auf die Ebene der zu lösenden technischen Aufgabenstellung ab. Dabei werden drei deutlich breitere, weil bereits Bereiche unterhalb von Legal Tech 1.0 abdeckende Kategorien gebildet (Veith et al. 2016, S. 4 f.):

- Die unterste Ebene ist die Ebene der Enabler, die die Digitalisierung unterstützen.
- Darüber liegt die Ebene der Support Process Solutions, die die Effizienz steigern.
- Die oberste Ebene bilden die Substantive Law Solutions, die Juristen im Kernbereich ihrer Tätigkeit unterstützen oder ersetzen.

1.3.4 Einteilung nach Themenfeldern

Wieder andere differenzieren nach grundsätzlichen Themenfeldern. So sieht etwa *Stephan Breidenbach* (Breidenbach 2017), Professor an der Europa-Universität Viadrina, Gründer von *knowledgeTools* und einer der Vordenker von Legal Tech in Deutschland, drei Hauptthemen, nämlich

- industrielle Rechtsdienstleistungen,
- Künstliche Intelligenz und
- Blockchain.

1.3.5 Einteilung nach den Auswirkungen auf den Kern der juristischen Tätigkeit

Man kann zur Kategorienbildung ferner auf die Auswirkungen abstellen, die sich bezogen auf den Kern der juristischen Tätigkeit ergeben. Den Kern der juristischen Tätigkeit bilden insoweit die Arbeitsschritte **Sachverhaltsaufklärung,** juristische **Recherche, Subsumtion** und **rechtliche Beurteilung, Vertrags- und sonstige rechtliche Gestaltung** sowie **Transaktions- und Verfahrenshandlungen.** Daran anknüpfend lassen sich vier Kategorien unterscheiden (Wagner 2017, S. 898):

- Unter Kategorie 1 fallen Produkte, die den Kern der juristischen Tätigkeit nicht berühren.
- Unter Kategorie 2 fallen Produkte, die allein zur Effizienzsteigerung innerhalb einzelner Arbeitsschritte führen, ohne den übergeordneten Arbeitsablauf zu verändern.
- Die Kategorie 3 bilden Produkte, die zu Veränderungen im übergeordneten Arbeitsablauf führen, indem einzelne Arbeitsschritte wegfallen oder hinzukommen.
- In Kategorie 4 finden sich schließlich alle Produkte, die den übergeordneten Arbeitsablauf noch weitergehend ändern und dadurch die juristische Tätigkeit in ihrer Gesamtstruktur verändern bzw. den einzelnen Juristen vollständig ersetzen.

1.4 Kartografierung der Legal-Tech-Landschaft

Allen vorstehenden Kategorien ist gemein, dass sie anhand technischer oder inhaltlicher Aspekte gebildet sind. Für die Zwecke einer möglichst übersichtlichen Darstellung der Legal-Tech-Landschaft erscheint allerdings ein Ansatz am geeignetsten, dem eine bildhafte, quasi kartografische Darstellung immanent ist. Das gelingt, indem man danach fragt, in welchem räumlichen Verhältnis der Einsatz von Legal Tech zu dem vorstehend (unter Abschn. 1.3.5) definierten Kern der juristischen Tätigkeit steht.

Bei einer solchen räumlichen Betrachtung lassen sich drei Grundkategorien bilden (siehe Abb. 1.4):

- Einsatzbereiche von Legal Tech ohne Berührung zum Kern der juristischen Tätigkeit (Hilfsfunktionen),
- Einsatzbereiche, in denen Legal Tech die juristische Tätigkeit dergestalt berührt, dass es sich in erster Linie um rechtlich relevante Rahmenbedingungen handelt, die sich als ein Objekt der juristischen Tätigkeit verstehen lassen,
- Einsatzbereiche von Legal Tech, die im Kernbereich der juristischen Tätigkeit liegen.

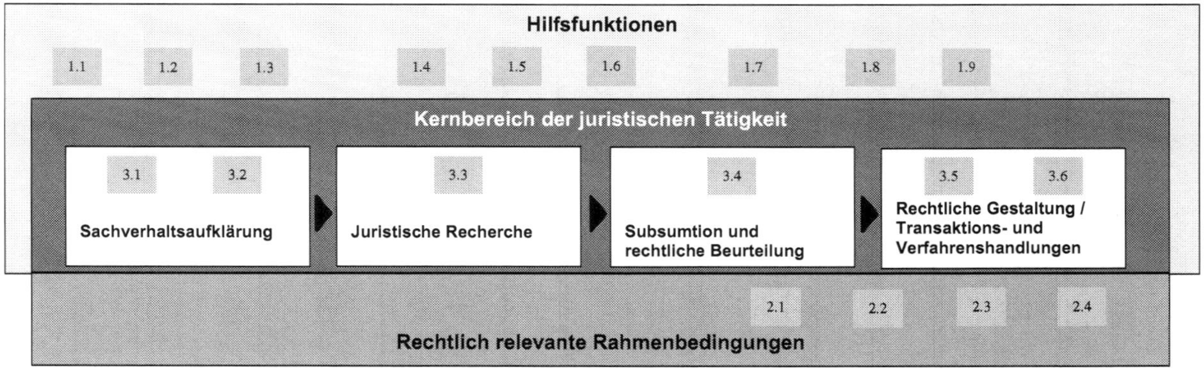

1.1 Online-Vermarktung
1.2 Online Recruitment, Legal Outsourcing
1.3 Procurement, Legal Spend Management
1.4 Virtuelle Akten, Dokumenten-Management, Datenräume,
1.5 Allgemeine Kanzlei- bzw. Rechtsabteilungssoftware
1.6 Workflow Management, Kollaborations-plattformen
1.7 Plattformen für Legal-Tech-Produkte
1.8 Common Legal Platform
1.9 Anonymisierung, Pseudonymisierung

2.1 Gesetzliche Formerleichterungen bzw. -vorgaben
2.2 Automatisierte Gerichts- und Verwaltungsverfahren
2.3 Online Dispute Resolution, Blockchain Arbitration
2.4 Blockchain, Smart Contracts

3.1 Information Retrieval, Data Extraction
3.2 Dokumentenanalyse
3.3 Juristische Online-Datenbanken und Wissensmanagement-Systeme
3.4 Rechtsgeneratoren
3.5 Automatisierte Dokumentenerstellung
3.6 Automatisierte Vertragsprüfung und -verhandlung

Abb. 1.4 Karte zu den Einsatzbereichen von Legal Tech

Literatur

Breidenbach, S. (2017). Industrielle Rechtsdienstleistungen. *NJW – Sonderheft: Innovationen & Legal Tech*, 28–30.

Bues, M. (2018). Auswirkungen und Erfolgsfaktoren der Digitalisierung von Kanzleien. In M. Hartung, M. Bues, & G. Halbleib (Hrsg.), *Legal Tech – Die Digitalisierung des Rechtsmarkts* (S. 19–30). München: C. H. Beck.

Cohen, M. (2019). Big money is betting on legal industry transformation. *Forbes Online v. 7. Oktober 2019.* https://www.forbes.com/sites/markcohen1/2019/10/07/big-money-is-betting-on-legal-industry-transformation/. Zugegriffen: 17. Febr. 2020.

Goodenough, O. (2015). Legal technology 3.0. *Huffington Post v. 2. April 2015.* http://www.huffingtonpost.com/oliver-r-goodenough/legal-technology-30_b_6603658.html. Zugegriffen: 17. Febr. 2020.

Grupp, M. (2014). Legal Tech – Impulse für Streitbeilegung und Rechtsdienstleistung. *AnwBl, 2014,* 660–665.

Jacob, K. (2018). From contract management to legal content management. In M. Hartung, M. Bues, & G. Halbleib (Hrsg.), *Legal Tech – Die Digitalisierung des Rechtsmarkts* (S. 189–197). München: C. H. Beck.

Kohlmeier, A. (2018). Interview. *Legal Tribune Online v. 27. Juli 2018.* https://www.lto.de/persistent/a_id/30013/. Zugegriffen: 17. Febr. 2020.

Reinemann, S. (2017). Was ist Legal Tech? *NJW – Sonderheft: Innovationen & Legal Tech,* 6–9.

Susskind, R. (2013). *Tomorrow's lawyers.* Oxford: Oxford University Press.

Tobschall, D., & Kempe, J. (2017). Der Deutsche Legal-Tech-Markt. *NJW – Sonderheft: Innovationen & Legal Tech,* 10–13.

Tobschall, D., & Kempe, J. (2018). Der Deutsche Legal-Tech-Markt. In S. Breidenbach & F. Glatz (Hrsg.), *Rechtshandbuch Legal Tech* (S. 25–33). München: C. H. Beck.

Veith, C., et al. (2016). *How legal technology will change the business of law.* The Boston Consulting Group, & Bucerius Law School (Hrsg.), München, Hamburg. http://hbfm.link/1927. Zugegriffen: 17. Febr. 2020.

Wagner, J. (2017). Legal Tech und Legal Robots in Unternehmen und den diese beratenden Kanzleien – Teil 1: Einsatzbereiche und praktische Folgen. *BB, 2017,* 898–905.

Einsatzbereiche von Legal Tech

2

Die nachfolgende Darstellung der Einsatzbereiche von Legal Tech teilt diese im Hinblick auf ihr räumliches Verhältnis zum Kern der juristischen Tätigkeit, also auf die drei vorstehend (unter Abschn. 1.4) beschriebenen räumlichen Kategorien auf. Ergänzend soll auch auf das Veränderungspotenzial der Legal-Tech-Produkte eingegangen werden.

2.1 Legal Tech außerhalb des Kernbereichs der juristischen Tätigkeit (Hilfsfunktionen)

2.1.1 Online-Vermarktung

2.1.1.1 Anwaltsportale und Anwaltssuchmaschinen

Anwaltsportale und Anwaltssuchmaschinen werden teilweise als Vorläufer des heutigen Legal-Tech-Booms gesehen (siehe etwa Mahl 2016). Ihr Erfolg in Deutschland hing stark von der Abschaffung der **Singularzulassung** der Rechtsanwälte ab. Erst die Möglichkeit, anwaltliche Dienste ohne örtliche Beschränkungen anbieten zu können, machte Anwaltsportale und Anwaltssuchmaschinen zu einem geeigneten Mittel der Mandatsanbahnung.

Neben der vom Deutschen Anwaltverein betriebenen *Deutsche Anwaltauskunft* (anwaltauskunft.de) gehören zu den bekannteren Anwaltssuchmaschinen und Vermittlungsplattformen in Deutschland anwalt.de und das von *Wolters Kluwer* betriebene Portal anwalt24.de. Weitere Verzeichnisse sind beispielsweise anwaltinfos.de, anwaltssuchdienst.de, anwaltsuche.de und rechtsanwalt.net. Eine Mischung aus kostenloser Online-Anspruchsprüfung einerseits und Anwaltssuchmaschine samt Vermittlung andererseits bietet etwa fragrobin.de.

J. Wagner, *Legal Tech und Legal Robots*, https://doi.org/10.1007/978-3-658-28555-5_2

2.1.1.2 Marktplätze

Einen Schritt weiter als die Anwaltsportale und Anwaltssuchmaschinen gehen die Marktplätze. Dabei finden sich im Wesentlichen zwei Gestaltungen: Bei der einen gibt der Rechtssuchende im ersten Schritt sein Rechtsproblem online ein. Im zweiten Schritt erhält er entweder über das Portal ein Angebot für die Bearbeitung des Mandats oder er gibt zusätzlich zu seiner Rechtsfrage ein, was er zu zahlen bereit ist, und ein Anwalt erklärt sich dann bereit, die Rechtsfrage zu dem gebotenen Preis zu beantworten. Beispiele sind frag-einen-anwalt.de, dessen Mitbegründer *Michael Friedmann* damit zu einem Pionier der deutschen Legal-Tech-Szene wurde, sowie escherhilft.de, faq-recht.de, jurato.de und justanswer.de.

Bei der anderen Gestaltung werden vordefinierte anwaltliche Leistungen zum Festpreis angeboten. Zu diesen Marktplätzen gehören etwa das bereits in 2000 gestartete und ebenfalls von *Michael Friedmann* mitbegründete 123recht.net sowie advocado.de und legalbase.de. Auch über die Anwaltssuchmaschine anwalt.de werden **vordefinierte Leistungen** zu Festpreisen angeboten. Zu den international bekannten Anbietern in diesem Bereich gehört das 1999 in den USA gegründete Unternehmen *legalzoom*.

Die Marktplätze haben zwei Arten von Vertragspartnern, den Rechtsrat suchenden Kunden und den Rechtsrat erteilenden Anwalt. Der Betreiber des Marktplatzes kann insbesondere dem vertraglich angebundenen Anwalt weitere Produkte anbieten, die diesem die Erteilung des Rechtsrats erleichtern. So bietet beispielsweise das Unternehmen *QNC*, das frag-einen-anwalt.de betreibt, den Anwälten nach eigenen Angaben ein System an, bei dem diesen auf Basis der zahlreichen zuvor über die Webseite bereits erteilten Rechtsauskünfte mittels Künstlicher Intelligenz Antwortvorschläge unterbreitet werden (vgl. Friedmann 2018, S. 272 f.). Es werden also in einem zweiten Schritt die durch die Webseitennutzung massenhaft generierten und strukturierten Daten für eine besondere Art von Rechtsgeneratoren genutzt (dazu unter Abschn. 2.3.4 und 3.2.1). Die Betreiber solcher im Ausgangspunkt zur Online-Vermarktung gedachten Marktplätze werden also zugleich zu Anbietern von Rechtsgeneratoren. Das ist ein gutes Beispiel dafür, wie zur Befriedigung konkreter praktischer Bedürfnisse Legal Tech aus sehr unterschiedlichen Einsatzbereichen kombiniert werden kann.

In den letzten Jahren sind auch Start-ups entstanden, die als Kunden für den von ihnen betriebenen Marktplatz nicht Verbraucher, sondern Unternehmen gewinnen wollen. Zu diesen sogenannten **B2B-On-Demand-Rechtsplattformen** gehört etwa das Münchener Start-up top.legal.

2.1.2 Online Recruitment und Legal Outsourcing

2.1.2.1 Online Recruitment

Neben den vorgenannten Plattformen, bei denen es überwiegend um die Zusammenführung von Anwalt und Mandant geht, die also aus Sicht des Rechtsberaters primär Vermarktungsfunktion haben, haben sich mittlerweile auch auf Juristen spezialisierte

Online-Recruitment-Plattformen etabliert. Sie dienen der Gewinnung von Mitarbeitern und bringen suchende Kanzleien bzw. Unternehmen und Bewerber zusammen. Dabei werden zumeist die Anforderungsprofile beider Seiten, also auch die Erwartungen des Bewerbers an seinen künftigen Arbeitgeber, übereinander gelegt und sodann automatisiert daraufhin überprüft, ob sie in hinreichendem Maße zusammen passen (sogenanntes **Matching**). Beispiele für auf Juristen spezialisierte Online-Recruitment-Plattformen sind *LegalHead, TalentRocket Jura* oder – im Bereich der Arbeitnehmerüberlassung – *Xenion*.

2.1.2.2 Legal Outsourcing

Weder der Vermittlung eines Mandats noch der Gewinnung eigener Mitarbeiter dienen die sogenannten Legal-Outsourcing-Plattformen. Bei diesen wird – vereinfacht gesagt – fremde Arbeitskraft punktuell zugekauft. Das Mandat bleibt im Grundsatz in der Kanzlei bzw. der Rechtsabteilung des Unternehmens, einzelne Arbeitsschritte, von der Recherche bis hin zur Erstellung von Rechtsgutachten oder sonstigen Dokumenten, werden aber von Dritten erledigt. Diese schulden dabei allerdings dem Auftraggeber gerade keine anwaltliche Beratung (Hartung M und Weberstaedt 2016, S. 2210). Die Verantwortlichkeit für die Richtigkeit des juristischen Endprodukts verbleibt (definitionsgemäß) in der Kanzlei bzw. Rechtsabteilung. Ein Beispiel für eine Legal-Outsourcing-Plattform ist *edicted,* an der der *Verlag C.H.Beck* beteiligt ist, und die neben Terminsvertretungen und Akteneinsicht auch die Durchführung von Recherchen sowie die Erstellung von Gutachten, Vertragsentwürfen und Schriftsätzen anbietet. Allein auf Terminsvertretungen spezialisiert ist etwa das Online-Portal terminsvertreter.com.

2.1.3 Procurement, Legal Spend Management

2.1.3.1 IT-Unterstützung beim Einkauf von Rechtsdienstleistungen

Bei der Beauftragung von Kanzleien durch die Rechtsabteilungen sind in den letzten Jahren die unternehmensinternen Procurement-Abteilungen immer bedeutsamer geworden. Sie sollen für die Unternehmen auch den „Einkauf" von Rechtsdienstleistungen kosteneffizienter machen. Zur technischen Unterstützung im Bereich des **Legal Procurement** gibt es IT-Programme, über die die Kanzleien, etwa bei der Bewerbung auf ein sogenanntes Panel, d. h. eine Gruppe von bevorzugt zu mandatierenden Kanzleien, wesentliche Angebotspunkte eingeben müssen, die dann automatisiert mit den von der Procurement- oder der Rechtsabteilung festgelegten Anforderungen sowie untereinander verglichen werden.

Für Unternehmen bzw. deren Procurement-Abteilungen interessant sind zudem Plattformen, die einen Bieterwettstreit um ein Mandat ermöglichen. Anders als bei den Marktplätzen werden hierbei nur einige wenige Kanzleien seitens des Unternehmens um Abgabe eines Angebots für ein konkretes, vom Unternehmen zu vergebendes Mandat gebeten. Es handelt sich also nicht um eine für jedermann zugängliche

Plattform, sondern um eine Anwendung für einen geschlossenen Benutzerkreis. Die angesprochenen Kanzleien können sich dann zumeist nur noch über einzelne vordefinierte Parameter, insbesondere über den Preis, differenzieren und treten damit im Ergebnis untereinander in einen Wettstreit.

Daneben können IT-Programme auswerten, inwieweit Kanzleien in der Vergangenheit bei Kostenschätzungen richtig lagen bzw. diese eingehalten haben. Sie liefern so zusätzliche Informationen für den Entscheidungsprozess beim Einkauf von Rechtsdienstleistungen.

Zu Programmen, die Rechtsabteilungen beim Einholen von Angeboten und dem anschließenden Auswahlprozess unterstützen, gehört beispielsweise *Cael Select* von *Elevate*. Aufmerksamkeit erlangt hatte auch hierzulande das von einem deutschen Finanzinstitut eingesetzte System *click4legal*, bei dem ausgewählte Kanzleien die Möglichkeit hatten, für ein Mandat zu bieten. Die Anforderungen an die Kanzleien waren dabei so genau vorgegeben, dass die Kanzleien nur noch Felder anklicken und in einigen Feldern Beträge eintragen mussten. Das System wählte dann automatisiert eine Kanzlei aus.

2.1.3.2 Legal Spend Management, E-Billing

Während aufseiten der Kanzleien IT-Programme, wie beispielsweise *Elite* von *Thomson Reuters*, Kennzahlen wie die abrechenbare Arbeitszeit (Billable Hours), die geleistete, aber noch nicht abgerechnete Arbeitszeit (Work in Progress) und die abgerechneten Stunden erfassen, die Profitabilität der Akte berechnen und die Zahlungsmoral der Mandanten überwachen, gibt es spiegelbildlich für die Unternehmen zahlreiche IT-gestützte Hilfsfunktionen, die das sogenannte Legal Spend Management unterstützen. Das Legal Spend Management hilft der Rechtsabteilung, ihre Ausgaben zu kennen, zu verstehen und zu kontrollieren, um einen möglichst effizienten Mitteleinsatz zu gewährleisten. Dabei gibt es unter anderem Programme, die die Rechnungen der Anwälte auf Plausibilität hin überprüfen und nach bestimmten Kriterien auswerten können. Anbieter von Anwendungen im Bereich Legal Spend Management sind beispielsweise *BusyLamp*, *Bottomline*, *Onit*, *Mitratech* und *Quovant*.

Außerdem gibt es für Kanzleien Abrechnungsplattformen und Systeme, die neben dem E-Billing, also dem elektronischen Rechnungsversand, auch ein regelmäßiges **Online Fee Monitoring** durch den Mandanten zulassen.

2.1.4 Virtuelle Akten, Dokumenten-Management, Datenräume

2.1.4.1 Virtuelle Akten und Dokumenten-Management-Systeme

Zu den heute schon weitgehend üblichen technischen Hilfsfunktionen gehören virtuelle Akten und Dokumenten-Management-Systeme, die speziell auf den juristischen Bereich abgestimmt sind. Teils handelt es sich um eigenständige Produkte (bekannte Anbieter in diesem Bereich sind beispielsweise *iManage* und *Hummingbird*) teils um Bestandteile einer allgemeinen Kanzlei- bzw. Rechtsabteilungssoftware (dazu Abschn. 2.1.5).

2.1.4.2 Virtuelle Datenräume

Die virtuellen Datenräume haben vor allem die Tätigkeit in den großen Wirtschaftskanzleien beeinflusst. Mussten früher bei **M&A-Transaktionen** große Teams von Anwälten in physischen Datenräumen vor Ort Aktenordner durchblättern, sind die Dokumente heute vom eigenen Schreibtisch aus online zugänglich. Physische Datenräume gehören weitgehend der Vergangenheit an. Anbieter virtueller Datenräume sind beispielsweise *Drooms*, *HighQ*, *Imprima* und *Intralinks*.

2.1.5 Allgemeine Kanzlei- bzw. Rechtsabteilungssoftware

Neben speziellen Programmen für das Dokumenten-Management und virtuelle Akten sowie das Finanzmanagement einer anwaltlichen Akte bzw. für das Legal Spend Management der Rechtsabteilung gibt es auch allgemeine Kanzlei- bzw. Rechtsabteilungssoftware, die diese und andere für die Kanzlei oder Rechtsabteilung wichtigen Anwendungen in einem ganzheitlichen Ansatz oder modular miteinander verknüpfen. Zu den Anbietern von allgemeiner Kanzleisoftware gehören beispielsweise *DATEV*, *RA-Micro*, *ReNoStar* und *STP* sowie mittlerweile auch *ShakeSpeare* und *Wolters Kluwer* (mit *Kleos*) oder internationale Anbieter wie *LegalTrek*. Allgemeine Rechtsabteilungssoftware bieten etwa *Lecare* und *Wolters Kluwer* (mit *legisway und winra*). Als internationale Anbieter von allgemeiner Rechtsabteilungssoftware lassen sich zudem *Elevate*, *Mitratech* und *Onit* einordnen.

2.1.6 Workflow Management und Kollaborationsplattformen

Project Management, **Transaction Management** und das übrige Workflow Management liegen nicht im Kern der juristischen Tätigkeit, sind aber ein erheblicher Zeit- und damit auch Kostenfaktor. Die Branche hat unter anderem mit auf das Project Management spezialisierten Mitarbeitern reagiert. Daneben gibt es auch in diesem Bereich IT-Anwendungen, um die Effizienz noch weiter zu steigern und Kosten zu senken.

Zu den marktführenden Anbietern gehört etwa *HighQ*, das heute zu *Thomson Reuters* gehört. Es bietet eine flexibel einsetzbare Plattform, um Transaktionen, Projekte und Teams zu koordinieren, Dokumente zu teilen und gemeinsam zu bearbeiten sowie Aufgaben und Projektfortschritt im Blick zu halten.

Auch **Vertragserstellungs-, Verhandlungs- und Analyseplattformen** gibt es am Markt. Bekannte Beispiele hierfür sind die Plattformen des Londoner Start-ups *Avvoka* sowie des Berliner Start-ups synergist.io. Eine Plattform für den Vollzug von

Transaktionen bietet beispielsweise das ebenfalls in London ansässige Start-up *Legatics*. Speziell für Emissionen von Wertpapieren ist die Plattform des englischen Start-ups *Nivaura* entwickelt, die sowohl bei herkömmlichen Kapitalmarkttransaktionen als auch bei Transaktionen eingesetzt werden kann, die auf der Ausgabe von Token und der Nutzung der Blockchain-Technologie basieren.

SAP bietet mit *SAP S/4HANA for Enterprise Contract Management* den Nutzern ihrer Unternehmenssoftware *SAP S/4HANA* eine in diese vollintegrierte Programmerweiterung an, mit der Verträge in unterschiedlichsten Unternehmensbereichen erstellt, mitsamt der Metadaten zentral gespeichert und verwaltet werden können. Das Programm kann durch die Vertragserstellungs-Software *SAP S/4HANA Cloud for Enterprise Contract Assembly* erweitert werden (dazu unter Abschn. 2.3.5).

Eine Plattform, mit der ohne Programmierkenntnisse beliebige Abläufe in Rechtsabteilungen und Kanzleien digital abgebildet werden können, ist *ShakeSpeare*. Dies wird teilweise als Legal Robotic Process Automation bezeichnet. *UI-Path*, einer der Marktführer im Bereich **Robotic Process Automation (RPA)** ist ebenfalls im juristischen Bereich, insbesondere mit Blick auf rechtlich geprägte Prozesse in der Verwaltung, aktiv.

Workflow-Management-Programme sind außerdem nicht selten mit anderen Legal-Tech-Anwendungen kombiniert.

2.1.7 Plattformen für Legal-Tech-Produkte

Um Marktplätze, aber auf anderer Ebene, handelt es sich bei Plattformen, über die nicht rechtliche Dienstleistungen vermittelt werden, sondern über die diejenigen Legal-Tech-Anwendungen, die zur Erbringung der Rechtsdienstleistungen erforderlich sind, bezogen und zugleich auch genutzt werden können. Derartige Plattformen richten sich an Kanzleien und Rechtsabteilungen. Beispiel hierfür ist *Reynen Court*. Die Plattform kombiniert eine Art „App-Store" für Legal-Tech-Produkte mit einem „Control Panel", über das die Anwendung entweder On-Premise oder in einer von der Kanzlei oder Rechtsabteilung auch sonst verwendeten Cloud genutzt werden kann.

2.1.8 Common Legal Platform

Künftig denkbar und vor allem aus Sicht von Unternehmen sinnvoll sind eine oder ein Netz aus mehreren (untereinander kompatiblen) neutralen Kollaborationsplattformen, auf denen mehrere Parteien und deren Rechtsberater Verträge verhandeln, abschließen und später gegebenenfalls auch verwalten können und die zugleich – in der Verhandlungsphase – ein Sortiment an Standardklauseln anbieten, aus denen die Parteien wählen können (siehe Jacob 2017, S. 16 ff.). Derart umfassenden neutralen Plattformen käme eine eigenständige Bedeutung zu. Die zuvor (unter Abschn. 2.1.6) genannten

Kollaborationsplattformen sind für die Nutzung in spezifischen Anwendungssituationen geschaffen und nicht notwendig als neutraler Raum ausgelegt. Eine Common Legal Platform wäre hingegen definitionsgemäß ein neutraler und zugleich zentraler virtueller Raum für unterschiedlichste Kollaborationsanlässe, einschließlich der Standardisierung von Vertragswerken und der Schaffung einer sogenannten **Legal Mark-up Language,** also einer maschinenlesbaren Sprache für die Gliederung und Formatierung von juristischen Texten und anderen juristischen Daten. Dieser virtuelle Raum ermöglicht das Zusammenwirken verschiedener Elemente in einem für alle Parteien gleich wertvollen, integrierten System. Bei alldem handelt es sich zwar gegenwärtig nur um eine – noch nicht in allen Aspekten konkretisierte – Vision. Der Umsetzungsprozess könnte aber in nicht allzu ferner Zukunft beginnen (so bereits Jacob 2017, S. 16 ff.). Der dafür notwendigen Grundlagenforschung hat sich das im März 2018 gegründete und als eingetragener Verein organisierte *Liquid Legal Institute* (dazu unter Abschn. 6.2.4) verschrieben.

2.1.9 Anonymisierung, Pseudonymisierung

Die Anonymisierung von Dokumenten kann beispielsweise vor der Einrichtung des Datenraums für eine M&A-Transaktionen erforderlich werden. Sie ist aber auch im Bereich der Justiz von erheblicher Bedeutung. Von der Justiz wird erwartet, dass der Anteil an öffentlich zugänglichen Entscheidungen deutlich vergrößert wird – auch damit private Dienstleister auf diese Daten mittels Legal-Tech-Anwendungen zugreifen können. Um sie zu veröffentlichen, müssen die Gerichtsurteile „geschwärzt" werden. Ferner erfordern die gestiegenen Anforderungen an den **Datenschutz** sowie strenge Vertraulichkeitsverpflichtungen in einzelnen Branchen auch eine Anonymisierung, wenn Unternehmen ihren internen Bestand an Vertrags- und sonstigen Dokumenten selbst analysieren oder durch Dritte analysieren lassen wollen.

Die Anonymisierung kann jedoch dazu führen, dass – beispielsweise bei Verträgen mit vielen Parteien – der Vertragsinhalt nicht oder nur schwer verständlich ist. Durch eine Pseudonymisierung anstatt der bloßen Anonymisierung sollen Sinngehalt und Lesbarkeit von Dokumenten erhalten bleiben.

Anonymisierung und Pseudonymisierung sind technisch schwerer zu erreichen, als man auf den ersten Blick annehmen würde. Vor allem das Auffinden von Namen natürlicher Personen ist für Algorithmen eine echte Herausforderung. Von den zahlreichen Tools, die sich auf dem Markt befinden, haben nur wenige einen auch höheren Anforderungen genügenden Reifegrad. Dazu gehören beispielsweise die Tools des Kölner Start-ups *NAIX* und des US-Unternehmens *Milyli*, wobei nur Ersteres Künstliche Intelligenz einsetzt, wie sie in vergleichbarer Form auch im Bereich Data Extraction (dazu unter Abschn. 2.3.1) zur Anwendung kommt.

2.1.10 Veränderungspotenzial

Die zuvor dargestellten Legal-Tech-Anwendungen liegen sämtlich außerhalb des Kernbereichs der juristischen Tätigkeit. Sie führen damit auch nicht per se zu Veränderungen im Kern der juristischen Tätigkeit. Sie tun dies jedenfalls nicht unmittelbar. Ihre mittelbaren Auswirkungen sind hingegen erheblich. So treiben die Marktplätze einen Keil zwischen Anwalt und Mandant und erhöhen, weil sie den unmittelbaren Wettbewerb zwischen einer Vielzahl von Anbietern eröffnen, den Preisdruck. Auch Anwendungen im Bereich Procurement und Legal Spend Management erhöhen den Preisdruck. Der Erbringer der Rechtsdienstleistung muss sich entweder auf Beratungsfelder zurückziehen, die von dem Preisdruck noch nicht oder geringer betroffen sind, also auf höherwertige Arbeit (High-End-Geschäft), oder den erhöhten Preisdruck durch größere Effizienz im Kernbereich der juristischen Tätigkeit kompensieren. Um die erforderliche Effizienzsteigerung zu erreichen, bedarf es dann gegebenenfalls wieder des Einsatzes von Legal Tech, und zwar insbesondere im Kern der juristischen Tätigkeit. Ergänzend dazu erhöhen virtuelle Akten und Datenräume, Dokumenten- und Workflow-Management-Systeme sowie Kollaborationsplattformen die Geschwindigkeit bei der Bearbeitung der Mandate.

In der Kategorisierung von *Goodenough* (siehe Abschn. 1.3.2) lassen sich die im vorliegenden Abschnitt dargestellten Hilfsfunktionen der Entwicklungsstufe Legal Tech 1.0. zuordnen.

2.2 Legal Tech als Teil der rechtlich relevanten Rahmenbedingungen

2.2.1 Gesetzliche Formerleichterungen bzw. -vorgaben

An vielen Stellen hat der Gesetzgeber durch Formerleichterungen oder besondere Formvorgaben der allgemeinen technologischen Entwicklung Rechnung getragen.

2.2.1.1 Elektronischer Bundesanzeiger, elektronische Bekanntmachungen

Der Bundesanzeiger (http://www.bundesanzeiger.de/), in dem gerichtliche Bekanntmachungen (etwa in Aufgebotsverfahren), amtliche Bekanntmachungen (insbesondere der Bundesministerien und Bundesämter), Gesellschaftsbekanntmachungen (etwa die Einberufung der Hauptversammlung von Aktiengesellschaften), sowie eingereichte Jahresabschlüsse und sonstige Rechnungslegungsunterlagen von Kapitalgesellschaften veröffentlicht werden, erscheint heute ausschließlich in elektronischer Form. Auch das **Unternehmensregister** (http://www.unternehmensregister.de/), in dem wichtige Veröffentlichungen von Unternehmen hinterlegt werden, wird ausschließlich in elektronischer Form geführt.

Über das **Justizportal des Bundes und der Länder** (http://www.justiz.de/) sind verschiedene Bekanntmachungsseiten zugänglich. Über das Justizportal findet sich namentlich auch diejenige Seite, über die alle Eintragungen veröffentlicht werden, bei denen nach § 10 HGB, § 156 GenG, § 5 Abs. 2 PartGG und den sich darauf beziehenden weiteren Vorschriften sowie nach § 66 BGB eine öffentliche Bekanntmachung durch die Gerichte vorgesehen ist (http://www.handelsregisterbekanntmachungen.de). Zudem finden sich darüber die Seite für Insolvenzbekanntmachungen (http://www.insolvenzbekanntmachungen.de), die Bekanntmachungsplattform für außergerichtliche Rechtsdienstleistungen (http://www.rechtsdienstleistungsregister.de) und sämtliche Zwangsversteigerungstermine (http://www.zvg-portal.de).

Darüber hinaus lässt das Gesetz zur Erfüllung von Berichts- oder Bekanntmachungspflichten von Unternehmen überwiegend die Zugänglichmachung über die Internetseite der Gesellschaft bzw. auf Internetseiten Dritter genügen. Teils sind diese Veröffentlichungsformen sogar zwingend (vgl. etwa § 124a AktG).

2.2.1.2 Elektronische Register

Völlig selbstverständlich ist heute, dass Register, in denen Eintragungen mit konstitutiver Wirkung erfolgen, nicht nur über das Internet einsehbar sind, sondern auch elektronisch geführt werden. So ist es etwa beim Handelsregister: Einreichungen müssen dort im Grundsatz elektronisch erfolgen (§ 12 HGB). Die **konstitutive Eintragung** (beispielsweise einer Kapitalerhöhung bei einer Aktiengesellschaft) in das Handelsregister wird wirksam, sobald sie in den für die Handelsregistereintragungen bestimmten Datenspeicher aufgenommen ist und auf Dauer inhaltlich unverändert in lesbarer Form wiedergegeben werden kann (§ 8a Abs. 1 HGB). Die Aufnahme in den Datenspeicher tritt an die Stelle der früher maßgeblichen Unterschrift des Registerführers. Der konstitutive Akt ist danach zwar ein menschlich veranlasster, aber elektronischer Vorgang. Entsprechendes gilt heute für das Genossenschafts- und das Partnerschaftsregister, aber auch für das Grundbuch.

2.2.1.3 Elektronischer Rechtsverkehr

Bund und Länder haben unter dem Stichwort „elektronischer Rechtsverkehr" durch Gesetze und Rechtsverordnungen für eine Vielzahl von Gerichten und Behörden den **elektronischen Zugang** eröffnet (Überblick bei Kesper und Ory 2017, S. 2709 ff.).

Das Gesetz zur Förderung des elektronischen Rechtsverkehrs mit den Gerichten vom 10.10.2013 (ERV-Gesetz) hat den elektronischen Rechtsverkehr mit den Zivil-, Arbeits-, Sozial-, Verwaltungs- und Finanzgerichten weiter gestärkt. Neben den vorgenannten Gerichten, die spätestens seit dem 01.01.2020 sämtlich am elektronischen Rechtsverkehr teilnehmen müssen, und den Behörden sind Teilnehmer am elektronischen

Rechtsverkehr insbesondere Notare, namentlich im Rahmen von § 12 HGB, und Rechtsanwälte, einschließlich der als Syndikusrechtsanwälte zugelassenen Unternehmensjuristen. Aber auch Unternehmen als solche und Privatpersonen können am elektronischen Rechtsverkehr teilnehmen (vgl. Art. 24 ERV-Gesetz). Bereits seit dem 01.01.2018 sind alle deutschen Gerichte mit Ausnahme des Bundesverfassungsgerichts und der meisten Landesverfassungsgerichte elektronisch erreichbar. Viele Gerichte haben schon vor dem 01.01.2020 begonnen, Unterlagen elektronisch zu versenden.

Das besondere **elektronische Anwaltspostfach (beA)** nach § 31a BRAO ist eine den Rechtsanwälten, einschließlich der Syndikusrechtsanwälte, vorbehaltene Möglichkeit, am elektronischen Rechtsverkehr teilzunehmen (vgl. Art. 1 Nr. 2, Art. 2 Nr. 2, Art. 4 Nr. 1, Art. 5 Nr. 1 und Art. 6 Nr. 1 ERV-Gesetz). Über das beA können die Rechtsanwälte auch untereinander Dokumente zustellen. Aber auch die Gerichte können das beA zur Zustellung an Rechtsanwälte nutzen. Die Rechtsanwälte sind schon heute verpflichtet, den Posteingang in ihrem beA zu überwachen. Die Nutzung des elektronischen Rechtsverkehrs zur Einreichung von Dokumenten bei den Gerichten ist in einzelnen Fällen schon heute verpflichtend (vgl. etwa § 12 HGB), in anderen Fällen wird sie zu bestimmten Stichtagen in der Zukunft verpflichtend, beispielsweise für anwaltliche und behördliche Schriftsätze an Zivil-, Arbeits-, Sozial-, Verwaltungs- und Finanzgerichte spätestens ab dem 01.01.2022 (vgl. Art. 26 Abs. 7 ERV-Gesetz).

Eine Ausweitung des elektronischen Rechtsverkehrs auf die Strafgerichtsbarkeit ist mit dem Gesetz zur Einführung der elektronischen Akte in der Justiz und zur weiteren Förderung des elektronischen Rechtsverkehrs vom 05.07.2017 erfolgt. Es regelt die Einführung der **elektronischen Akte** in der gesamten Justiz, die spätestens mit Beginn des 01.01.2026 eingeführt sein muss, sowie den elektronischen Rechtsverkehr mit den Strafverfolgungsbehörden und den Gerichten, der nach dem Gesetz auch in Strafsachen ab dem 01.01.2022 möglich sein muss.

Um zu verhindern, dass die Gerichte in der Zeit bis zum Jahr 2026 zur „Druckstraße der Verfahrensbeteiligten" werden, verfolgen die Bundesländer das Ziel, bereits bis zum Jahr 2022 möglichst viele Gerichte in möglichst vielen Verfahrensbereichen mit der elektronischen Akte auszustatten (Bausback 2018, S. 392). An einzelnen Gerichten wurde die elektronische Akte (als führende Akte) bereits pilotiert. Die Digitalisierung der Justiz stellt allerdings eine der größten Umwälzungen ihrer Geschichte dar (Bausback 2018, S. 392). Die flächendeckende Einführung der elektronischen Akte ist für die Justiz eine Mammutaufgabe, die noch einige Zeit in Anspruch nehmen wird. Die Umstellung von der Papier- auf die elektronische Akte wird zudem von vielen Richtern als zusätzliche Belastung empfunden, weil damit zugleich eine Umstellung gewohnter Arbeitsabläufe einhergeht.

Zur Umsetzung der elektronischen Akte wurde von der bayerischen Justiz das **elektronische Integrationsportal (eIP)** initiiert, ein Projekt, dem sich zwischenzeitlich auch weitere Bundesländer angeschlossen haben. Das eIP dient dazu, für die Arbeitsabläufe beim Einsatz des elektronischen Rechtsverkehrs und der elektronischen Akte eine ergonomische, funktionale Anwenderoberfläche zu schaffen. Es soll künftig als

Integrationsportal für alle Verfahrensbereiche zur Verfügung gestellt werden, um das interaktive Zusammenwirken von elektronischen Eingängen, elektronischen Akten, Textsystemen, Fachverfahren und juristischer Fallbearbeitungssoftware (dazu unter Abschn. 2.2.2.1) sowie weiteren für die tägliche Arbeit benötigten Spezial- und Standardprogrammen zu ermöglichen.

Im Bereich der Verwaltung wurde bereits mit dem am 01.08.2013 in Kraft getretenen Gesetz zur Förderung der elektronischen Verwaltung unter dem Oberbegriff **E-Government** die Einführung der E-Akte gesetzlich geregelt. Das Gesetz dient dem Ziel, die elektronische Kommunikation mit der Verwaltung zu erleichtern und Bund, Ländern und Kommunen zu ermöglichen, einfachere, nutzerfreundlichere und effizientere elektronische Verwaltungsdienste anzubieten. In den Ländern wurden ebenfalls E-Government-Gesetze in Kraft gesetzt, die jedoch mitunter unterschiedliche Schwerpunkte haben. Die erste Pilotierung für die E-Akte Bund erfolgte Anfang 2019 beim Bundesamt für Justiz. Im März 2019 ist im Bundesministerium der Finanzen die dortige Pilotierung der E-Akte Bund gestartet. Bis zur flächendeckenden Nutzung der E-Akte in der Verwaltung wird es vermutlich noch einige Jahre dauern.

Der elektronische Rechtsverkehr und das E-Government bauen, soweit es um die elektronische Übermittlung von Dokumenten an Gerichte und Behörden geht, im Wesentlichen auf Vorgaben der Verordnung (EU) Nr. 910/2014 vom 23.07.2014 **(eIDAS-Verordnung)** auf, die auch für den elektronischen Rechtsverkehr zwischen Privatpersonen gelten.

Schließlich können bestimmte Verwaltungsakte seit dem 01.01.2017 bei entsprechender Einwilligung der Beteiligten über Behördenportale bekannt gegeben werden (vgl. § 122a AO, § 37 Abs. 2a SGB X und § 41 Abs. 2a VwVfG). Der Adressat des Verwaltungsakts wird mit einer Benachrichtigung auf die Bereitstellung zum Abruf aufmerksam gemacht. Der Adressat kann sich sodann im entsprechenden Behördenportal authentifizieren, um den Verwaltungsakt dort abzurufen (Braun Binder 2016).

2.2.1.4 Zivilrechtliche Formerleichterungen

Für den Rechtsverkehr zwischen Privatpersonen, einschließlich Unternehmen, sieht das Gesetz Formerleichterungen bzw. -vorgaben vor. Diese sind insbesondere in den §§ 126 Abs. 3, 126a BGB geregelt. Vorgaben für gesetzlich geregelte elektronische Formen bauen ebenfalls auf der eIDAS-Verordnung auf.

Wo das allgemeine Zivilrecht für den privaten oder geschäftlichen Bereich eine entsprechende Ersetzung der Schriftform durch die **elektronische Form** zulässt oder keine Form vorschreibt, können schon heute verbindliche Erklärungen elektronisch erfolgen. Darauf basierend werden Systeme angeboten, die die elektronische Erstellung, Übermittlung, Unterzeichnung und Verwaltung von Dokumenten bzw. Erklärungen miteinander verknüpfen, und so die rechtlich relevante Kommunikation innerhalb des Unternehmens, aber auch zwischen dem Unternehmen, seinen Kunden und Lieferanten neu gestalten, vereinfachen und leichter nachvollziehbar machen. Der wohl weltweit führende Anbieter ist *DocuSign*. Andere Anbieter sind beispielsweise *Adobe Sign*, *eversign*, *PandaDoc* und *SignNow*.

Formerleichterungen bzw. -vorgaben gibt es nicht nur im allgemeinen Zivilrecht, sondern auch in vielen spezialgesetzlich geregelten Bereichen. Beispielsweise regelt das Aktiengesetz für die Hauptversammlung einer Aktiengesellschaft die Möglichkeit der Online-Teilnahme (vgl. § 118 Abs. 1 Satz 2 AktG), die elektronische Abgabe von Briefwahlstimmen (vgl. § 118 Abs. 2 AktG) und die elektronische Erteilung einer Stimmvollmacht (vgl. § 134 Abs. 3 Satz 3 und 4 AktG).

2.2.2 Automatisierte Gerichts- und Verwaltungsverfahren

Gerichtliche Verfahren würden sich aufgrund ihrer durch das Prozessrecht formalisierten Struktur für den Einsatz von IT-Unterstützung durchaus eignen (Grupp 2014, S. 660). Dennoch beschränken sich die Bestandteile einer sogenannten **E-Justice** hierzulande bislang weitgehend auf den zuvor erörterten elektronischen Rechtsverkehr.

2.2.2.1 Automatisierte Arbeitsabläufe

Genutzt wird Legal Tech schon seit einiger Zeit für Hilfsfunktionen: Dort wo bei den Gerichten Register, wie im Fall des Handelsregisters, elektronisch geführt werden, nutzt man zugleich die entsprechenden elektronischen Workflow-Management-Systeme.

IT-gestützte Relationstechnik, also Werkzeuge zur Strukturierung des Sachverhalts, befinden sich in der staatlichen Justiz nur vereinzelt im Einsatz. Genutzt wird insoweit insbesondere der *Normfall Manager* (Jost und Kempe 2017, S. 2707), der unter Mitwirkung des bekannten deutschen Rechtswissenschaftlers *Fritjof Haft* entwickelt wurde. Reine Gedankenspiele sind dagegen Online-Formulare, über die die Parteien ihren Vortrag eingeben müssen, den sich der Richter später als Relationstabelle anzeigen lassen kann, sodass er das klägerische Vorbringen und den Beklagtenvortrag nebeneinander dargestellt erhält.

Das für die tägliche Arbeit der Richter und Gerichtsmitarbeiter der meisten Bundesländer bedeutendste Programm ist heute ***forumSTAR.*** Das ist ein Gerichtsautomationsprogramm, mit dessen Entwicklung die bayerische Justiz unter Beteiligung verschiedener externer Partner aus der Privatwirtschaft bereits im Februar 2000 begonnen hatte. Inzwischen haben sich die Länder Baden-Württemberg, Berlin, Brandenburg, Hamburg, Mecklenburg-Vorpommern, Rheinland-Pfalz, Sachsen, Schleswig-Holstein und Thüringen mit Bayern zu einem Entwicklungsverbund für *forumSTAR* unter bayerischer Federführung zusammengeschlossen. In den übrigen Bundesländern gibt es vergleichbare Programme, namentlich ***JUDICA*** in Nordrhein-Westfalen und ***EUREKA*** in Bremen, Hessen, Niedersachsen, dem Saarland und Sachsen-Anhalt. Die Einführung von forumSTAR wurde 2015 abgeschlossen (Bayerisches Staatsministerium der Justiz 2018, S. 1).

▶ **Elektronische Fachverfahren** sind technische Informationssysteme (Computerprogramme) auf der Basis von Datenbanken, die im administrativen Umfeld der Erfüllung einer oder mehrerer konkreter Verwaltungsaufgaben dienen.

Mit *forumSTAR* wurden insbesondere folgende Ziele verwirklicht (Bayerisches Staatsministerium der Justiz 2018, S. 1):

- Schaffung eines modernen Computerprogramms für die Justiz mit einheitlicher, fachbereichsübergreifender Maskengestaltung zur Unterstützung und Optimierung der Arbeitsabläufe der Richter, Rechtspfleger und Servicestellen sowie deren Zusammenarbeit miteinander;
- Erstellung eines Programms mit möglichst umfassenden Basismodulen für alle Fachbereiche und spezifischen Aufsätzen (Modulen) für die Zivil-, Familien-, Straf-, Betreuungs-, Nachlass- und Vollstreckungsgerichte (Mobiliar- und Immobiliarvollstreckung) sowie Insolvenzsachen;
- Weniger Einarbeitungs- und Schulungsbedarf bei Abteilungswechseln;
- Landesweit nutzbare Datenbestände etwa für Gerichts- und Behördendaten, Kanzleien und Anwälte, Sachverständige, Dolmetscher und Übersetzer, und damit weniger Erfassungs- und Pflegeaufwand;
- Integration verschiedener Berechnungsprogramme für Prozesskostenhilfe, Kostenfestsetzung, Entschädigung, geringstes Gebot und Teilungsplan;
- Schaffung von Schnittstellen zu anderen Stellen oder Programmen, z. B. Kostenerhebung/Kassenbuchführung (Landesjustizkasse), Strafzeitberechnung, familienrechtliche Berechnungen;
- Ermöglichung des elektronischen Datenaustauschs (elektronischer Rechtsverkehr) mit anderen Gerichten und Behörden sowie Externen (z. B. Rechtsanwälten) über standardisierte Schnittstellen;
- Textproduktion über *forumSTAR-Text* unter Nutzung der Daten aus verschiedenen elektronischen Fachverfahren.

► Der **E-Justice-Rat** besteht aus den Amtsleitern der Justizverwaltungen des Bundes und der Länder. Er koordiniert die übergreifenden Aufgaben bei der Planung, der Errichtung und dem Betrieb der für die Aufgabenerfüllung der Justiz notwendigen IT-Systeme. Die im Juni 2012 gezeichnete Vereinbarung über die Errichtung des E-Justice-Rats und über die Grundlagen der Zusammenarbeit beim Einsatz der Informationstechnologie in der Justiz regelt den übergreifenden Rahmen für die Arbeit des E-Justice-Rats. Mit seiner Arbeit garantiert der E-Justice-Rat im Bereich der Informationstechnik die besondere verfassungsrechtliche Stellung der Justiz. Der E-Justice-Rat tritt für die Justiz in Bund und Ländern neben den IT-Planungsrat. Umfangreiche Informationen zum E-Justice-Rat und seiner Tätigkeit finden sich im Internet unter https://justiz.de/e_justice_rat/index.php.

Im März 2017 beschloss der E-Justice-Rat, in einer Zusammenarbeit aller Länder der Bundesrepublik Deutschland und auf Grundlage der für die beabsichtigte Modernisierung von *forumSTAR* erstellten Konzepte ein gemeinsames Fachverfahren ***(gefa)*** für die Justiz zu entwickeln. Ende 2017 wurde ein entsprechendes Verwaltungsabkommen abgeschlossen (vgl. Bayerisches Staatsministerium der Justiz 2018, S. 2). Die

Entwicklung von *gefa* wird unter der Führung einer Bund-Länder-Kommission durchgeführt.

Bei der bereits begonnenen Weiterentwicklung von *forumSTAR* bilden Workflows zur Unterstützung der elektronischen Kommunikation sowohl innerhalb der Justiz als auch mit externen Verfahrensbeteiligten (elektronischer Rechtsverkehr) einen Schwerpunkt. Als „elektronische Kommunikationsdrehscheibe" fungiert dabei eine nach dem Prinzip Service orientierter Softwarearchitekturen (SOA) entwickelte Plattform, mit der die elektronischen Abläufe gesteuert werden. Folgende Projekte der elektronischen Kommunikation wurden damit bereits umgesetzt bzw. befinden sich in Vorbereitung (Bayerisches Staatsministerium der Justiz 2018, S. 2):

- Datenaustausch im Instanzenzug,
- Datenaustausch zwischen zentralen Mahngerichten und Prozessgerichten,
- Datenaustausch zwischen Gerichtsvollziehern und dem zentralen Vollstreckungsgericht,
- elektronischer Dokumentenversand,
- Datenaustausch zwischen Staatsanwaltschaften und Gerichten,
- Datenaustausch der Familiengerichte mit den Versorgungsträgern,
- elektronischer Rechtsverkehr zwischen Insolvenzverwaltern und Insolvenzgerichten.

2.2.2.2 Automatisierte Entscheidungsfindung

Gerichtsurteile bzw. Urteilsentwürfe, bei denen der Inhalt der **Entscheidung automatisch generiert** (bzw. vorgeschlagen) wird, beispielsweise indem das IT-System auf Entscheidungen in vergleichbaren Sachverhalten zurückgreifen kann, sind hingegen zwar technisch denkbar, jedoch praktisch noch in weiter Ferne (Fries 2016, S. 2861). Davon abgesehen erschiene es verfassungsrechtlich bedenklich, dem gesetzlichen Richter die eigenständige Beurteilung eines Falles abzunehmen.

Ganz anders ist das beim gerichtlichen Mahnverfahren. Der maschinell lesbare Mahnantrag nach § 690 Abs. 3 ZPO kann nach § 689 ZPO vom Gericht rein maschinell bearbeitet werden. Der Mahnbescheid des Gerichts kann also im sogenannten **elektronischen Mahnverfahren** ergehen, ohne dass beim Gericht ein Mensch an dem konkreten Vorgang beteiligt war.

Das gerichtliche Mahnverfahren eignet sich für die vollständige Automatisierung deshalb, weil dort keine Ermessensentscheidungen zu treffen und keine sonstigen Beurteilungsspielräume vorhanden sind und zudem die Subsumtion im Wesentlichen auf die Prüfung der Erfüllung rein formaler Vorgaben beschränkt ist. Solche gebundenen Entscheidungen finden sich sonst vorwiegend in Steuer-, Sozial- oder sonstigen Verwaltungsverfahren. In diesen Bereichen ist deshalb auch der Gesetzgeber mit dem **Gesetz zur Modernisierung des Besteuerungsverfahrens** vom 18.07.2016 aktiv geworden. Seit dem 01.01.2017 darf das gesamte Besteuerungsverfahren – von der Steuererklärung bis zum Steuerbescheid – voll automatisiert durchgeführt werden (§ 155 Abs. 4 AO). Auch Sozialverwaltungsakte dürfen voll automatisiert erlassen werden (§ 31a SGB X). In anderen Verwaltungsverfahren ist der voll automatisierte Erlass von Bescheiden seit dem 01.01.2017 zulässig, sofern dies durch entsprechende spezialgesetzliche Rechtsvorschrift zugelassen ist und weder ein Ermessen noch ein Beurteilungsspielraum besteht (§ 35a VwVfG). Dass ein Verwaltungsakt vollständig durch automatische Einrichtungen erlassen werden darf, setzt voraus, dass die Subsumtion in einem automatisierten Verfahren möglich ist. Deshalb sind Entscheidungen, bei denen ein Ermessen oder ein Beurteilungsspielraum besteht, vom Gesetz ausdrücklich (wie im Fall von § 35a VwVfG) oder zumindest den Umständen nach ausgenommen (Braun Binder 2016).

Zumindest eine teilweise IT-Unterstützung gibt es zudem im Bereich des einstweiligen Rechtsschutzes, nämlich beim **Schutzschriftenregister** gemäß § 945a ZPO. Aus diesem können die gemäß § 2 Schutzschriftenregisterverordnung nur in elektronischer Form einreichbaren Schutzschriften von den Gerichten automatisiert abgerufen werden (§ 945a Abs. 3 ZPO).

2.2.3 Online Dispute Resolution, Blockchain Arbitration

2.2.3.1 Online Dispute Resolution

Seit Beginn der 2000er Jahre gibt es nicht staatliche IT-gestützte Streitbeilegungsplattformen (Grupp 2014, S. 660 ff.), sogenannte Online Dispute Resolution (ODR). Diese bietet eine IT-gestützte und teilweise auch automatisierte Verhandlung und Lösungsfindung.

ODR ist zum einen dort interessant, wo die Kosten für einen staatlichen Rechtsschutz außer Verhältnis zum Nutzen stehen, wie beispielsweise in E-Commerce-Streitigkeiten (Grupp 2014, S. 661). Dabei geht um Streitigkeiten aus Massengeschäften mit einem geringen Streitwert. Die Prozessordnungen der staatlichen Gerichte sind für derartig strukturierte Fälle in der Regel nur unzureichend ausgelegt. Unsere Rechtssysteme und die darin vorgesehenen Prozesse sind historisch gewachsen und ihre Anpassung an die Internetgesellschaft ist entsprechend aufwendig.

Bei ODR im Bereich von E-Commerce-Streitigkeiten gelangen in der Regel vordefinierte, bislang aber zumeist wenig ausdifferenzierte Streitentscheidungsregeln zur Anwendung. Je einfacher diese Regeln sind, desto leichter ist die vollautomatische Konfliktlösung technisch darstellbar. Eine solche Regel kann etwa lauten, dass Geld und Ware nicht bei derselben Person sein dürfen. Danach erhält ein Kunde sein Geld zurück, wenn kein Zugang der Ware verzeichnet ist oder der Kunde die beanstandete Ware an den Verkäufer zurückgesendet hat (Beispiel von Fries 2016, S. 2861). Diese teilweise auch als ***PayPal*-Law** bezeichneten Regeln bedeuten für den Bereich der betroffenen Massengeschäfte eine faktische Privatisierung des Rechts (Fries 2016, S. 2861). Daneben gibt es auch ODR, die die Streitbeilegung über sogenannte „Blind-bidding"-Module zu erreichen sucht (Grupp 2014, S. 661). In allen Varianten können gegebenenfalls natürliche Personen in einer späteren Verhandlungsrunde eine Vermittlungsfunktion übernehmen.

ODR wird insbesondere von den großen im Online-Handel tätigen Unternehmen angeboten, beispielsweise von *eBay* und *PayPal*. Eigenständige ODR-Anbieter sind – nach einem anfänglichen Boom – heute nur noch wenige am Markt (siehe Grupp 2014, S. 661). Ein Beispiel für eine erfolgreiche eigenständige ODR-Plattform ist *Modria*, das aus entsprechenden Bereichen von *eBay* und *PayPal* entstanden ist. *Modria* gehört heute zu *Tyler Technologies*, einem US-Unternehmen, das auf die Digitalisierung im öffentlichen Sektor spezialisiert ist. So wird heute *Modria* in den USA auch von den ordentlichen Gerichten eingesetzt.

Die **Europäische Union** hat eine eigene unabhängige Online Dispute Resolution Platform eingerichtet. Sie kann von Bürgern aus der EU, Norwegen, Island und Liechtenstein genutzt werden, um ein verbraucherrechtliches Problem mit einem Händler aus der EU oder einem der vorgenannten Staaten zu lösen. Dabei kann der Verbraucher über diese Plattform eine Lösung direkt mit dem Händler besprechen oder sich mit diesem auf eine Streitschlichtungsstelle einigen (https://ec.europa.eu/consumers/odr). Online-Händler müssen auf diese Seite hinweisen. Angeboten werden dort aber neben ODR auch herkömmliche außergerichtliche Streitschlichtungsstellen.

ODR ist zum anderen dort interessant, wo es um grenzüberschreitende Streitigkeiten geht und ein physisches Zusammenkommen von Streitschlichtern und Parteien nur mit großem Aufwand möglich und ohne entsprechenden Mehrwert wäre, weil der menschliche Faktor für die Streitschlichtung nur geringe Bedeutung hat.

Beispiel

So wird bei Streitigkeiten über Internet-Domain-Namen regelmäßig ODR eingesetzt. Solche Streitigkeiten werden zumeist durch die Uniform Domain Name Dispute Resolution Policy (UDRP) der Internet Corporation for Assigned Names and Numbers (ICANN) geregelt. Die im Rahmen des UDRP-Verfahrens getroffenen Entscheidungen sind für die Parteien zwar rechtlich nicht bindend, aber in der Praxis dennoch effektiv. Sie binden nämlich die Domain-Namen-Provider, die die im UDRP-Verfahren getroffenen Entscheidungen umsetzen. Die Parteien könnten zwar, wenn sie mit einer Entscheidung nicht zufrieden sind, versuchen, ihren Standpunkt vor einem staatlichen Gericht durchzusetzen. Das geschieht aber selten, da eine kostspielige und zeitaufwendige grenzüberschreitende Rechtsstreitigkeit zumeist nicht durch den Wert des Domain-Namens gerechtfertigt ist.

2.2.3.2 Blockchain Arbitration

Im Zusammenhang mit ODR muss auch die in den letzten Jahren entwickelte sogenannte Blockchain-Schiedsgerichtsbarkeit genannt werden. Dabei gibt es unterschiedliche Ausrichtungen.

Zum Bereich der Blockchain-Schiedsgerichtsbarkeit zählt beispielsweise *Kleros*. *Kleros* ist so ausgelegt, dass es für die Beilegung von Streitigkeiten über alle Arten von Geschäften genutzt werden kann, unabhängig davon, ob diese Geschäfte als Smart Contract (dazu Abschn. 2.2.4.5) oder in anderer Form abgeschlossen wurden, und unabhängig davon, ob sie einen Bezug zur Blockchain-Technologie (dazu Abschn. 2.2.4.1) haben oder nicht. Smart Contracts und die Blockchain kommen über *Kleros* ins Spiel. Bei Abschluss der **Schiedsvereinbarung** wird die in Geld zu leistende Gegenleistung aus dem eigentlichen Geschäft so hinterlegt, dass sie mittels eines Smart Contract automatisiert ausgezahlt werden kann. Im Falle einer Streitigkeit erfolgt die Auszahlung erst nach und nur gemäß einer Entscheidung durch *Kleros*. Die Entscheidung erfolgt durch mit Juroren besetzte „Gerichte", denen jeweils einzelne sachliche Zuständigkeiten zugewiesen sind. Die Juroren (die über keine juristische Ausbildung verfügen müssen) können auswählen, in welchem Gericht sie als Juror tätig sein wollen. Aus dem Pool des jeweiligen Gerichts werden dann mittels Zufallsgenerator diejenigen Juroren ausgewählt, die über einen konkreten Fall entscheiden, der dem Gericht zugewiesen wurde. Um überhaupt als Juror ausgewählt zu werden, muss man Teilnehmer des *Kleros*-Blockchain-Netzwerks sein und Wertrechte in Form von Token erwerben. Diese muss man einlegen, um als Juror für einen konkreten Fall ausgewählt zu werden. Je mehr Wertrechte man einlegt, desto größer ist die Wahrscheinlichkeit, ausgewählt zu werden. Die Zahl der zur Entscheidung erforderlichen Juroren ist in der Vergleichsvereinbarung festgelegt. Die Entscheidung wird durch die für den Fall ausgewählten Juroren mit Stimmenmehrheit gefällt. Wer nicht entsprechend der Mehrheitsentscheidung gestimmt hat, dessen eingelegte Wertrechte werden an diejenigen Juroren verteilt, die mit der Mehrheit gestimmt haben. Nur unter Letzteren wird zudem die von den Parteien zu zahlende Vergleichsgebühr verteilt. *Kleros* schafft so ein Anreizsystem, das der Versachlichung der Entscheidung und der Vermeidung einer Entscheidungsbeeinflussung der Juroren durch eine der Parteien dienen soll. Entscheidungen, die die Integrität von *Kleros* in Zweifel ziehen, würden – so die dahinter stehende Idee – auch den Wert der Token sinken lassen, womit sich die Juroren selbst schädigen würden. *Kleros* hat nicht nur Gerichte mit unterschiedlichen sachlichen Zuständigkeiten, sondern eröffnet den Parteien sogar mehrere Instanzenzüge. Inwieweit derartige Schiedsvereinbarungen wirksam und erforderlichenfalls durch ordentliche Gerichte vollstreckbar sind, ist allerdings fraglich und je nach den betroffenen Jurisdiktionen schwer zu ermitteln.

Eine andere Ausrichtung hat etwa *CodeLegit*. *CodeLegit* wurde entwickelt, um den Bedürfnissen der Beilegung von solchen Streitigkeiten gerecht zu werden, die sich speziell aus Smart Contracts ergeben können. Aus einfachen Smart Contracts können sich eigentlich naturgemäß keine Streitigkeiten ergeben. Anders ist dies bei komplexeren Smart Contracts, bei denen es unter Umständen zu Missverständnissen über den Inhalt der Transaktion kommen kann. *CodeLegit* hat dafür sogenannte **Blockchain-Schiedsregeln** ausgearbeitet. Die Geltung der Blockchain-Schiedsregeln wird zwischen den Parteien vereinbart. Die sich daraus ergebenden Ausführungsregelungen können zusammen mit dem Smart Contract mittels der Blockchain festgeschrieben werden. Hält eine Partei den Smart Contract für fehlerhaft oder behauptet einen Vertragsbruch, kann der Smart Contract gestoppt und das Schiedsverfahren automatisch gestartet werden. Der Schiedsspruch kann dann, gegebenenfalls durch eine Anpassung des Smart Contract, automatisch vollzogen werden.

2.2.4 Blockchain, Smart Contracts

2.2.4.1 Blockchain

Blockchain-Technologien und andere **Distributed-Ledger-Technologien** zählen zu den bemerkenswertesten und vielversprechendsten Entwicklungen der Digitalisierung. Ihnen wird sowohl für den Finanzsektor als auch für andere Wirtschaftssektoren ein erhebliches, wenn auch noch nicht abschließend abschätzbares Innovations- und Effizienzsteigerungspotenzial vorausgesagt.

Dabei geht es längst nicht mehr nur um **Kryptowährungen** und deren Kombination mit Smart Contracts (dazu unter Abschn. 2.2.4.5). Auch über diese beiden Felder hinaus könnten Blockchain- und Distributed-Ledger-Technologien erhebliche Bedeutung gewinnen. Mit ihrer Hilfe können künftig die unterschiedlichsten Arten von Transaktionen abgewickelt werden. Deren Abwicklung soll dadurch transparenter, sicherer und, kostengünstiger werden. Zudem können mithilfe der Blockchain Datenbestände jeglicher Art vor Veränderung gesichert werden.

Die Blockchain-Technologie ist kein Legal Tech. Sie ist aber aller Voraussicht nach eine der für die juristische Tätigkeit in der Zukunft wichtigsten rechtlich relevanten Rahmenbedingungen.

▶ **Blockchain** lässt sich als ein neuartiger Datenbanktyp verstehen, bei dem eine Sequenz von digitalen Blöcken aus verschlüsselten aufeinander aufbauenden Daten in identischer Form auf den Geräten sämtlicher Nutzer bzw. Teilnehmer der Blockchain existiert (vgl. Mann 2017, S. 1014). Aufgrund des permanent möglichen Datenabgleichs ist der einzelne Nutzer gehindert, den tatsächlichen Informationsstand einseitig zu manipulieren. Die Blockchain-Technologie ist dabei nur eine, wenn auch besonders bedeutsame, Art von sogenannten Distributed-Ledger-Technologien, also Technologien, bei denen die relevanten Daten nicht auf einem zentralen Konto oder in einem zentralen Register, sondern dezentral, auf den Geräten der Teilnehmer des jeweiligen Netzwerks vorhanden sind.

Kernelemente der Blockchain sind:

- ein definiertes (offenes oder geschlossenes) Netzwerk von Teilnehmern,
- eine dezentrale Datenbank (distributed ledger) innerhalb des Netzwerks,
- die Verschlüsselung der Daten,
- die Zusammenfassung und Speicherung der Einträge in Blöcken,
- ein Konsensmechanismus (z. B. proof-of-work).

Dabei stellen die Netzwerkprotokolle des Internets die grundlegende Konnektivität zwischen allen Teilnehmern sicher und sind zugleich die Basis für die darauf aufbauenden Netzwerkprotokolle (Peer-to-Peer-Protokolle), die das Netzwerk der Blockchain definieren (vgl. Glatz 2018/1, S. 62). Auf dem Netzwerk der Blockchain baut dann deren

Governance auf, die insbesondere in den sogenannten Konsensprotokollen enthalten ist. Darin ist geregelt, wie innerhalb des Netzwerks bestimmt wird, was innerhalb des Netzwerks als richtige und verbindliche Information anerkannt wird. Die Konsensprotokolle erlauben es zwischen den Teilnehmern des jeweiligen Blockchain-Netzwerks einen Konsens darüber herzustellen, welche „Verfügungen" in welcher zeitlichen Reihenfolge erfolgt sind.

Zu den bedeutendsten Blockchain- bzw. Distributed-Ledger-Technologien zählen die Folgenden:

- Die ***Bitcoin***-Blockchain war die erste Blockchain und wurde entsprechend den Vorgaben erstellt, die von einem oder mehreren Autoren unter dem Pseudonym *Satoshi Nakamoto* 2008 in einem Whitepaper veröffentlicht wurden. Beim *Bitcoin* handelt es sich zugleich um die erste Kryptowährung.
- ***Corda*** ist eine Industrien-übergreifend nutzbare Distributed-Ledger-Technologie, die als Open-Source-Plattform zur Verfügung steht (dazu ausführlicher unter Abschn. 2.2.4.5).
- ***Ethereum*** ist auf den Einsatz von Smart Contracts fokussiert, die auf dieser Blockchain implementiert werden können und bei deren Ausführung die Kryptowährung Ether genutzt werden kann (dazu ebenfalls ausführlicher unter Abschn. 2.2.4.5). Die Ethereum Blockchain ist eine Open-Source-Technologie, auf der wiederum weitere Blockchains bzw. Blockchain-Plattformen basieren wie beispielsweise ***Quorum.***
- ***Hyperledger*** (https://www.hyperledger.org) ist ein Projekt, in dem Open-Source-Blockchains und verwandte Tools entwickelt werden, um die Blockchain-Technologie Industrien-übergreifend voranzubringen. Das Projekt wurde 2015 von der *Linux Foundation* gestartet und wird heute mit Unterstützung zahlreicher internationaler Unternehmen betrieben.
- ***IOTA*** (https://www.iota.org) ist im Kern eine Kryptowährung in der Gestalt einer Distributed-Ledger-Technologie, die jedoch gegenwärtig noch über einen zentralen Koordinator verfügt. Sie ist auf Maschine-to-Maschine-Transaktionen im „Internet der Dinge" ausgerichtet. Die Technologie wurde von der Berliner *IOTA-Stiftung* entwickelt und steht (bis auf den Quellcode des zentralen Koordinators) als Open Source zur Verfügung.

Interessant sind Distributed-Ledger-Technologien wie die Blockchain in der Zukunft zum einen dort, wo das Gesetz heute eine Rechtsposition an die Eintragung in einem Register oder die Inhaberschaft eines anderen Rechts knüpft. Beispiel für Ersteres ist das Eigentum an einem Grundstück, das bei Einzelrechtsnachfolge mit Eintragung im Grundbuch erworben wird. So wurde in Schweden bereits ein Pilotprojekt mit dem Ziel gestartet, ein Blockchain-gestütztes Grundbuch einzuführen. Ob die vollständige Ersetzung des Grundbuchs durch die Blockchain dergestalt sinnvoll ist, dass auch der Eigentumstitel nur noch in Form eines Token auf der Blockchain „verkörpert" ist, ist indessen fraglich (kritisch etwa Zimmer 2018).

Beispiel für Zweiteres ist die Stellung als Aktionär gegenüber der Gesellschaft, die bei Namensaktien im Grundsatz die Eintragung ins Aktienregister voraussetzt und bei Inhaberaktien das (Mit-)Eigentum an der Aktienurkunde. In derartigen Fällen könnte eine gesetzliche Neuregelung dafür sorgen, dass statt des Eintrags im Register oder dem Eigentum an dem Wertpapier ein Eintrag etwa in einer Blockchain konstitutiv für eine solche Rechtsposition ist. Die Blockchain übernimmt dann insbesondere die Legitimations- und Übertragungsfunktion des Registers bzw. Wertpapiers.

Zum anderen können Distributed-Ledger-Technologien überall dort sinnvoll sein, wo schlicht die Unveränderbarkeit eines Datensatzes zur Absicherung oder aus Nachweisgründen gewollt ist. Ein Smart Contract kann so vor unzulässigen Veränderungen geschützt werden. Es können aber auch Rohstoffe oder Halbfabrikate auf ihrem globalen Verarbeitungsweg verfolgt werden **(Tracking),** indem beispielsweise deren jeweilige Übergabe auf der Blockchain dokumentiert wird. So lässt sich die Erfüllung vertraglicher oder gesetzlicher Anforderungen an die Produktions- oder Lieferkette nachweisen.

Im Bereich des Urheberrechts könnte mithilfe der Blockchain ein Nachweis über den Lizenztransfer geführt werden und so eine wesentliche Grundlage für einen Zweitverwertungsmarkt gelegt werden (Glatz 2018/1, S. 74 f.).

Die Blockchain wird mitunter schon mal als außerstaatlicher bzw. für staatliches Recht nicht erreichbarer Raum angesehen. Teilweise gibt es Überlegungen, die Blockchain könne es den Menschen ermöglichen, sich innerhalb ihres jeweiligen eigenen technisch-rechtlich Rahmens ihre eigenen Regeln auszuwählen und anzuwenden (vgl. dazu Kaeseberg 2019, S. 107). Auch außerhalb solcher futuristisch anmutender Gedankenspiele, wirft die Blockchain eine Vielzahl rechtlicher Fragen auf. Insbesondere fordert sie den Gesetzgeber heraus, der auf diese Technologie mit passenden Rechtsregeln reagieren muss. Dabei geht es etwa um die Bestimmung der auf ein Blockchain-Netzwerk und die sich darin vollziehenden Vorgänge anwendbare Rechtsordnung, um die Rechtsregeln für Übertragungsvorgänge mittels Blockchain, um den Verbraucherschutz sowie um den Schutz vor Geldwäsche und Terrorismusfinanzierung.

2.2.4.2 Verbandsorganisationen auf Basis der Blockchain

Mittels auf der Blockchain-Technologie beruhender Smart Contracts lässt sich auch eine sogenannte **Decentralized Autonomous Organization (DAO)** bilden. Eine der ersten DAOs wurde auf Grundlage der *Ethereum*-Blockchain (dazu unter Abschn. 2.2.4.5) in Gang gesetzt und sammelte innerhalb weniger Wochen ein Kapital in *Ether* von umgerechnet rund USD 160 Mio. ein, über dessen Einsatz die Kapitalgeber (quasi wie Gesellschafter) sollten abstimmen können (dazu umfassend Mann 2017, S. 1014 ff.).

2.2.4.3 Elektronische Wertpapiere

Die Blockchain ist unter anderem für die Emission und den Handel von Wertpapieren wie Schuldverschreibungen und Aktien interessant. Im September 2019 wurde durch die *Banco Santander* über die Plattform des Londoner Start-ups *Nivaura* erstmals eine End-to-End-Blockchain-Anleihe öffentlich emittiert. Die Anleihe wurde auf der

Ethereum-Blockchain repräsentiert. Die Zahlungen und das Settlement erfolgen in diesem Fall ebenfalls über die *Ethereum*-Blockchain. Die Zahlungen erfolgen allerdings nicht in *Ether*, sondern in US-Dollar. Dazu wurden Zahlungsansprüche auf der Blockchain in einem Smart Contract abgebildet.

In Deutschland setzt das Entstehen eines handelbaren Wertpapiers nach gegenwärtig geltendem Recht eine physische (Papier-)Urkunde voraus. Allerdings soll die Blockchain gerade die physische Urkunde ersetzen. Solange in Deutschland das gesetzliche Erfordernis einer physischen Urkunde besteht, ist ein praktikabler Einsatz der Blockchain-Technologie im Bereich von Wertpapier-Transaktionen ausgeschlossen. Gleichwohl wurde im Januar 2019 erstmalig in Deutschland eine Geldmarktwertpapier-Transaktion vollständig über die Blockchain rechtsverbindlich abgewickelt, und zwar einschließlich aller Zahlungen (so jedenfalls die Presseverlautbarungen der Beteiligten). Bei dem gemeinsamen Pilotprojekt traten *Continental* als Emittent und *Siemens* als Zeichner und Investor auf. Die Zahlungen erfolgten in Krypto-Geld. Dieses und die *Corda*-basierte Blockchain-Plattform für die gesamte Abwicklung stellte die *Commerzbank* zur Verfügung. Das Wertpapier selbst wurde allerdings nach Luxemburger Recht begeben, welches anders als das deutsche Privatrecht Wertpapiere in **dematerialisierter Form** zulässt. Das so geschaffene Krypto-Wertpapier war damit aus Sicht des deutschen Zivilrechts kein Wertpapier, wohl aber im öffentlich-rechtlichen Sinne, also insbesondere für die Anwendung des Finanzaufsichtsrechts.

Im Jahr 2019 hat der deutsche Gesetzgeber mit der Ausarbeitung des Entwurfs eines Gesetzes bezüglich eines elektronischen Wertpapiers begonnen, das auch die Emission und den Handel von Wertpapieren über die Blockchain ermöglichen soll. Das Gesetzesvorhaben ist Teil der Blockchain-Strategie der deutschen Bundesregierung, die im September 2019 vorgelegt wurde (https://www.bmwi.de/Redaktion/DE/Publikationen/Digitale-Welt/blockchain-strategie.pdf). Die bisherigen gesetzgeberischen Überlegungen zu elektronischen Wertpapieren wurden bereits im März 2019 in einem Eckpunktepapier skizziert. Ziel des Gesetzes soll es sein, elektronische Wertpapiere unter Wahrung der Erfordernisse des Anlegerschutzes zu ermöglichen und im Zivil- und Aufsichtsrecht die notwendige Rechts- und Anwendungssicherheit zu schaffen. Insbesondere soll das deutsche Recht generell für elektronische Wertpapiere geöffnet werden, d. h. die derzeit zwingende urkundliche Verkörperung von Wertpapieren soll nicht mehr uneingeschränkt gelten. Es soll aber nur eine Option und keine Pflicht zur elektronischen Begebung von Wertpapieren eingeführt werden. Gegenständlich soll die Öffnung zunächst auf elektronische Schuldverschreibungen beschränkt sein. Gegebenenfalls soll im zweiten Schritt auch eine entsprechende Öffnung für elektronische Aktien erfolgen.

Zivilrechtlich können elektronische Wertpapiere entweder als Sache fingiert oder als Recht sui generis definiert werden. Der deutsche Gesetzgeber dürfte sich voraussichtlich für Ersteres entscheiden. Elektronische Wertpapiere sollen verwahrfähig sein. Nach dem Vorbild des Bundesschuldenwesengesetzes sollen elektronische Wertpapiere durch Eintragung in ein Register **(Wertpapierregister)** entstehen. Die Registerführung soll grundsätzlich durch eine (zentrale) staatliche oder eine unter staatlicher Aufsicht stehende Stelle erfolgen. Unter bestimmten Voraussetzungen soll es aber eben möglich sein, dass der Emittent das Register auf Basis der Blockchain-Technologie führt. Das Gesetz soll insoweit allerdings technologieneutral sein.

2.2.4.4 Blockchain und Datensicherheit in der Verwaltung

In Estland sieht man schon seit längerem in der Blockchain-Technologie ein geeignetes Mittel, um die Datensicherheit innerhalb des Verwaltungsapparats zu gewährleisten. So sind dort mittlerweile nicht nur die Grundbücher, sondern auch zahlreiche andere öffentliche Register mithilfe der Blockchain-Technologie vor unbefugten Veränderungen geschützt. Alle Daten der öffentlichen Verwaltung können durch Verwendung der sogenannten **Keyless Signature Infrastructure (KSI) Technology** vor unbemerkter Veränderung geschützt werden. Die KSI erzeugt Hash-Werte, durch welche die Datensätze ohne Rekonstruierung der enthaltenen Informationen identifiziert werden können. Deren Speicherung erfolgt in der Blockchain, die auf Behörden-Rechnern verteilt ist. Die Betreiber der staatlichen Register können so die Daten in den eigenen Datenbanken behalten und müssen sie nicht auf der Blockchain veröffentlichen. Es lässt sich aber kryptografisch überprüfen, ob die Daten unbefugt geändert wurden.

2.2.4.5 Smart Contracts

Smart Contracts bilden eine ganz neue Dimension, die sich am ehesten als ein Bestandteil der für die juristische Tätigkeit rechtlich relevanten Rahmenbedingungen begreifen lässt.

▶ **Smart Contracts** werden zumeist als selbstvollziehende „Verträge" verstanden. Der Begriff Smart Contracts wurde in den 1990er Jahren durch den Informatiker und Juristen *Nick Szabo* geprägt, der ihn unter anderem wie folgt definiert hat (Szabo 1997): „Ein Smart Contract ist eine Reihe von Zusagen, die in digitaler Form spezifiziert sind, einschließlich Protokollen, innerhalb derer die Parteien diese Zusagen einhalten." Wesentliches Element eines Smart Contract ist danach ein computerisiertes Transaktionsprotokoll, welches die Regeln eines Vertrags ausführt (Mann 2017, S. 1015). Die Pflichten der Parteien sind also in digitaler Form so gespeichert, dass die Pflichterfüllung automatisch ausgelöst wird (Fries 2016, S. 2862). Die Vertragsklauseln werden dazu in einer Software abgebildet, also menschliche Sprache mit Maschinensprache verbunden bzw. erstere in letztere überführt. Aufgrund der automatischen Vertragserfüllung bedarf es keiner weiteren Instanz zur Durchsetzung, wie etwa eines Gerichts (Mann 2017, S. 1015). Das gilt jedenfalls soweit es nicht im Entstehungsprozess eines Smart Contract zu Missverständnissen gekommen ist (dazu unter Abschn. 2.2.3.2).

Von den Smart Contracts zu unterscheiden ist die Idee sogenannter **Computable Contracts,** die nicht den automatischen Vollzug sichern, sondern einer oder jeder Partei ermöglichen, ihre eigenen Pflichten automatisiert zu erfüllen (dazu Kaeseberg 2019, S. 109 und Wong 2018, S. 211 ff.).

Insbesondere die Kombination von Smart Contracts und Blockchain-Technologie bzw. anderen Distributed-Ledger-Technologien eröffnet zahlreiche Einsatzmöglichkeiten. Die Blockchain ist dabei ein mögliches Konzept, auf dem Smart Contracts beruhen können (Fiedler und Grupp 2017, S. 1072). Die in einem auf der Blockchain platzierten Smart Contract abgebildeten Regeln sind nicht mehr veränderbar. Sie sind insbesondere einer Manipulation durch eine der Parteien oder Dritte entzogen. Die Blockchain ist dann zugleich die Ausführungsumgebung für das vertragliche Leistungsprogramm (Glatz 2018/2, S. 114).

Smart Contracts waren zunächst vor allem im Bereich **Financial Technology (FinTech)** ein Thema. So hat beispielsweise ein Konsortium von Finanzinstituten unter Führung der *R3 HoldCo LLC* die Plattform *Corda* (http://www.corda.net) entwickelt, die als Basis für sich automatisch vollziehende Verträge zwischen Finanzinstituten gedacht war. Mittlerweile hat man in anderen Industrie-Sektoren aber ebenfalls Anwendungsfälle für Smart Contracts identifiziert. Und *R3/Corda* stellt heute eine Distributed-Ledger-Technologie als Sektor-übergreifende Open-Source-Plattform zur Abwicklung von Smart Contracts zur Verfügung.

Anders als bei klassischen Blockchain- und Distributed-Ledger-Technologien, bei denen jeder Teilnehmer die Daten aller Transaktionen speichert, speichern die Teilnehmer bei *Corda* nur diejenigen Transaktionsdaten, die sie selbst betreffen. Auf der Basis von *Corda* können sehr unterschiedliche Transaktionen abgewickelt werden. So wurde eine von der *Commerzbank* bereit gestellte *Corda*-Plattform von *Continental* und *Siemens* Anfang 2019 für eine versuchsweise Geldmarktwertpapier-Transaktion mittels Blockchain-Technologie genutzt (dazu bereits unter Abschn. 2.2.4.3). Jüngstes Beispiel sind ferner Pilotversuche seitens *Daimler* und *Commerzbank*, in denen eine **digitale Geldbörse** für Nutzfahrzeuge getestet wurde. Mit deren Hilfe könnte das Fahrzeug etwa selbst die Tankgebühren oder eine Autobahnmaut bezahlen, oder aber es könnten darüber kurzfristige Leasingverträge abgewickelt werden – die Kunden bezahlen am Fahrzeug und dieses entscheidet selbst, ob die Voraussetzungen für seine Nutzung durch den Kunden vorliegen.

Mögliche weitere Einsatzbereiche für Smart Contracts lassen sich ferner im Versicherungssektor finden. So könnten sich laufende Kfz-Versicherungsprämien automatisch ändern, indem das versicherte Fahrzeug Daten über den Umfang der Fahrzeugnutzung und das Fahrverhalten sendet und diese Daten die Höhe der Prämie, die die Versicherung jährlich abbucht, nach einer bestimmten, vorweg vereinbarten Formel automatisch anpassen (siehe auch die Beispiele bei Keller et al. 2017, S. 9).

Beispiel für eine Kombination von Smart Contracts und Blockchain-Technologie ist auch *Ethereum* (http://www.ethereum.org/). Es handelt sich um eine Plattform zur Implementierung von Smart Contracts. Dabei können zugleich die unter den Smart Contracts zu leistenden Zahlungen in der auf der Blockchain-Technologie beruhenden Kryptowährung *Ether* erfolgen. *Ethereum* wurde ursprünglich Ende 2013 von *Vitalik Buterin* in einem Whitepaper allgemein beschrieben. In 2014 erfolgte die Gründung einer Schweizer *Ethereum Stiftung*, eine Non-Profit-Organisation, die zur Finanzierung der Kosten der Entwicklung in einer Crowdfunding-Kampagne über USD 18 Mio. einsammelte. Im März 2017 gründeten Forschungsgruppen, Startups und große Unternehmen sowie Banken die *Enterprise Ethereum Alliance (EEA)*. *Ether* ist heute nach *Bitcoin* die Kryptowährung mit der zweitgrößten Marktkapitalisierung.

2.2.5 Veränderungspotenzial

Gesetzliche Formerleichterungen oder -vorgaben können zwar durch die von ihnen eröffnete Möglichkeit der Nutzung elektronischer Kommunikation zu Effizienzsteigerungen innerhalb einzelner Schritte der juristischen Arbeit führen. Vorrangig geht es aber um Formfragen, die Gegenstand der internen oder externen anwaltlichen Beratung sind. Insoweit berühren die Anwendungen nicht die Art und Weise der juristischen Tätigkeit von Kanzleien und Rechtsabteilungen. Das gilt sinngemäß auch für die unter Abschn. 2.2.2 dargestellte Automatisierung im Bereich der Gerichts- und Verwaltungsverfahren sowie der unter Abschn. 2.2.3 dargestellten ODR. Bezogen auf Kanzleien und Rechtsabteilungen ist das daraus unmittelbar erwachsende Veränderungspotenzial gering, auch wenn der elektronische Rechtsverkehr viele Anwälte dazu bewogen hat, sich mit der Digitalisierung ihres Berufsstands intensiver zu beschäftigen. Anders sieht das freilich aus der Perspektive des Richters, des (privaten) Schiedsrichters bzw. des Verwaltungsmitarbeiters aus. Hier können sich je nach den eingesetzten Legal-Tech-Anwendungen sehr wohl Arbeitsabläufe ergeben, die von den herkömmlichen Strukturen stark abweichen.

Will man die vorstehenden Anwendungen in die von *Goodenough* (siehe Abschn. 1.3.2) gebildeten Kategorien einordnen, so wird man die in Abschn. 2.2.1 dargestellten Anwendungen der Entwicklungsstufe Legal Tech 1.0. zuordnen müssen. Die in Abschn. 2.2.2 und 2.2.3 dargestellten Elemente sind zumindest aus Sicht eines Richters, (privaten) Schiedsrichters oder Verwaltungsmitarbeiters mitunter der Entwicklungsstufe Legal Tech 2.0 zuzuordnen und man kann einzelne Anwendungen, wie etwa ODR, bereits als Elemente oder zumindest Vorboten von Legal Tech 3.0 verstehen (vgl. Goodenough 2015).

Smart Contracts haben hinsichtlich ihres Veränderungspotenzials eine besondere Stellung. Sie werden in erster Linie Gegenstand der internen oder externen anwaltlichen Beratung sein. Dennoch berühren sie die Art und Weise der juristischen Tätigkeit als solche, nämlich dort, wo es um die Vertragsgestaltung geht. Denn zur Vertragsgestaltung in menschlicher Sprache, welche im Grundsatz immer den Ausgangspunkt bildet, tritt als zusätzlicher Schritt deren Abbildung in Maschinensprache (Software) hinzu. Insoweit wird der übergeordnete Arbeitsablauf um zusätzliche Arbeitsschritte erweitert. Vor allem aber gewinnt die juristische Welt eine technische Komplexität, die aller Voraussicht nach die Anforderungen an den Juristen und dessen Denken erheblich verändern wird. Das gilt ebenso mit Blick auf die Blockchain-Technologie, mit der die Smart Contracts häufig verknüpft sind. Die Komplexität steigt noch weiter an, wenn unsere Rechtsordnung Maschinen eine eigenständige Rechtspersönlichkeit zuerkennt oder es sonst zulässt, dass Maschinen unmittelbar untereinander wirksame Verträge abschließen. Ernst zu nehmende Überlegungen zu einer **„elektronischen Rechtspersönlichkeit"** gibt es schon, beispielsweise beim EU-Gesetzgeber. So hat der Rechtsausschuss des Europäischen Parlaments am 12.01.2017 den Entwurf einer Entschließung des Europäischen Parlaments mit Empfehlungen an die Kommission zu zivilrechtlichen Regelungen im Bereich Robotik (2015/2103(INL)) angenommen. Es ist zu erwarten, dass Blockchain-Technologie und Smart Contracts, wenn sie in größerem Umfang genutzt werden, einen Wandel auslösen, der die Digitalisierung des Rechtswesens auf eine neue Stufe hebt.

In den Kategorien von *Goodenough* (siehe Abschn. 1.3.2) handelt es sich bei Blockchain und Smart Contracts zweifelsohne bereits um ein Element von Legal Tech 3.0, und zwar deshalb, weil eine Welt aus auf der Blockchain repräsentierten Smart Contracts (in einer idealisierten Vorstellung) keine Juristen mehr für eine Anspruchsprüfung und -verfolgung benötigt.

2.3 Legal Tech im Kernbereich der juristischen Tätigkeit

2.3.1 Information Retrieval, Data Extraction

Im Kernbereich der juristischen Tätigkeit liegt an erster Stelle die Ermittlung des Sachverhalts. Hier kann Legal Tech in Form des sogenannten Information Retrieval zum Einsatz kommen. Darunter versteht man IT-Lösungen zum Heraussuchen (und gegebenenfalls Zusammenfassen) von Informationen aus großen Mengen an **unstrukturierten Daten,** also aus unterschiedlichen Dokumenten in verschiedenen Formaten und gegebenenfalls auch Sprachen.

Die technischen Möglichkeiten zur elektronischen Massensichtung von Unternehmensdaten und deren Einsatz wachsen seit einigen Jahren spürbar an (Grupp 2014, S. 663). Der Ursprung liegt im Bereich der elektronischen forensischen Datenanalyse, der sogenannten **E-Discovery** (dazu umfassend Berndt et al. 2012, S. 173 ff.). Diese nahm in den USA bereits in den 1990er Jahren ihren Anfang. Entsprechende Systeme kamen zunächst bei Gerichtsverfahren (im Rahmen der sogenannten pre-trial discovery), später dann auch bei straf- oder verwaltungsrechtlichen Ermittlungsverfahren zum Einsatz. Heute gelangen sie zudem bei internen, Compliance-getriebenen Ermittlungsverfahren (sogenannten **Internal Investigations)** zur Anwendung und sind insbesondere auch für die Bereiche Kartellrecht und Steuerrecht interessant. In all diesen Anwendungsbereichen geht es um das Trennen und Sortieren der möglicherweise relevanten von den eindeutig nicht relevanten Informationen, also um ein Vorfiltern. Gesucht wird mittels eines sogenannten Search Term, der im Einzelfall entwickelt, getestet und gegebenenfalls angepasst werden muss. Die eingesetzten Systeme sind häufig lernfähig und werden mittels eines Trainingsdatensatzes für das Auffinden der relevanten Daten trainiert (dazu auch unter Abschn. 3.1.4). Sie können aber auch dazu eingesetzt werden, unbekannte Zusammenhänge und Beziehungen zwischen verschiedenen Daten zu finden und so die Daten in sogenannte Cluster zu unterteilen (dazu ebenfalls unter Abschn. 3.1.4). Die E-Discovery wird von Kanzleien genutzt, häufig aber auch von LPO-Unternehmen angeboten. Auch hierzulande bekannte Anbieter von E-Discovery bzw. diesbezüglicher-Software sind etwa *Consilio*, *Epiq*, *Inventus*, *KLDiscovery*, *Relativity*, *OpenText* und *Veritas*.

Information Retrieval kommt heute aber auch bei der **Due Diligence** und zum Zwecke einer anschließenden Dokumentenanalyse zur Anwendung. Da das Ziel nicht allein im Auffinden der relevanten Informationen liegt, sondern diese aus dem Datenbestand herausgezogen werden, um sie in weiteren Arbeitsschritten zu nutzen, spricht man in diesen Fällen häufig auch von Data Extraction. Hierbei wird nicht nach tatsächlichen Einzelinformationen, sondern nach spezifischen Klauseln gesucht, beispielsweise nach Change-of-Control-Klauseln. Vielfach können die im Ausgangspunkt unbekannten Dokumente im ersten Schritt (beispielsweise nach Vertragsarten) sortiert und anschließend auf bestimmte Regelungsinhalte hin durchsucht werden. Vertragsart und Klauseln werden in der Regel mittels Mustererkennung identifiziert. Es erfolgt also keine vollständige semantische Analyse und erst recht keine rechtliche Beurteilung. Die Systeme nehmen insbesondere keine juristische Subsumtion vor. Sie arbeiten vielmehr überwiegend mit bloßen **Wahrscheinlichkeitsprognosen** (statistisches Modell; dazu auch unter Abschn. 3.1.4): Das System lernt, dass wenn bestimmte Begriffe in bestimmten Konstellationen und Relationen vorkommen, die Wahrscheinlichkeit hoch ist, dass es sich um einen bestimmten Klauseltyp handelt. So kann eine Change-of-Control-Klausel gefunden werden, auch wenn der Begriff „Change of Control" in ihr nicht vorkommt.

Da diese Systeme ebenfalls lernfähig sind, können sie auch bezüglich neuer, nicht schon standardmäßig hinterlegter Vertragstypen und Klauseln eingesetzt werden. Hierzu ist dann eine Art Trainingsphase erforderlich, in der das System auf Grundlage von Beispielen angelernt wird. Gegebenenfalls kann es auch im weiteren Verlauf aufgrund des Feedbacks des Nutzers weiter lernen und Vertragsarten bzw. Klauseltypen umso besser erkennen, je häufiger es zuvor genutzt wurde. Die Systeme sind regelmäßig mit Workflow-Management-Anwendungen kombiniert, sodass die gefundenen Informationen von Rechtsanwälten in einem geordneten Prozess ausgewertet und bewertet werden können. Auf diese Weise kann zugleich das Information-Retrieval-System an das Nutzer-Feedback für den Lernprozess gelangen. Bekannte Systeme für die Due Diligence sind *Kira* und *RAVN* sowie *Eigen*. Deutsche Anbieter sind *Intrafind (Analyze Law)* und *rfrnz*.

Solche Systeme können etwa von Kanzleien im Rahmen einer M&A-Transaktion eingesetzt werden.

Eine auf Miet- und Leasingverträge spezialisierte Software, die unter anderem auch deutschsprachige Dokumente auswerten kann, ist beispielsweise *Leverton*. Ebenfalls für deutschsprachige Dokumente aus dem Immobilienbereich einsetzbar ist *EVANA*. Beide Anwendungen können von Kanzleien im Rahmen einer Due Diligence genutzt werden, sie lassen aber darüber hinaus eine regelmäßige Vertragsanalyse zu und zielen deshalb primär auf Portfoliomanager bzw. Unternehmen ab.

Auch wenn die genannten Anwendungen bereits einen hohen technischen Stand erreicht haben, den Juristen ersetzen sie gleichwohl auch im Arbeitsschritt der Sachverhaltsermittlung noch nicht. Je nach Anwendung müssen nämlich die Ergebnisse manuell überprüft werden. Jedenfalls aber muss der Trainingsprozess begleitet und die Geeignetheit der Anwendung im konkreten Einzelfall sichergestellt werden. Gleichwohl bieten sie schon heute ein erhebliches Potenzial, um Zeit und Kosten zu sparen.

Was für Kanzleien und Rechtsabteilungen gilt, gilt nicht minder für die Justiz. Auch hier bieten Information Retrieval und Data Extraction erhebliches Potenzial, um Zeit und Kosten zu sparen. In Österreich werden bereits seit geraumer Zeit eigenentwickelte Systeme für Information Retrieval und Data Extraction bei umfangreichen datenlastigen staatsanwaltschaftlichen Ermittlungsverfahren genutzt. Die Systeme unterstützen bei der Rekonstruktion des Sachverhalts, beim Aufdecken unbekannter Zusammenhänge und bei der Bestätigung oder Widerlegung von Ermittlungshypothesen (Purkart 2019).

2.3.2 Dokumentenanalyse

Geht es beim Information Retrieval um das Aus- und Vorsortieren bzw. Finden der relevanten Information aus großen Mengen unstrukturierter Daten, so stellt die Dokumentenanalyse den nächsten Schritt oder – je nach Anwendungsfall – das Pendent dazu dar. Die eigentliche Analyse baut auf strukturierten Daten auf. Die Strukturierung kann am Ende eines Information Retrieval stehen oder sie ergibt sich aus einem Dokumenten-Management-System.

Gegenwärtig werden Dokumenten-Management-Systeme dahin gehend weiterentwickelt, dass sie Dokumente nicht nur speichern und zugänglich machen, sondern auch eine jederzeitige Dokumentenanalyse ermöglichen. So lassen sich schon heute, beispielsweise mit *Leverton*, aber auch *Evisort*, Verträge nach Kriterien wie Gegenpartei, Vertragsvolumen, Zahlungszeitpunkten, Laufzeiten, bestimmten Vertragsklauseln usw. sortieren. Ziel ist es, künftig sämtliche die vertragliche Situation eines Unternehmens betreffenden **Informationen in Echtzeit** abrufbar zu machen (siehe Jacob 2018, S. 194 f.), so wie das heute bei Finanzkennzahlen bereits möglich ist. In diese Richtung geht namentlich *SAP S/4HANA for Enterprise Contract Management* (dazu unter Abschn. 2.1.6).

Zudem können heute für Gerichtsprozesse Ansprüche mit allen Tatbestandsvoraussetzungen, Einwendungen und Einreden visualisiert und Schriftsätze bzw. deren Inhalte damit verknüpft werden. So lassen sich **Wahrscheinlichkeits- und Prozessrisikoanalysen** durchführen. Angeboten werden solche fortentwickelten Dokumenten-Management-Systeme beispielsweise von *knowledgeTools*.

2.3.3 Juristische Online-Datenbanken und Wissensmanagement-Systeme

Steht der Sachverhalt fest, so bedarf es für dessen Beurteilung in erster Linie juristischer Kenntnisse. Jedoch sind dem Einzelnen nicht immer alle einschlägigen Urteile und Literaturmeinungen präsent. Folglich bedarf es in vielen Fällen der rechtlichen Recherche. Die Nutzung juristischer Online-Datenbanken wie *juris* und *beck-online*, aber auch *dejure*, *Openjur*, *Owlit* oder *Wolters Kluwer Online* ist hierbei heutzutage selbstverständlich. Sie machen enorme Mengen gerichtlicher Entscheidungen und juristischer Literatur online zugänglich. Dadurch und über die Verlinkung von Fundstellen gestaltet sich der Arbeitsschritt der rechtlichen Recherche äußerst effizient. Anbieter im Ausland, wie *Westlaw* oder *LexisNexis*, bieten dabei auch Kontext-Clusterung und semantische Gewichtungen sowie visuelle Darstellung von Zusammenhängen an (Fiedler und Grupp 2017, S. 1073).

Seitens des Bundesministeriums der Justiz und für Verbraucherschutz sowie des Bundesministeriums des Inneren werden Online-Gesetzes- und Rechtsprechungssammlungen zur Verfügung gestellt, namentlich gesetze-im-internet.de, verwaltungsvorschriften-im-internet.de und rechtsprechung-im-internet.de.

Spezielle Tools für die Recherche von datenschutzrechtlichen Vorgaben sowie von regulatorischen Vorschriften im Finanzsektor bietet *Lexemo* an. Die Software beinhaltet zudem Mind Maps, mit denen das Verständnis der Regelungen erleichtert werden soll, sowie Funktionen zur Nutzung der recherchierten Informationen im Team.

Für Juristen in Ausbildung bietet beispielsweise *LEX superior* eine digitale Plattform in Form einer App, über die Gesetze, aber auch anderes juristisches Wissen, insbesondere Definitionen von Rechtsbegriffen, abrufbar sind.

Im Bereich zwischen Online-Datenbank und Wissensmanagement-System anzusiedeln ist etwa *LeReTo*. Das österreichische Start-up bietet eine vollautomatische Quellenrecherche und Datenbankabfrage bei der Prüfung von Schriftsätzen und Urteilen. Die darin zitierten Quellen werden automatisiert in Datenbanken gesucht und der Inhalt sodann dem Nutzer angezeigt.

Eine der gegenwärtig für Kanzleien und Rechtsabteilungen größten Herausforderungen ist die Etablierung von effizienten Wissensmanagement-Systemen, die bereits innerhalb der Kanzlei bzw. Rechtsabteilung vorhandene Dokumentenvorstücke oder Muster, Rechtsgutachten und anderes Know-how den internen Nutzern über

Suchfunktionen leicht zugänglich und dadurch mehrfach nutzbar machen (dazu Benz und Manse 2017, S. 36 f.). Wie bei allen Suchfunktionen kommt den Such-Algorithmen des Wissensmanagement-Systems eine besondere Bedeutung zu (Fries 2016, S. 2863). Ebenso wichtig ist ein praktikables Anwendungs-Design. Vor diesem Hintergrund sind Wissensmanagement-Systeme erfahrungsgemäß umso effizienter, je mehr die Nutzer an ihrer Gestaltung mitwirken und individuelle Bedürfnisse berücksichtigt werden können.

Wissensmanagement-Systeme können, was die Lagerung des internen Know-how (Storage) anbelangt, auf Basis der vorhandenen Dokumentenverwaltungs-Systeme, wie beispielsweise *iManage*, *SharePoint* oder von *OpenText*, etabliert werden. Sie können auch mit juristischen Online-Datenbanken verknüpft werden. Dadurch ist eine einheitliche Suche in internen und externen Quellen möglich. Beispiel für ein solches **Meta-Suchsystem** ist *Solcara* von *Thomson Reuters*.

Die heutigen juristischen Online-Datenbanken und Wissensmanagement-Systeme arbeiten mit strukturierten Daten, insbesondere mit einer Verschlagwortung der Dokumente. Theoretisch denkbar wäre es aber, ein Information-Retrieval-System auch in diesem Bereich einzusetzen, um etwa ein passendes Vorstück bzw. Muster aus einem Pool von unstrukturierten Daten zu extrahieren. Diesen Weg hat mittlerweile *iManage* beschritten, indem *RAVN* in das Dokumentenverwaltungs-System integriert wurde.

2.3.4 Rechtsgeneratoren

Am weitesten im Kernbereich der juristischen Tätigkeit liegen sogenannte Rechtsgeneratoren, die nach Eingabe des Sachverhalts eine rechtliche Beurteilung desselben ausgeben. Der einfachste solcher **„Subsumtionsautomaten“** ist dabei der elektronische Gebühren- oder Fristenrechner (Grupp 2014, S. 664). Ein einfaches, aber anschauliches Beispiel für einen seit vielen Jahren im Einsatz befindlichen Rechtsgenerator sind die Systeme zur automatisierten Bearbeitung von Anträgen im bereits zuvor (unter Abschn. 2.2.2.2) erwähnten elektronischen Mahnverfahren.

Der Sachverhalt wird bei Nutzung eines Rechtsgenerators in der Regel auf Basis von Fragenkatalogen erfasst. Solche Fragenkataloge können, wie beim Mahnverfahren, die Form eines Online- oder elektronisch einlesbaren Formulars haben, oder aber die eines Online-Fragebogens, der auch dynamisch ausgestaltet werden kann. Die rechtliche Beurteilung ist in der Regel bereits vor Nutzung des Rechtsgenerators erfolgt, indem bestimmte Sachverhaltsangaben bzw. Kombinationen aus diesen vorab mit einem bestimmten rechtlichen Ergebnis verknüpft wurden. Theoretisch denkbar wäre es allerdings auch, dass ein Rechtsgenerator Sachverhalte ohne eine solche vorab hergestellte Verknüpfung beurteilt (dazu nachfolgend unter Kap. 3).

In der Praxis finden sich Rechtsgeneratoren etwa bei der online angebotenen Prüfung und Durchsetzung von **Verbraucherrechten.** Bekanntes Beispiel ist *Flightright*, der Marktführer der Online-Portale zur Prüfung und Verfolgung von

Entschädigungsansprüchen bei Flugausfällen und -verspätungen. Dabei kann der Anbieter aufgrund der Masse an gleich gelagerten Fällen auch wesentliche Sachverhaltselemente selbst ergänzen, beispielsweise weil ihm aus Präzedenzfällen oder eigenen Recherchen die für das Bestehen des Entschädigungsanspruchs entscheidenden Gründe des Flugausfalls bzw. der Flugverspätung bekannt sind. Ähnliche Geschäftsmodelle gibt es etwa für überhöhte Mietpreise (beispielsweise wenigermiete.de das von *LexFox* betrieben wird), für Zugverspätungen (beispielsweise bahn-buddy.de) sowie für die Prüfung von und das Vorgehen gegen verkehrsrechtliche Bußgeldbescheide (beispielsweise geblitzt.de) oder Hartz-IV-Bescheide (beispielsweise Hartz4widerspruch.de, das von *Rightmart* betrieben wird, einem Legal-Tech-Unternehmen und Rechtsdienstleister, der wiederum von den Gründern von *edicted* initiiert wurde).

Das im Bereich der Prozessfinanzierung tätige Start-up *Iubel* will sich nicht auf ein einziges verbraucherrechtliches Feld beschränken, sondern aus allen zivilrechtlichen Gebieten stammende Fälle ab einem recht niedrigen Streitwert von 1000 bis 50.000 EUR finanzieren. Der Verbraucher kann dabei einen Sofort-Rechtsschutz für seinen konkreten Fall online beantragen. Das Start-up entscheidet anhand der Erfolgsaussichten, ob es den Rechtsschutz übernimmt. Dazu soll ein Rechtsgenerator auf Basis von historischen Urteilen die künftigen Entscheidungen der Gerichte vorhersagen und auf diese Weise eine Einschätzung der Erfolgsaussichten geben (vgl. auch unter Abschn. 3.2.1). Das Unternehmen hat insbesondere durch Klagen im Rahmen des sogenannten Diesel-Skandals sowie durch arbeitsrechtliche Klagen, deren Erfolgschancen ähnlich gut einschätzbar sind, Aufwind bekommen.

Ebenfalls mit Rechtsgeneratoren arbeitet der Marktplatz frag-einen-anwalt.de (dazu unter Abschn. 2.1.1). Die Anwälte, die über die Seite frag-einen-anwalt.de Fragen beantworten, können diesen Rechtsgenerator nutzen, um sich Antwortvorschläge unterbreiten zu lassen. Der zum Einsatz kommende Rechtsgenerator basiert allerdings auf historischen Datensätzen (dazu ausführlicher unter Abschn. 3.2).

Im Unternehmen lassen sich solche Rechtsgeneratoren ebenfalls nutzen, um regelmäßig gestellte Rechtsfragen zu beantworten. Sie sind dann üblicherweise eine Art fortentwickelte Fragen-Antworten-Liste. Für den Compliance-Bereich sind solche Systeme gleichfalls interessant.

Einzelne Start-ups bieten Software an, mit denen Unternehmen und Kanzleien eigene Rechtsgeneratoren „bauen" können. Dazu zählt *BRYTER*, aber auch *ShakeSpeare*, wobei der Schwerpunkt bei Letzterem auf dem Workflow liegt. Mit *BRYTER* kann man Entscheidungsbäume programmieren, ohne eine Computersprache zu beherrschen. Auf der Benutzeroberfläche lassen sich die Entscheidungswege wie bei einer Mindmap zusammenklicken. Auf diese Weise entstehen Verknüpfungen zwischen Sachverhalt und rechtlicher Beurteilung, die später genutzt werden. So können etwa Rechtsabteilungen stetig wiederkehrende Fragen automatisiert beantworten. Das ist insbesondere bei Rechtsfragen sinnvoll, für die es lediglich eine überschaubare Anzahl an relevanten Sachverhaltsszenarien gibt. Wettbewerber auf internationaler Ebene ist das New Yorker

Unternehmen *NEOTA LOGIC* sowie im Bereich der Compliance das ebenfalls in New York ansässige Unternehmen *LNR*. Systeme zur Unterstützung rechtlicher Entscheidungen erstellt auch das Unternehmen *Lexalgo*, das 2018 von *BRYTER* erworben wurde. Auch bei *Lexalgo* kommt ein regelbasiertes Editorensystem zum Einsatz, das bislang aber nicht unmittelbar von den Kunden, sondern durch *Lexalgo* selbst genutzt wurde.

2.3.5 Automatisierte Dokumentenerstellung

Systeme zur automatisierten Dokumentenerstellung waren in vielen Kanzleien schon zu Beginn der 2000er Jahre im Einsatz. Man kann sie als eine technologische Fortentwicklung von **Formularbüchern** betrachten (Hartung M 2015). Sie können am konkreten Fall orientierte Formulare generieren und durch Einfügen von Parteinamen und weiteren Daten individualisierte Dokumente erstellen. Es kann sich beispielsweise um Term-Sheet-Generatoren, um Vertragsgeneratoren oder Schriftsatzgeneratoren handeln.

Systeme zur automatisierten Dokumentenerstellung können aber auch mit den zuvor (unter Abschn. 2.3.4) dargestellten Rechtsgeneratoren verknüpft werden, sodass am Ende des Prozesses nicht eine rechtliche Beurteilung, sondern ein rechtliches Dokument steht, das auf dieser aufbaut. So ist es etwa in dem schon mehrfach erwähnten elektronischen Mahnverfahren (dazu unter Abschn. 2.2.2.2). Aber auch bei den Rechtsgeneratoren, die im Rahmen der an Verbraucher gerichteten Online-Portale zur Anspruchsprüfung und -verfolgung zum Einsatz kommen, kann das Endprodukt ein Schriftsatz sein, den der Vertragsanwalt des Portals nur noch abschließend überprüft und sodann an den Gegner sendet oder bei Gericht einreicht.

Bei der automatisierten Dokumentenerstellung werden im Ausgangspunkt Dokumente bzw. Dokumentenmuster in Themen und Unterthemen zerlegt und zu allen Regelungsgegenständen die verfügbaren Klauselalternativen abgebildet. Bei der Nutzung des Generators kann dann an verschiedenen Stellen des Dokuments zwischen mehreren möglichen Textpassagen gewählt werden. Es können außerdem gleich zu Beginn des Nutzungsprozesses unterschiedliche Grundmuster zur Auswahl stehen. Der Generator kann in umso anspruchsvolleren Bereichen zum Einsatz kommen, je kleinteiliger die Zerlegung und die dadurch zur Verfügung stehenden Bausteine sind.

Die Benutzeroberfläche ermöglicht entweder eine Auswahl anhand dynamischer juristischer Kriterien – und legt dann gegebenenfalls bei jedem Schritt sämtliche Optionen offen – oder sie führt mittels eines auch für Laien verständlichen dynamischen Fragenkatalogs durch den Erstellungsprozess. Auch im letzteren Fall kommt es nicht zu einer echten Subsumtion (Degen und Krahmer 2016, S. 364). Denn regelmäßig wird nicht die Antwort des Nutzers unter eine Norm subsumiert oder ein rechtlicher Schluss gezogen, sondern es werden – gerade umgekehrt – die Fragen bereits im Vorfeld mit Blick auf die zur Verfügung stehenden Textalternativen entwickelt, und jede der möglichen

Antworten mit einer der vorhandenen Textalternativen verknüpft. Mithin erfolgt die eigentliche juristische Arbeit, insbesondere jeglicher Subsumtionsvorgang und eine rechtliche Beurteilung, bereits vor der Nutzung des Generators und nicht bei dessen Nutzung (Weberstaedt 2016, S. 536 f.).

Ähnlich wie bei den Rechtsgeneratoren ist es jedoch auch im Bereich der automatisierten Dokumentenerstellung denkbar, dass keine vorab hergestellte Verknüpfung zwischen Frage bzw. Antwort und Textbaustein besteht, sondern das System erst im Zeitpunkt seiner Nutzung die Verknüpfung herstellt und die Klauselvorschläge ad hoc unterbreitet (dazu nachfolgend unter Kap. 3).

In Rechtsabteilungen und Kanzleien einsetzbare Systeme zur automatisierten Dokumentenerstellung sind heute beispielsweise *Contract Express* von *Thomson Reuters* sowie *HOTdocs*, *Legito* und *Lexis Draft*. Bekannter Anbieter aus Deutschland ist *LAWLIFT*. Weiterer bekannter Anbieter hierzulande ist *knowledgeTools*, bei dem jedoch die Besonderheit darin besteht, dass er das automatisierte Dokument jeweils selbst erstellt. Im Bereich automatisierte Dokumentenerstellung ist ferner das Berliner Unternehmen *Legal OS* tätig, das sowohl einen Vertragsgenerator als auch die zugehörigen Inhalte für bestimmte Rechtsgebiete, insbesondere für das Arbeitsrecht, anbietet.

SAP bietet mit *SAP S/4HANA Cloud for Enterprise Contract Assembly* den Nutzern ihrer Unternehmenssoftware *SAP S/4HANA* eine in diese vollintegrierte Programmerweiterung an, mit der Verträge in unterschiedlichsten Unternehmensbereichen basierend auf zuvor im System bereitgestellten Mustern und mithilfe einer vom Unternehmen befüllbaren **Klausel-Bibliothek** erstellt werden können. Die Besonderheit des Programms liegt darin, dass es als Nutzer nicht die Rechtsabteilung, sondern die operativen Unternehmensbereiche im Blick hat, die in die Lage versetzt werden sollen, kommerziell relevante Verträge selbst zu erstellen und nur bei kritischen Punkten die Rechtsabteilung einzuschalten.

Portale, die für Verbraucher, aber auch für kleine und mittlere Unternehmen **Online-Vertragsgeneratoren** anbieten, sind beispielsweise agreement24.de, janolaw.de oder smartlaw.de. Auch viele der oben (unter Abschn. 2.1.1.2) genannten Marktplätze bieten zusätzlich Online-Vertragsgeneratoren an.

In der Justiz wird heute vielerorts mit *forumSTAR* gearbeitet, ein Workflow-Programm, das aber auch Teile des die gerichtliche Entscheidung beinhaltenden Dokuments automatisiert erstellt (dazu unter Abschn. 2.2.2.1).

2.3.6 Automatisierte Vertragsprüfung und Vertragsverhandlung

Neben der Vertragserstellung liegt natürlich auch die Vertragsprüfung und -verhandlung im Kernbereich der anwaltlichen Tätigkeit. Sie erfolgt nämlich in der Regel auf Basis einer zuvor erfolgten – gegebenenfalls auch nur sehr kursorischen – rechtlichen Beurteilung.

Systeme zur Vertragsprüfung basieren darauf, dass die Prüfungsgegenstände und der Standard, gegen den ein von Dritter Seite erstelltes Dokument oder ein erster eigener Entwurf zu prüfen ist, zuvor definiert und im System hinterlegt werden. Ein solches Vertragsprüfungssystem kann jedoch auch lernfähig ausgestaltet sein, wenn es in einem zweiten Schritt eine menschliche Nachprüfung gibt und das System hieraus Schlussfolgerungen für künftige maschinelle Prüfungen ableiten kann. Systeme zur Vertragsprüfung bieten beispielsweise *LawGeex*, *LegalSifter* und *ThoughtRiver*, aber auch das Londoner Start-up *SCISSERO* und das von Studenten der *Harvard Law School* gegründete Start-up *Evisort*.

Bezogen auf die Vertragsverhandlung ist zum einen an Systeme zu denken, die eine automatisierte Verhandlung ermöglichen, indem die das System nutzende Partei ihre Verhandlungsziele zuvor hinterlegt hat oder das System auf Basis früherer Verhandlungsentscheidungen lernt und daraus eigene Entscheidungen ableitet. In diese Richtung geht etwa *SCISSERO*, aber auch *LawGeex* und *LegalSifter* können im Rahmen einer Vertragsverhandlung eingesetzt werden.

Zum anderen ist an Plattformen zu denken, über die Verbraucher Verträge aushandeln können, wobei die Plattform automatisch dafür sorgt, dass am Ende ein rechtsgültiger und funktionsfähiger Vertrag steht.

Ein wichtiger Zukunftsbereich dürfte die automatisierte Vertragsverhandlung zwischen Mensch und Maschine und vor allem die Vertragsverhandlung zwischen zwei Maschinen sein. Das gilt unabhängig davon, ob den Maschinen Rechtspersönlichkeit zukommen kann (zu dieser Frage unter Abschn. 2.2.5), denn rechtlich lässt es sich immer konstruieren, dass eine maschinenseitige Erklärung der hinter der Maschine stehenden natürlichen oder juristischen Person zugerechnet wird. Lediglich die damit verbundenen Rechtsunsicherheiten könnte eine gesetzliche Regelung zur elektronischen Rechtspersönlichkeit beseitigen. Die technische Umsetzung automatisierter Verhandlungen erscheint ebenfalls denkbar. Die Verhandlungsziele und deren Wichtigkeit sowie die Verhandlungstaktik könnte die Maschine aus einem vorgegebenen **„Playbook“** ableiten. Jede Seite könnte ein System verwenden, dass die für die eigene Seite wichtigen Verhandlungsziele aus Kriterien ableitet, die sich zum einen aus der konkreten Verhandlung ergeben (z. B. Renommee, Zuverlässigkeit, Leistungsfähigkeit bzw. Marktstellung der Gegenpartei) und die zum anderen aus der eigenen Sphäre stammen (z. B. Kapazitäten bzw. Bedarf, Risikotoleranz, Absicherungsmöglichkeiten usw.). So wie heute Algorithmen bei einigen Fluggesellschaften automatisch in Abhängigkeit von tatsächlicher und voraussichtlicher Auslastung sowie kundenbezogenen Merkmalen den Ticketpreis, also die vom Flugkunden zu erbringende monetäre Gegenleistung, bestimmen, so lassen sich auch Verhandlungsziele für andere Vertragsbestandteile aus geeigneten Kriterien ableiten. Die insoweit für die Verhandlung maßgeblichen Daten könnten die Systeme automatisiert aus diversen Datenquellen abrufen.

2.3.7 Veränderungspotenzial

Durch die Nutzung von Information-Retrieval-Systemen bzw. Data Extraction für die Due Diligence wird ein bedeutsamer Arbeitsschritt effizienter gemacht. Große Teams von Rechtsanwälten, die unzählige Dokumente durchsehen und bewerten, können durch einige wenige Rechtsanwälte ersetzt werden, die sich auf die Beurteilung der mittels IT herausgefilterten Informationen beschränken. Ob und in welchem Umfang ein weiterer Arbeitsschritt, nämlich die Vorbereitung des Systems vor seiner Nutzung, erforderlich ist, hängt davon ab, inwieweit ein System auf den Einzelfall abgestimmt werden muss. Ein zusätzlicher Arbeitsschritt ist insbesondere notwendig, wenn nicht standardmäßig hinterlegte Vertragstypen durchsucht oder nach nicht standardmäßig hinterlegten Arten von Klauseln gesucht werden soll.

Besondere Beachtung verdient die Idee fortentwickelter Dokumenten-Management-Systeme mit der Möglichkeit der Analyse von Dokumenten und dem Aufruf rechtlich relevanter Daten in Echtzeit. Derartige Systeme werden ganz neue Steuerungs- und Handlungsmöglichkeiten im rechtlichen Bereich schaffen. Unternehmen können umso schneller und zielsicherer agieren und reagieren, je transparenter ihr rechtlich relevanter Datenbestand ist. So ermöglicht die Dokumentenanalyse ein echtes Legal Management. Zudem eröffnen derartige Systeme wiederum neue Möglichkeiten bei der Durchführung einer Due Diligence.

Die Nutzung von Wissensmanagement-Systemen führt isoliert betrachtet ebenso wie die Nutzung von juristischen Online-Datenbanken zu erheblichen Effizienzsteigerungen, ohne die juristische Arbeitsweise als solche zu ändern. Bei Wissensmanagement-Systemen bedarf es dazu aber im Grundsatz einer vorherigen Befüllung mit dem Know-how, dessen regelmäßiger Pflege, Aktualisierung und Anpassung. Obwohl die Nutzung reiner Suchsysteme mit Zugriff auf alle virtuellen Akten der Kanzlei oder Rechtsabteilung denkbar ist, ist in aller Regel zur effektiven Handhabung nach wie vor eine Verschlagwortung der Dokumente, die Erstellung von Profilinformationen und anderen Metadaten praktisch notwendig oder zumindest sinnvoll. Der Einsatz solcher Systeme führt also in der Praxis zu zusätzlichen Arbeitsschritten. Bei Wissensmanagement-Systemen sind diese Schritte zumeist auch nicht auslagerbar, weil gerade das kanzlei- bzw. unternehmensspezifische Wissen gespeichert und zugänglich gemacht werden soll. Es zeichnet sich allerdings ab, dass sowohl Rechtsabteilungen als auch Kanzleien für Know-how, das von Dritter Seite angeboten wird, insbesondere für sogenanntes „White Labeled Know-how", zunehmend offener sind.

Rechtsgeneratoren und Systeme zur automatisierten Dokumentenerstellung sowie automatisierte Vertragsverhandlung machen einen Arbeitsschritt, nämlich Subsumtion und rechtliche Beurteilung bzw. Vertrags- und sonstige rechtliche

Gestaltung und Verhandlung, effizienter. Sie können diese juristischen Arbeitsschritte sogar vollständig entfallen lassen und so den übergeordneten Arbeitsablauf verändern. Allerdings müssen die meisten in der Praxis gegenwärtig nutzbaren Systeme mit den möglichen Beurteilungsergebnissen bzw. Textalternativen und den Fragen gefüllt werden, und es müssen darin die Verknüpfungen zwischen Beidem hergestellt werden. Das Ganze bedarf sodann regelmäßiger Pflege und muss bei Gesetzes- oder Rechtsprechungsänderungen aktualisiert sowie an neue Erfahrungswerte angepasst werden. Hierdurch entsteht vor der eigentlichen Nutzung ein neuer Arbeitsschritt. Wird dieser neue Arbeitsschritt vom Nutzer, namentlich von einer diese Systeme nutzenden Kanzlei oder Rechtsabteilung übernommen, bedeutet das ebenfalls eine Veränderung der übergeordneten Arbeitsabläufe. Allerdings dürfte dieser Arbeitsschritt jedenfalls in größeren Kanzleien von darauf spezialisierten Know-how-Lawyern übernommen werden.

In den Kategorien von *Goodenough* (siehe Abschn. 1.3.2) bewegen sich Rechtsgeneratoren und die Systeme zur automatisierten Dokumentenerstellung und Vertragsverhandlung im Bereich von Legal Tech 2.0, in einzelnen Einsatzbereichen kann man sie aber bereits als Elemente von Legal Tech 3.0 auffassen, nämlich dort wo die Rechtsdienstleistung überwiegend online erbracht wird und der Beitrag des Menschen bei Erbringung der Rechtsdienstleistung bezogen auf den einzelnen Fall nur noch von untergeordneter Bedeutung ist.

Literatur

Bausback, W. (2018). Die Digitalisierung des Zivilprozesses und die elektronische Akte. *AnwBl Online, 2018*, 392–393. https://anwaltsblatt.anwaltverein.de/files/anwaltsblatt.de/anwaltsblatt-online/2018-392.pdf. Zugegriffen: 17. Febr. 2020.

Bayerisches Staatsministerium der Justiz (2018). *Projekt forumSTAR*. https://www.justiz.bayern.de/media/pdf/projekte/projekt_forumstar_aktualisiert_2018.pdf. Zugegriffen: 17. Febr. 2020.

Benz, S., & Manse, R. (2017). Digitales und vernetztes Wissen. *NJW – Sonderheft: Innovationen & Legal Tech*, 36–37.

Berndt, T., Aggeler, M., & Teo, R. (2012). Effiziente Review-Prozesse durch E-Discovery: Vorgehensweise und Praxisbeispiel. *BB, 2012,* 173–178.

Braun Binder, N. (2016). Weg frei für vollautomatisierte Verwaltungsverfahren in Deutschland. *Jusletter IT v. 22. September 2016*. https://jusletter-it.weblaw.ch/. Zugegriffen: 17. Febr. 2020.

Degen, T., & Krahmer, B. (2016). Legal Tech: Erbringt ein Generator für Vertragstexte eine Rechtsdienstleistung? *GRUR-Prax, 2016,* 363–365.

Fiedler, B., & Grupp, M. (2017). Legal Technologies: Digitalisierungsstrategien für Rechtsabteilungen und Wirtschaftskanzleien. *DB, 2017,* 1071–1076.

Friedmann, M. (2018). Die Zukunft der Rechtsberatung. In S. Breidenbach & F. Glatz (Hrsg.), *Rechtshandbuch Legal Tech* (S. 271–273). München: C. H. Beck.

Fries, M. (2016). PayPal Law und Legal Tech – Was macht die Digitalisierung mit dem Privatrecht. *NJW, 2016,* 2860–2865.

Glatz, F. (2018/1). Blockchain. In S. Breidenbach & F. Glatz (Hrsg.), *Rechtshandbuch Legal Tech* (S. 59–90). München: C. H. Beck.

Glatz, F. (2018/2). Smart Contracts: Chancen und Herausforderungen algorithmischer Vertragsgestaltung. In S. Breidenbach & F. Glatz (Hrsg.), *Rechtshandbuch Legal Tech* (S. 109–118). München: C. H. Beck.

Goodenough, O. (2015). Legal Technology 3.0. *In Huffington Post v. 2. April 2015*. http://www.huffingtonpost.com/oliver-r-goodenough/legal-technology-30_b_6603658.html. Zugegriffen: 17. Febr. 2020.

Grupp, M. (2014). Legal Tech – Impulse für Streitbeilegung und Rechtsdienstleistung. *AnwBl, 2014,* 660–665.

Hartung, M. (2015). Legal Tech: Ersetzt nur, wofür man sowieso keine Anwälte braucht. *Legal Tribune Online v. 20. November 2015*. http://www.lto.de/persistent/a_id/17602/. Zugegriffen: 17. Febr. 2020.

Hartung, M., & Weberstaedt, J. (2016). Legal outsourcing, RDG und Berufsrecht. *NJW, 2016,* 2209–2214.

Jacob, K. (2017). Jetzt ist der Zeitpunkt zum Handeln – Warum wir eine Kollaborationsplattform für den gesamten Rechtsmarkt brauchen. *Deutscher AnwaltSpiegel, 2017*, 16–19. http://www.deutscheranwaltspiegel.de/wp-content/uploads/2017/07/5_Jacob_DAS_14_2017.pdf. Zugegriffen: 17. Febr. 2020.

Jacob, K. (2018). From contract management to legal content management. In M. Hartung, M. Bues, & G. Halbleib (Hrsg.), *Legal Tech – Die Digitalisierung des Rechtsmarkts* (S. 189–197). München: C. H. Beck.

Jost, D., & Kempe, J. (2017). E-Justice in Deutschland. *NJW, 2017,* 2705–2708.

Kaeseberg, T. (2019). The Code-ification of law and its potential effects. *CRi, 2019,* 107–110.

Keller, M., Mueller, M., & de Patoul, K. (2017). *Enabling decentralized, digital and trusted transactions*. Roland Berger (Hrsg.), München. http://www.rolandberger.com/en/Publications/pub_decoding_blockchain_understanding_challenges_and_unlocking_potential.html. Zugegriffen: 17. Febr. 2020.

Kesper, D., & Ory, S. (2017). Der zeitliche Fahrplan zur Digitalisierung von Anwaltschaft und Justiz. *NJW, 2017,* 2709–2712.

Mahl, I. (2016). Legal Tech Unternehmen in Deutschland: Automatisierung, Kollaboration und ein bisschen Dating. *Legal Tribune Online v. 2. September 2016*, http://www.lto.de/persistent/a_id/20458/. Zugegriffen: 17. Febr. 2020.

Mann, M. (2017). Decentralized autonomous organization. *NZG, 2017,* 1014–1020.

Purkart, M. (2019). *Erfahrungen aus Österreich im Bereich der IT in der Strafverfolgung*. Vortrag bei der „Denkfabrik Legal Tech" des Bayerisches Staatsministeriums der Justiz in München am 7. Juni 2019.

Szabo, N. (1997). Formalizing and Securing Relationship on Public Networks. *First Monday v. 1. September 1997*. https://firstmonday.org/ojs/index.php/fm/article/view/548/469. Zugegriffen: 17. Febr. 2020.

Weberstaedt, J. (2016). Online-Rechts-Generatoren als erlaubnispflichtige Rechtsdienstleistung? *AnwBl, 2016,* 535–538.

Wong, M. (2018). Computable contracts: From Academia to industry. In S. Breidenbach & F. Glatz (Hrsg.), *Rechtshandbuch Legal Tech* (S. 211–234). München: C. H. Beck.

Zimmer, M. (2018). Die Blockchain im deutschen Immobiliarsachenrecht – Keine Konkurrenz fürs Grundbuch. *Legal Tribune Online v. 15. Januar 2018*. https://www.lto.de/persistent/a_id/26469/. Zugegriffen: 17. Febr. 2020.

3 Legal Robots

▶ **Legal Robots** sind ein anhand von bestimmten Fähigkeiten definierter Teilbereich von Legal Tech (siehe Abb. 3.1). Der Begriff ist ebenso wie Legal Tech nicht feststehend. Unter Legal Robots sollen im Folgenden IT-Systeme verstanden werden, die in der Lage sind, im Zeitpunkt ihrer Nutzung eine selbstständige rechtliche Beurteilung zu treffen oder selbstständig über den Inhalt eines rechtlichen Dokuments zu entscheiden. Legal Robots sind damit im Grundsatz besonders weit entwickelte Rechtsgeneratoren (dazu Abschn. 2.3.4) oder besonders weit entwickelte Systeme zur automatisierten Dokumentenerstellung bzw. Vertragsprüfung und -verhandlung (dazu Abschn. 2.3.5 und 2.3.6). Ihr Einsatzbereich liegt mithin im Kernbereich der juristischen Tätigkeit.

Legal Robots sind nach der vorstehenden Definition in der Lage, ein rechtliches Arbeitsprodukt herzustellen, das herkömmlicherweise das Ergebnis der juristischen Tätigkeit eines Menschen ist. Ob dieses Arbeitsprodukt unmittelbar dem Mandanten (oder den Beteiligten eines behördlichen oder gerichtlichen Verfahrens) übergeben wird oder zuvor noch eine menschliche Überprüfung und gegebenenfalls Anpassung oder Weiterverarbeitung stattfindet, ist dabei weniger relevant. Es kommt vielmehr darauf an, dass das IT-System in der Lage ist, zu einem Sachverhalt eine rechtliche Beurteilung abzugeben bzw. inhaltliche Entscheidung zu treffen, die nicht bereits im Vorfeld getroffen und mit möglichen Antworten zu Sachverhaltsfragen verknüpft wurde. Das System muss also im Zeitpunkt der Nutzung ihm bislang unbekannte Sachverhalte unter rechtliche Normen „subsumieren" bzw. für solche unbekannten Sachverhalte passende rechtliche Dokumente erstellen.

Um der vorstehenden Definition gerecht zu werden, muss ein Legal Robot auch die Fähigkeit besitzen, den Sachverhalt zu erfassen. Über diese Fähigkeit verfügt er bereits dann, wenn man den Sachverhalt per Fragebogen eingeben kann, und erst recht, wenn

J. Wagner, *Legal Tech und Legal Robots*, https://doi.org/10.1007/978-3-658-28555-5_3

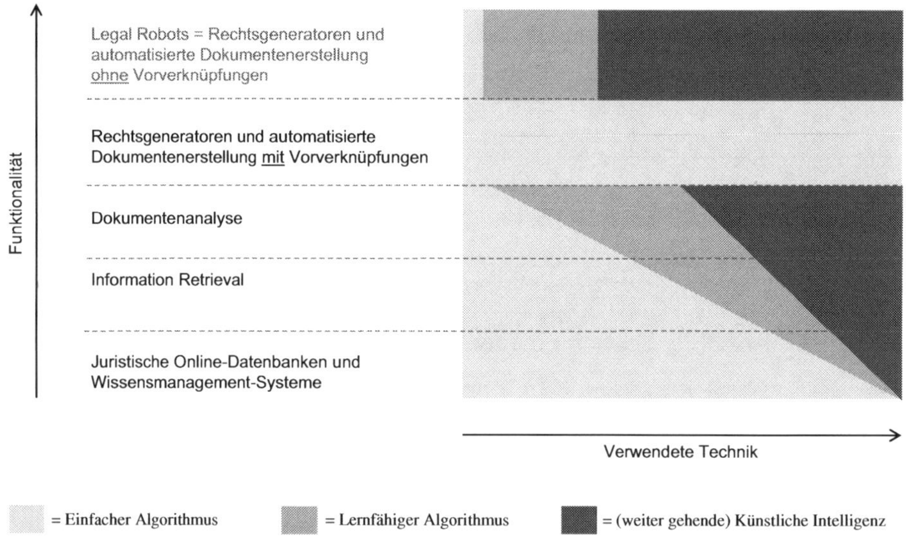

Abb. 3.1 Schematische Darstellung von Funktionalität und verwendeter Technik bei Legal Tech im Kernbereich juristischer Tätigkeit

der Legal Robot über ein Information-Retrieval-System verfügt, welches unstrukturierte Daten erfassen kann. Denkbar wäre natürlich auch, dass der Legal Robot mit seinem Mandanten sprechen kann.

Erforderlich ist darüber hinaus, dass der Legal Robot die für seine Beurteilung bzw. Entscheidung notwendigen rechtlichen Informationen hat. Diese können zuvor von einem Menschen eingegeben worden sein, oder aber der Legal Robot kann auf juristische Online-Datenbanken und gegebenenfalls Wissensmanagement-Systeme oder andere Datenquellen zugreifen. Das alles ist ein sehr theoretischer Bauplan. Die Frage ist, inwieweit sich dieser technisch tatsächlich umsetzen lässt.

3.1 Stand der Technik

3.1.1 Grundsätzliche Machbarkeit

Dass Legal Robots grundsätzlich machbar sind, steht außer Zweifel. Denn um die Definition eines Legal Robot zu erfüllen, kommt es nicht darauf an, dass die rechtliche Problemstellung besonders komplex ist. Die Frage ist allerdings, wie komplex die Aufgaben sind, die von Legal Robots heute und in der Zukunft bewältigt werden können.

Beispiel

Ein Beispiel für einen ganz einfach konzipierten Legal Robot (nach Wagner 2017, S. 902) wäre ein System, das prüft, ob eine vom Nutzer beliebig eingebbare Verjährungsklausel bei einem ebenfalls vom Nutzer einzugebenden Datum des Vertragsschlusses gegen § 202 Abs. 2 BGB verstößt, weil die danach maximal zulässige Verjährungsfrist von 30 Jahren überschritten wird. Beinhaltet das System auch die Möglichkeit des Information Retrieval, könnte es aus im Grundsatz beliebigen Vertragsdokumenten jeweils das Datum des Vertragsschlusses und eine etwaige Verjährungsklausel heraussuchen und anschließend dem Nutzer sagen, ob die Verjährungsklausel gegen § 202 Abs. 2 BGB verstößt oder nicht. Die Funktionalität lässt sich erweitern: Das System könnte zunächst prüfen, ob ein Vertrag eine Verjährungsklausel enthält, und wenn ja, ob diese nach § 202 Abs. 2 BGB zulässig ist, und welche Verjährung gilt, wenn eine Verjährungsklausel fehlt oder unzulässig ist. Auf Grundlage dieser Beurteilung könnte das System dem Nutzer die sich ergebenden Verjährungsfristen für Ansprüche aus den geprüften Verträgen auflisten. Damit der Legal Robot die zuletzt genannte Aufgabe erfüllen kann, müssen die Regelung des § 202 Abs. 2 BGB sowie die Rechtsfolgen bei fehlender oder unzulässiger Verjährungsklausel im System hinterlegt oder für dieses (beispielsweise über eine Online-Datenbank) zugänglich sein.

In der Praxis gibt es zahlreiche Anspruchsrechner, die zu den ganz einfachen Legal Robots gezählt werden können (unterstellt, dass es keine echte Vorverknüpfung gibt). Beispiele sind bafoeg-rechner.de, der Wohngeldrechner (wohngeld.de), unterhaltsrechner.de und zahlreiche Anspruchsrechner bei fragrobin.de. Was die Entwicklung solcher Anspruchsrechner einfacher macht als die Entwicklung anderer Legal Robots ist, dass die anzuwendenden Rechtsnormen in erster Linie Berechnungen zum Gegenstand haben. Diese sind für Menschen komplex, für Computer aber relativ einfach. Die relevanten Sachverhaltselemente lassen sich durch Ja/Nein-Antworten oder eine begrenzte Auswahlentscheidung abfragen und müssen in der Regel nur in eine mathematische Folge für die Berechnung übersetzt werden. Ähnlich ist es in obigem Beispiel. Auch dort geht es in erster Linie um Zahlen. Ebenfalls überwiegend – wenn auch nicht ausschließlich – zahlengetrieben ist ein im Rahmen einer Machbarkeitsstudie entwickelter Algorithmus, der Umwandlungsvorgänge im Konzern automatisch auf deren Begünstigung nach der grunderwerbsteuerlichen Konzernklausel (§ 6a GrErStG) prüft (dazu Burr 2018).

Deutlich anspruchsvoller wird es, wenn ein Legal Robot primär mit einem qualitativen statt einem quantitativen Sachverhalt, also mit Worten statt mit Zahlen, arbeiten soll und mit Rechtsnormen, die sich mit qualitativen und nicht mit quantitativen Sachverhalten befassen. Die komplexe juristische Sprache erweist sich nämlich in der Praxis als besondere Herausforderung. Außerdem verlangt der Vorgang der juristischen Subsumtion, gerade bei komplexeren Fragen, zahlreiche Wechselschritte (Larenz 1991,

S. 207), die sich nur schwer in einem Verfahren abbilden lassen, das vom Computer auch auf unbekannte Sachverhalte angewendet werden kann.

Legal Robots befinden sich heute immerhin schon in einer Phase, in der man mit ersten Prototypen auch für qualitative Aufgabenstellungen experimentiert und in ersten Praxisanwendungen Erfahrungen sammelt. Wann der Computer Juristen auch bei komplexeren Aufgaben wirklich ersetzen kann, wird von Experten der Branche sehr unterschiedlich beurteilt. Einige erwarten, dass dies bereits innerhalb der nächsten zehn Jahre der Fall sein wird. Andere gehen hingegen davon aus, dass Legal Robots in den nächsten 30 Jahren kein technisches Niveau erreichen werden, das sie befähigt, komplexere Sachverhalte rechtlich so zu beurteilen, wie das ein Mensch kann.

3.1.2 Natural Language Processing

Anders als der Mensch kann der Computer menschliche Sprache nicht wirklich verstehen und auf Grundlage der verstandenen Sprache arbeiten. Gesetze und Verträge enthalten zwar im Wesentlichen Wenn-dann-Aussagen und gleichen damit einem Computer-Algorithmus. Das gilt mit gewissen Einschränkungen auch für Urteile und andere juristische Dokumente. Die juristische Sprache ist zudem sehr präzise und gut strukturiert. Dennoch ist die Verarbeitung von juristischer Sprache, ebenso wie die Verarbeitung menschlicher Sprache – sogenannter natürlicher Sprache – im Allgemeinen, für IT-Systeme eine besondere Herausforderung. Anders als bei Zahlen kann durch Sprache ein und derselbe Sinngehalt unterschiedlich ausgedrückt werden, zugleich aber kann ein und dasselbe Wort je nach Kontext einen unterschiedlichen Sinngehalt haben. Und der relevante Kontext muss sich nicht zwingend aus demselben Satz oder derselben Textpassage ergeben. Juristische Sprache ist außerdem zwar präzise und gut strukturiert, dafür – oder gerade deswegen – aber auch besonders komplex.

Die Verarbeitung natürlicher Sprache bzw. Natural Language Processing (NLP) ist heute eine eigene Disziplin im Bereich der Informatik. Im deutschen Sprachraum ist hierfür auch der Begriff der Computerlinguistik gebräuchlich. Anfänge der Computerlinguistik finden sich bereits in den 1960er Jahren. Dabei geht es im Einzelnen um die Darstellung, Analyse und Generierung geschriebener oder gesprochener Sprache durch Maschinen.

Ein IT-System erhält die geschriebene Sprache in Form von Buchstabenketten (samt Satz- und Leerzeichen). Liegt diese Buchstabenkette noch nicht in digitaler Form vor, also etwa bei Dokumenten in Papierform oder PDF-Bilddateien, bedarf es zunächst noch einer Überführung in die digitale Buchstabenkette. Dieser Vorbereitungsschritt, die optische Texterkennung, wird zumeist als **Optical Character Recognition (OCR)** bezeichnet. Viele Unternehmen haben in den letzten Jahren damit begonnen, die bei ihnen vorhandenen Dokumente mittels OCR zu digitalisieren, um diese bzw. die darin enthaltenen Daten in Zukunft mittels IT-Systemen verarbeiten bzw. nutzen zu können.

Die Buchstabenkette (samt Satz- und Leerzeichen) ist die sogenannte Eingangsrepräsentation für das Natural Language Processing. Von dieser Eingangsrepräsentation muss sich das NLP-System in Richtung Bedeutung durcharbeiten. Dabei werden verschiedene sprachliche Repräsentationsebenen durchlaufen. Typischerweise erfolgt das sequenziell. Dabei lassen sich für ein idealisiertes Modell die folgenden Schritte beschreiben (sogenanntes **Saarbrücker-Pipeline-Modell**):

- Textnormalisierung oder Tokenisierung: Die Buchstabenkette wird in Abschnitte, Absätze, Sätze, Wörter und Satzzeichen segmentiert. Am Ende dieses Schrittes steht eine sogenannte Tokenkette, in der die Wörter und die für die weiteren Schritte relevanten Bestandteile in einer vorgegebenen Normalform repräsentiert sind.
- Morphologische Verarbeitung: Die Wörter werden in ihre Morpheme zerlegt, d. h. in die für die syntaktische Funktion und für die Bedeutung eines Wortes relevanten Bestandteile. Dadurch werden die grammatikalischen Informationen herausgefiltert und die Wörter in die grammatikalische Grundform zurückgeführt.
- Syntaktische Verarbeitung: Unter Berücksichtigung der herausgefilterten grammatikalischen Informationen werden die Bedeutungen einzelner Wörter hinsichtlich ihrer strukturellen Funktion (wie beispielsweise Subjekt, Prädikat, Artikel, Objekt) analysiert. Am Ende dieses Schrittes stehen eine oder – bei strukturell mehrdeutigen Sätzen – mehrere syntaktische Repräsentationen eines jeden Satzes.
- Semantische Verarbeitung: Den Sätzen und ihren Teilen werden Bedeutungen zugeordnet. Dies kann in einer Vielzahl von Einzelschritten erfolgen, weil die Bedeutung für ein IT-System schwer fassbar ist. Am Ende dieses Schrittes stehen eine oder – bei verschiedenen möglichen Lesarten – mehrere logische Repräsentationen der Bedeutung eines Satzes.
- Interpretation: Die Bedeutung eines Gesamtsatzes wird schließlich im Kontext des umliegenden Textes analysiert.

In der Praxis müssen nicht immer sämtliche Schritte des Pipeline-Modells durchlaufen werden. Namentlich durch **Mustererkennung** mittels Künstlicher Intelligenz in Form von Maschinellem Lernen können Anwendungen mit eingeschränkter syntaktischer und semantischer Analyse auskommen. Erst durch den Einsatz der – in der Regel Statistik- bzw. wahrscheinlichkeitsbasierten – Mustererkennung mittels Künstlicher Intelligenz zeitigte Natural Language Processing in der Praxis Erfolg. Allerdings sind die Funktionalitäten dieser Anwendungen wiederum beschränkt. Insbesondere ist es nicht möglich, ein System zu entwickeln, das universell für alle Bereiche einsetzbar ist. Natural Language Processing in juristischen Einsatzbereichen erfordert andere Verfahren und Strukturen als in nichtjuristischen Bereichen. Und auch innerhalb der juristischen Einsatzbereiche kommen abhängig von der Aufgabenstellung unterschiedliche Verfahren und Strukturen zur Anwendung.

3.1.3 Künstliche Intelligenz

Künstliche Intelligenz (KI) ist ein Teilgebiet der Informatik, das sich damit beschäftigt, Maschinen mit Fähigkeiten auszustatten, die intelligentem (menschlichem) Verhalten ähneln. Künstliche Intelligenz – meist in Gestalt Maschinellen Lernens (dazu Abschn. 3.1.4) – steckt in vielen Legal-Tech-Anwendungen. Vor allem findet sie sich in Anwendungen zur Anonymisierung und Pseudonymisierung (zu diesen Abschn. 2.1.9), in Information-Retrieval- und Data-Extraction-Systemen (zu diesen Abschn. 2.3.1) in Systemen zur Dokumentenanalyse (zu diesen Abschn. 2.3.2), in Rechtsgeneratoren (zu diesen Abschn. 2.3.4) sowie in Systemen zur automatisierten Vertragsprüfung und -verhandlung (zu diesen Abschn. 2.3.6).

▶ Eine eindeutige Definition des Begriffs **Künstliche Intelligenz** gibt es nicht. Sie scheitert schon daran, dass es keine eindeutige Definition für Intelligenz gibt. Die *Encyclopaedia Britannica* definiert Künstliche Intelligenz als „die Fähigkeit digitaler Computer oder computergesteuerter Roboter, Aufgaben zu lösen, die normalerweise mit intelligenten Wesen in Verbindung gebracht werden." Dabei ist jedoch vieles, was gestern noch als Künstliche Intelligenz erschien, heute schon so selbstverständlich, dass es nicht mehr als Künstliche Intelligenz bewertet wird. Häufiges Beispiel für dieses Phänomen ist die Autokorrektur eines Textverarbeitungsprogramms. Teilweise finden sich deshalb auch Definitionen, die genau diese Grenzverschiebung reflektieren (Rich und Knight 1991, S. 3): „Künstliche Intelligenz ist die Lehre davon, wie man Computer Dinge tun lässt, in denen der Mensch per heute besser ist [als der Computer]."

Seit in den 1950er Jahren das Potenzial der Computer deutlich wurde, entwickelte sich auch die Künstliche Intelligenz zu einem wissenschaftlichen Themengebiet. Zu den bedeutendsten Wissenschaftlern in diesem Bereich zählt *Marvin Lee Minsky*. Er wird gerne als „Vater" der Künstlichen Intelligenz bezeichnet. *Minsky* war Mitbegründer des Labors für Künstliche Intelligenz am *Massachusetts Institute of Technology (MIT)*, an dem er bis zu seinem Tod forschte und lehrte. Den Begriff der Künstlichen Intelligenz (Artificial Intelligence, AI) begründete er gemeinsam mit *John McCarthy*, *Nathaniel Rochester* und *Claude Shannon* in Vorbereitung eines 1956 am *Dartmouth College* abgehaltenen Workshops. Dabei wurde Künstliche Intelligenz als Forschungsgebiet mit der Vision vorgeschlagen, dass eines Tages Maschinen sprechen, abstrakte Konzepte entwickeln, Probleme lösen, deren Lösung bisher nur Menschen möglich war, und sich verbessern können sollten (McCarthy et al. 1955).

Das Thema Künstliche Intelligenz weckte schon früh viele Phantasien. 1970 erklärte *Minsky*, dass es in drei bis acht Jahren Maschinen mit der durchschnittlichen Intelligenz eines Menschen geben werde, die Shakespeare lesen und Autos reparieren würden. Die Realität sah anders aus. Tatsächlich führte die Forschung zur Künstlichen Intelligenz nach euphorischen Anfangsjahren längere Zeit ein Schattendasein. Erst ab den 1980er

Jahren lebte der Forschungsbereich langsam wieder auf und entwickelte sich sodann getragen von der rasanten Zunahme an Rechenleistung zu einem der öffentlichkeitswirksamsten Bereiche der Informatik. Die Entwicklung ging allerdings in eine andere Richtung, als diejenige, die *Minsky* und seinen Mitstreitern primär vorschwebte.

Bei der Künstlichen Intelligenz unterscheidet man zwischen der sogenannten starken bzw. allgemeinen KI und der sogenannten schwachen bzw. engen KI. Als **starke KI** bezeichnet man Systeme bzw. Maschinen, die generalisierende Intelligenz- und Transferleistungen erbringen können und somit nicht nur auf sehr begrenzte, vordefinierte Aufgabenfelder beschränkt sind. Ziel der starken KI ist es, dass Maschinen die gleichen (generalistischen) intellektuellen Fertigkeiten wie Menschen erlangen oder diese sogar noch übertreffen. Diese Vision begleitet die KI-Forschung zwar noch heute, aber der anfängliche Optimismus, dieses Ziel in naher Zukunft zu erreichen, ist mittlerweile fast verflogen. Das spricht dafür, dass der Robo-Anwalt bzw. Robo-Richter, der seinen menschlichen Kollegen vollumfänglich ersetzt, auf absehbare Zeit nicht erreichbar ist.

Wenn heute von Künstlicher Intelligenz die Rede ist, dann ist damit zumeist die **schwache KI** gemeint. Das gilt auch für den Legal-Tech-Bereich. Schwache KI bezeichnet dabei solche Systeme, die für begrenzte, vordefinierte Aufgabenfelder konzipiert und daraufhin optimiert sind. Diese können also jeweils nur einen kleinen Ausschnitt aus dem breiten Spektrum (menschlich) intelligenten Verhaltens abbilden. Die einzelnen Aufgaben können die Systeme mittels vorprogrammierter Regeln oder durch Maschinelles Lernen bewältigen.

Die schwache KI hat sich in der Praxis in mehreren Stufen entwickelt (siehe Abb. 3.2). In den 1980er Jahren kamen als „Künstliche Intelligenz" praktisch nur sogenannte Expertensysteme zum Einsatz. Bei diesen musste die gesamte Wissensbasis manuell konstruiert werden. Ab den 1990er Jahren wurden auch lernfähige Systeme eingesetzt, bei denen aber die Merkmale noch manuell ausgewählt werden mussten; nur die Zuordnung zu den Merkmalen wurde vom KI-System erlernt. Ab den 2000er Jahren kamen dann Systeme zum Einsatz, die auch die relevanten Merkmale selbst erlernen konnten und zudem zunehmend immer abstraktere Repräsentationen erlernen und so die geeignete Auswahl der Merkmale immer besser selbst erledigen konnten (vgl. Döbel et al. 2018, S. 40).

Bei dem für die Erledigung komplexer juristischer Aufgabenstellungen notwendigen Natural Language Processing kommt heute in erster Linie Mustererkennung zum Einsatz. Für die Mustererkennung wird regelmäßig auf Verfahren des Maschinellen Lernens, insbesondere auch auf Deep-Learning-Verfahren, zurückgegriffen.

3.1.4 Maschinelles Lernen

Maschinelles Lernen (Machine Learning, ML) wird heute als Schlüsseltechnologie im Bereich der Künstlichen Intelligenz betrachtet.

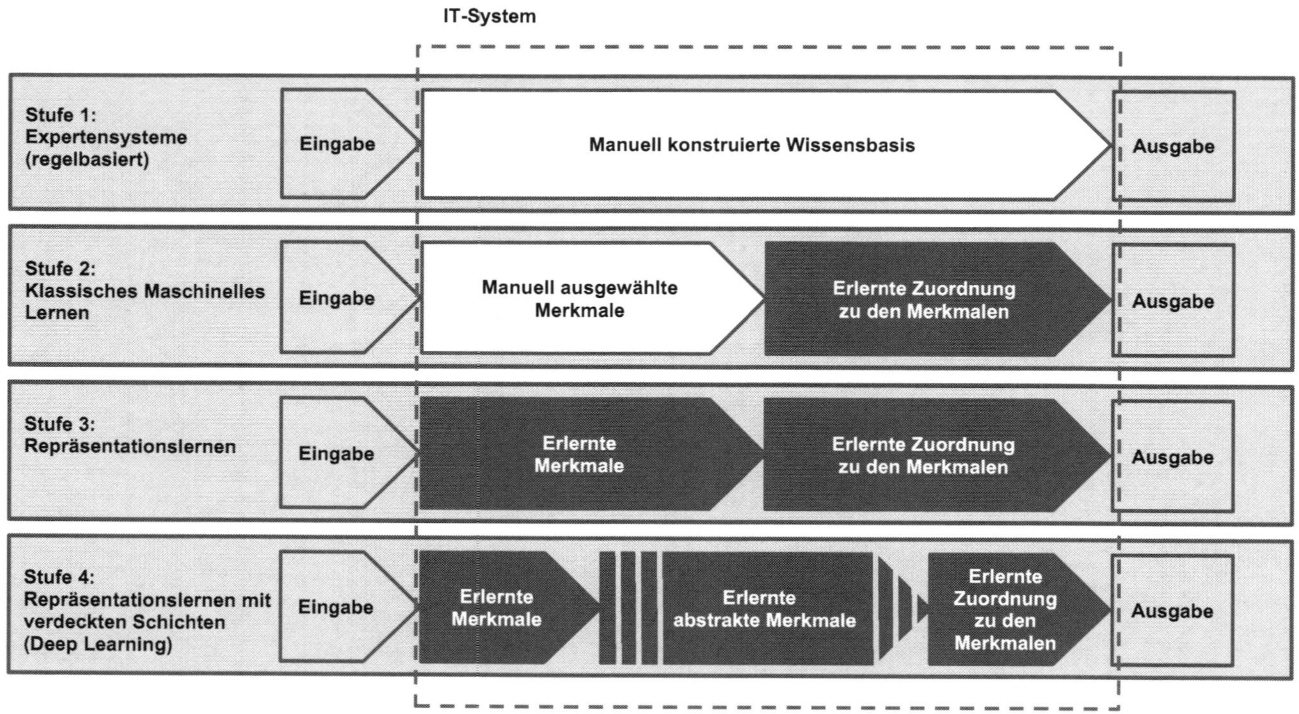

Abb. 3.2 Entwicklungsstufen Künstlicher Intelligenz. (Adaptiert nach Goodfellow et al. 2016)

▶ Als **Maschinelles Lernen** werden Verfahren bezeichnet, in denen eine Maschine bzw. ein Algorithmus durch Wiederholen einer Aufgabe lernt, diese bezüglich eines Gütekriteriums immer besser auszuführen. Maschinelles Lernen bezweckt die Generierung von Wissen aus Erfahrung, indem Algorithmen aus Beispielsdaten ein komplexes Modell entwickeln, das anschließend auf neue, potenziell unbekannte Daten derselben Art angewendet werden kann (Döbel et al. 2018, S. 9).

Maschinelles Lernen bietet sich immer dann an, wenn Prozesse zu kompliziert sind, um sie analytisch zu beschreiben, aber genügend Daten verfügbar sind, um daraus zu lernen. Mit dem gelernten Modell und der damit automatisch erworbenen Wissensrepräsentation können Ergebnisse generiert werden, ohne dass im Vorhinein festgelegte Regeln oder Berechnungsvorschriften notwendig sind (Döbel et al. 2018, S. 9). Das Maschinelle Lernen kann dabei entweder überwacht (supervised learning) oder unüberwacht (unsupervised learning) erfolgen. Auch hybride Lernformen (semi-überwacht, semi-supervised) sind möglich.

Beim **überwachten Lernen** wird das System mit einem Trainingsdatensatz aus Ein- und Ausgabepaaren trainiert. Man spricht auch davon, dass die richtigen Antworten als **„Labels"** mitgeliefert werden. Das System erhält vom Menschen eine bestimmte Eingabe. Die systemseitige Ausgabe wird vom Menschen durch Vergleich mit der richtigen Ausgabe aus dem betreffenden Ein- und Ausgabepaar kontrolliert. Der Mensch gibt sodann in das System ein, ob die systemseitige Ausgabe richtig oder falsch war. Anhand dieses Vorgehens lernt das System, auch bei solchen Eingaben, mit denen es nicht zuvor auf die beschriebene Art und Weise trainiert worden ist, eine richtige Ausgabe zu generieren. Je mehr Beispiels- bzw. Trainingsdaten das System erhält, desto mehr kann es sein Modell verbessern. Insbesondere kann man auch noch im laufenden Betrieb Beispiele und Nutzer-Feedback sammeln, damit der Lernalgorithmus das Modell weiter anpassen kann (Hecker et al. 2017, S. 8).

Mit Verfahren des überwachten Lernens lassen sich Beispiele in bestimmte Kategorien oder Klassen einordnen. Dazu müssen die Beispiele ihren jeweiligen Labels zugeordnet werden. Diesen Aufgabentyp bezeichnet man als **Klassifikationsaufgabe.** Daneben kann überwachtes Lernen auch für Schätzungen oder Prognosen verwendet werden, also für sogenannte **Regressionsaufgaben** (Döbel et al. 2018, S. 92). Überwachtes Lernen findet sich beispielsweise häufig in Anwendungen zur Data Extraction wie beispielsweise *Kira*, *RAVN*, *Leverton* und *EVANA* (siehe zu diesen unter Abschn. 2.3.1). Dabei geht es regelmäßig um Klassifikationsaufgaben. So kann man etwa mit *Kira* oder *RAVN* nach Change-of-Control-Klauseln suchen. Das System muss dazu die einzelnen Textpassagen daraufhin überprüfen, ob es sich um eine Change-of-Control-Klausel handelt oder nicht. Es muss sie also einer Kategorie – „Change-of-Control-Klausel" oder „keine Change-of-Control-Klausel" – zuordnen und insoweit klassifizieren.

Beim **unüberwachten Lernen** gibt es nur die rohen Beispielsdaten, ohne Labels oder Nutzer-Feedback. Das System muss selbstständig erlernen, was die „richtige" Ausgabe ist. Verfahren des unüberwachten Lernens kommen dort zur Anwendung, wo der Mensch nicht weiß, was die richtige Ausgabe ist. Deshalb wird unüberwachtes Lernen häufig in der Erkundungsphase eingesetzt, in der man die Daten besser verstehen möchte. Es gibt grundsätzlich zwei Arten von unüberwachtem Lernen: die Dimensionsreduktion und sogenannte Clusterverfahren (vgl. Döbel et al. 2018, S. 92).

Bei der **Dimensionsreduktion** erzeugt das System eine neue Repräsentation der Daten, die für Menschen oder andere maschinelle Lernalgorithmen besser verständlich ist als deren ursprüngliche Darstellung. Im Kern geht es darum, korrelierende Merkmale zusammenzufassen und dadurch die Anzahl der Merkmale so zu reduzieren, dass nur wenige, unkorrelierte Merkmale übrigbleiben. So lässt sich die Komplexität der Ausgangsdatensätze reduzieren. Dadurch lassen sich etwa aus großen Mengen an Dokumenten die übergreifenden Themen ermitteln. Ein Einsatzbereich dieser Art des unüberwachten Lernens ist die Vorverarbeitung für ein überwachtes Lernen. Eine neue Repräsentation der Daten kann die Lerngenauigkeit des überwachten Algorithmus erhöhen oder den Speicher- und Zeitaufwand reduzieren.

Beim **Clusterverfahren** geht es darum, Datensätze in separate Gruppen (Cluster) mit ähnlichen Daten einzuteilen. Dabei steht noch gar nicht fest, welche Merkmale genau diese Ähnlichkeit begründen bzw. Unterschiede ausmachen. Clusterverfahren können etwa dabei helfen, in einer internen Untersuchung (aber natürlich auch bei einer staatsanwaltlichen Ermittlung) aus mehreren tausenden oder zehntausenden von unbekannten Dokumenten einen Überblick über deren Art und womöglich auch Inhaltskategorien zu erhalten. Mit Clusterverfahren lassen sich aber auch vor einer Due Diligence die in einem Datenraum enthaltenen Dokumente in Gruppen ordnen. So kann man beispielsweise einen Überblick bekommen, wie viele Dokumente in welcher Sprache abgefasst sind, welche Arten von Dokumenten (Verträge, Registerauszüge usw.) sich im Datenraum befinden oder welchen Rechtsgebieten die Dokumente zuzuordnen sind. Viele E-Discovery-Anwendungen (zu diesen unter Abschn. 2.3.1) arbeiten mit solchen Clusterverfahren.

Neben dem überwachten, unüberwachten und semi-überwachten Lernen gibt es noch weitere Arten des Maschinellen Lernens. Das ist namentlich das **bestärkende Lernen** (reinforcement learning) bzw. das **sequenzielle Entscheiden** (sequential decision making). Reinforcement-Lerntechniken wurden etwa in dem von der *Google*-Tochter *Deep Mind* entwickelten *„AlphaGo"* eingesetzt, das 2016 einen der weltbesten Go-Meister besiegt hat. Der Lernstil, der allgemein an Interesse gewinnt, ist vor allem dort sinnvoll, wo eine Anwendung mit ihrer Umwelt interagieren muss (Döbel et al. 2018, S. 28). Neben Spielen sind das beispielsweise Chats, aber auch andere Situationen, in denen es um das Erlernen einer erfolgreichen Taktik geht.

Fast alle Modelle, die maschinelle Lernverfahren aus Beispielsdaten erzeugen, sind letztlich **statistische Modelle.** Statistische Methoden bilden deshalb ein wesentliches Fundament für das Maschinelle Lernen (Döbel et al. 2018, S. 16). Dabei wird in der Regel mit **Wahrscheinlichkeiten** gearbeitet.

Es gibt eine Vielzahl an Modelltypen und Algorithmen für das Maschinelle Lernen. Die verschiedenen Modelltypen und Algorithmen sind jeweils für unterschiedliche

Tab. 3.1 Wesentliche Modelltypen und Lernverfahren für Maschinelles Lernen. (Nach Döbel et al. 2018, S. 29 ff.)

Modelltyp	Untertypus	Aufgaben	Lernverfahren
Regressionsmodell	Lineare Regression	Regressionsaufgaben	Überwachtes Lernen
	Logistische Regression	Klassifikationsaufgaben	Überwachtes Lernen
Entscheidungsbäume	Iterative Dichotomiser 3 (ID3)	Klassifikationsaufgaben	Überwachtes Lernen
	Klassifikations- und Regressionsbäume (CART) sowie Random Forests	Klassifikations- oder Regressionsaufgaben	Überwachtes Lernen
Cluster	k-means Clustering	Clusterverfahren	Unüberwachtes Lernen
Kernel-Methoden	Stützvektormaschine (SVM)	Klassifikationsaufgaben	Überwachtes Lernen
	Kernel Principal Component Analysis (PCA)	Dimensionsreduktion und Strukturerkennung	Unüberwachtes Lernen
Künstliche Neuronale Netze	Feed-forward Network (FF oder FFNN)	Klassifikations- oder Regressionsaufgaben	Überwachtes Lernen
Bayessche Modelle	Bayessche Netze (BN)	Klassifikationsaufgaben	Überwachtes Lernen
Sequenzielle Entscheidungsmodelle	Q-Learning	Sequenzielles Entscheiden	Bestärkendes Lernen

Aufgaben besonders gut oder weniger gut geeignet. Wesentliche Modelltypen und Lernverfahren sind in Tab. 3.1 dargestellt.

3.1.5 Künstliche Neuronale Netze, Deep Learning

Künstliche Neuronale Netze (KNL) und Deep Learning sind verantwortlich für Erfolge unter anderem im Bereich des Natural Language Processing.

▶ Der Begriff **Deep Learning** bezeichnet das Lernen in Künstlichen Neuronalen Netzen mit mehreren bis sehr vielen verdeckten Zwischenschichten (Döbel et al. 2018, S. 89). Deep Learning bedeutet aber auch eine konzeptionelle Hierarchie (Hierachy of Concepts) bzw. Begriffshierarchie, die es ermöglicht, komplexe Konzepte mittels Bildung vereinfachender Konzepte (Grundkonzepte) zu erlernen (vgl. Goodfellow et al. 2016, S. 1).

3.1.5.1 Funktionsweise Künstlicher Neuronaler Netze

Künstliche Neuronale Netze orientieren sich an der Architektur des menschlichen Gehirns. Sie bestehen aus mehreren Schichten von **Knoten.** Die Knoten jeder Schicht sind mit Knoten der benachbarten Schichten verbunden. Die Knoten stellen künstliche Neuronen dar, die Verbindungen sind quasi die künstlichen Synapsen. Bei herkömmlichen Künstlichen Neuronalen Netzen verarbeiten die Knoten jeweils Zahlen in Form von Multibit-Werten. Sie besitzen eine Aktivierungsfunktion, die entscheidet, ob und wie sie diejenigen Zahlen weiterleiten, die sie von den Knoten aus der Vorgängerschicht erhalten haben (vgl. Hecker et al. 2017, S. 8 f.). Da die Aktivierungsfunktionen auch nicht-linear sein können, können Künstliche Neuronale Netze komplizierte numerische Funktionen approximieren (Hecker et al. 2017, S. 9).

Entscheidend ist, dass die einzelnen Verbindungen unterschiedlich gewichtet werden können. Der Lernalgorithmus verändert die Gewichte, d. h. die Zahlenwerte an den Verbindungen, solange, bis die Ergebnisse für die Aufgabe gut genug sind (Döbel et al. 2018, S. 90). In dem Künstlichen Neuronalen Netz werden also diejenigen Verbindungen, die eine besonders nützliche (richtige) Ausgabe generieren, verstärkt. Gelernt wird die Stärke der Verbindungen, indem Fehler zwischen berechneter und richtiger Ausgabe innerhalb des Künstlichen Neuronalen Netzes zurückgerechnet werden (vgl. Hecker et al. 2017, S. 9).

Während die ersten Künstlichen Neuronalen Netze aus einer Eingabe- und einer Ausgabeschicht und vielleicht einer verdeckten Zwischenschicht bestanden, findet man heute Künstliche Neuronale Netze mit Hunderten von Schichten und Milliarden von Verbindungen (vgl. Hecker et al. 2017, S. 9). Wie viele Schichten, wie viele Knoten in welcher Schicht und wie viele Verbindungen zwischen welchen Knoten sinnvoll sind, hängt von den Aufgaben ab, die das System bearbeiten soll.

Die theoretische Forschung zu Künstlichen Neuronalen Netzen und Deep Learning reicht zurück bis in die 1940er Jahre, wobei zunächst der Begriff Cybernetics verwendet wurde. Die ersten praktischen Versuche mit Künstlichen Neuronalen Netzen erfolgten in den 1950er Jahren. Aber erst das Zeitalter von „Big Data“ und die heute mögliche Rechnerleistung sowie neue Techniken zum Trainieren immer vielschichtigerer, tieferer Netze haben Deep Learning zum Durchbruch verholfen (vgl. Goodfellow et al. 2016, S. 26).

Durch die wachsenden Rechenkapazitäten können immer komplexere Künstliche Neuronale Netze gebaut werden. Man schätzt, dass sich rund alle 2,4 Jahre die Größe der möglichen Künstlichen Neuronalen Netze verdoppelt, was allerdings bedeutet, dass ohne grundlegende technische Neuerungen Künstliche Neuronale Netze erst nach 2050 so viele künstliche Neuronen wie das menschliche Gehirn besitzen werden (Goodfellow et al. 2016, S. 21). Wenn man bedenkt, dass der Mensch, bevor er als Jurist tätig wird, rund 25 Jahre Zeit hat, um sein Gehirn zu trainieren und Erfahrungen zu sammeln, wird deutlich, dass man nicht allzu viele Erwartungen haben darf, was den zeitnahen Einsatz von Künstlichen Neuronalen Netzen zur Erledigung komplexer juristischer Tätigkeiten anbelangt. Bei einfachen, aber dennoch sinnvollen Aufgaben, die Künstliche Intelligenz im juristischen Bereich übernehmen kann, bedarf es aber auch nicht zwangsläufig immer größerer Künstlicher Neuronaler Netze, um bessere Ergebnisse zu erzielen.

3.1.5.2 Arten Künstlicher Neuronaler Netze

Bei den Künstlichen Neuronalen Netzen, insbesondere bei den tiefen Künstlichen Neuronalen Netzen, kann man verschiedene Typen aufgrund der Struktur des Netzes unterscheiden. Der Aufbau des Netzes und etwaiger Teilnetze richtet sich nach Lernstil und Lernaufgabe, aber auch nach der Art und Bedeutung der Eingabe bzw. der Art der Verarbeitung der eingegebenen Daten (beispielsweise parallel oder sequenziell).

Ferner lassen sich die Künstlichen Neuronalen Netze in zwei Arten einteilen: **computer-science-oriented** und **neuroscience-oriented.** In ersterem, einem klassischen Künstlichen Neuronalen Netz werden die Inputs mit Funktionen verarbeitet und geben die einzelnen Einheiten daher Zahlen in Form von Multibit-Werten aus. Bei Künstlichen Neuronalen Netzen, die als neuroscience-oriented bezeichnet werden, wird auch die Funktionsweise des menschlichen Gehirns nachempfunden. Sogenannte gepulste Neuronale Netze imitieren die Funktion der Neuronen. Die in dem gepulsten Künstlichen Neuronalen Netz verknüpften Einheiten senden – ähnlich ihren biologischen Vorbildern – dann ein Signal, wenn ihre „Reizschwelle“ überschritten ist. Das bedeutet aber auch, dass die Einheiten bei einem gepulsten neuronalen Netz wie bei Neuronen binär kodieren – sie geben ein Signal oder nicht.

Außerdem soll es mit dem sogenannten Tianjic-Chip gelungen sein, ein klassisches Künstliches Neuronales Netz und ein gepulstes Neuronales Netz miteinander zu kombinieren. Dazu bedarf es eines Übersetzers zwischen den binär und den mit Multibit-Werten operierenden Einheiten. Durch diese Kombination soll das System noch flexibler und leistungsfähiger und dem menschlichen Gehirn noch ähnlicher sein (siehe Pei et al. 2019). Ob dieser Ansatz, also eine Kombination zweier Arten Künstlicher Neuronaler Netze, nicht nur hinsichtlich der experimentellen Möglichkeiten, sondern auch methodisch weiterführend ist, wird in der Fachwelt allerdings bezweifelt.

3.1.6 Maschinelles Lernen in Kombination mit regelbasierten Systemen

Künstliche Intelligenz in Gestalt von lernenden Algorithmen ist niemals perfekt. Da eine endliche Anzahl an Beispielsdaten die Gesamtheit aller denkbaren Varianten naturgemäß nur unvollständig beschreibt, ist jedes gelernte Modell zwangsläufig mit Unsicherheit behaftet (Döbel et al. 2018, S. 13). Nicht selten werden deshalb lernende KI-Systeme mit regelbasierten Systemen kombiniert, um die Wahrscheinlichkeit richtiger Ergebnisse zu erhöhen. So kann man etwa bei einem Information-Retrieval-System bestimmte Wortkombinationen, die zwar bei einem bestimmten Klauseltyp nicht immer auftauchen, von denen man aber weiß, dass wenn sie auftauchen, sie ausschließlich in dem betreffenden

Klauseltyp auftauchen, auf eine sogenannte „Whitelist“ setzen. Regeln können aber auch dazu dienen, im Rahmen der Mustererkennung mittels lernender KI-Systeme Priorisierungen vorzunehmen, beispielsweise neuere Datensätze als relevanter zu bewerten.

3.1.7 KI-Plattformen

KI-Systeme sind vielfach Teil der Produkte, die von Legal-Tech-Unternehmen für spezifische juristische Aufgabenstellungen angeboten werden. Sie sind etwa Bestandteil von Information-Retrieval-Anwendungen. Es gibt jedoch auch sogenannte KI-Plattformen, deren Architektur so ausgelegt ist, dass sie unterschiedlichen Herausforderungen gerecht werden können. Die KI-Plattformen sind zwar nicht speziell für den juristischen Bereich entwickelt worden, können aber auch für juristische Aufgabenstellungen genutzt werden.

Den höchsten Bekanntheitsgrad und die meisten Nutzer aus dem juristischen Bereich hat vermutlich ***Watson,*** eine kognitive Technik, die nach Aussage ihres Herstellers *IBM* denken kann wie ein Mensch (http://www.ibm.com/watson/). Sie wurde entwickelt, um Antworten auf Fragen zu geben, die in natürlicher Sprache eingegeben werden. *Watson* ist lernfähig, erkennt Muster, Gesetzmäßigkeiten und Kontext und kann so nach Trainingsphasen ihm bislang unbekannte Daten „verstehen und beurteilen“ (Frese 2015, S. 2091). Die Besonderheit gegenüber den lernfähigen Algorithmen, die gegenwärtig im Bereich des Information Retrieval (dazu Abschn. 2.3.1) zum Einsatz kommen, liegt darin, dass *Watson* nicht nach zuvor bestimmten Informationen sucht, sondern ein Frage-Antwort-System ist. Das bedeutet, dass es nicht nur eine Antwort finden muss, z. B. auf die Frage, ob es sich bei einer Klausel um eine Change-of-Control-Klausel handelt, sondern dass es zusätzlich ganz viele unterschiedliche Fragen „verstehen“ muss. Beiden Techniken ist gemein, dass die Systeme trainiert werden müssen, um sinnvolle Ergebnisse zu erzielen.

DeepQA, die Technologie hinter *Watson,* nutzt tausende von parallel arbeitenden Algorithmen, um die in natürlicher Sprache gestellte Frage zu verstehen, unterschiedliche Datenbanken nach relevanten Informationen zu durchsuchen, die Richtigkeit von Antworten zu begründen und die Wahrscheinlichkeit ihrer Richtigkeit zu ermitteln. Im Kern wird eine Vielzahl von möglichen Antworten generiert und das System bewertet, bei welcher der Antworten die größte Gewähr besteht, dass es die richtige Antwort auf die gestellte Frage ist. Die Technik von *Watson* muss also Sinnzusammenhänge zwischen der Frage und den möglichen Antworten herstellen. Dabei lernt das System insbesondere bei der Bewertung der Richtigkeitsgewähr.

Watson wurde 2011 erstmals einer breiten Öffentlichkeit präsentiert. Am 14.01.2011 trat er in der Spielshow Jeopardy! gegen einige der bisherigen Gewinner an und gewann gegen diese. Den Bereich der Spielshows hat *Watson* mittlerweile verlassen. Er kommt heute in zahlreichen Bereichen zum Einsatz. Seit 2015 wurde *Watson* mit *ROSS* zu einem virtuellen Associate weiterentwickelt, der allerdings nur Recherche-Arbeiten und keine rechtliche Beurteilung vornehmen kann (www.rossintelligence.com).

In der Zwischenzeit haben eine Reihe größerer Kanzleien und auch Rechtsabteilungen mit *Watson* experimentiert. Beispielsweise setzt *Siemens* im Bereich des Steuerrechts auf *Watson,* um eine Art künstlichen Steuerberater zu entwickeln (Behlau und Bender 2017, S. 13). Und *QNC*, der Betreiber von frag-einen-anwalt.de, setzt *Watson* als Rechtsgenerator ein (dazu Abschn. 3.2).

Die aus der *Watson*-Entwicklung hervorgegangene Plattform für Maschinelles Lernen, ***SystemML,*** hat *IBM* im Jahr 2015 an die *Apache Software Foundation* übergeben, wo sie seitdem als Open-Source-Projekt weiterentwickelt wird. Auch die großen Internetkonzerne haben nicht nur Schnittstellen zu ihren KI-Diensten veröffentlicht, sondern auch den Code der Lernplattformen als Open Source zur Verfügung gestellt:

- ***TensorFlow*** ist die Open-Source-Programmbibliothek für Maschinelles Lernen von *Google* (tensorwflow.org). Sie wird von *Google* auch intern sowohl in der Forschung als auch im Produktivbetrieb verwendet. Außerdem hat *Google* bzw. *Alphabet* mit dem ***DeepMind Lab*** eine Open-Source-Lernumgebung veröffentlicht (deepmind.com).
- ***Cognitive Toolkit*** ist die Open-Source-Programmbibliothek für Maschinelles Lernen von *Microsoft* (https://docs.microsoft.com/en-us/cognitive-toolkit/). Sie eignet sich sowohl für sehr kleine und auf einem einzelnen Rechner gespeicherte Datenmengen als auch für große Datenmengen, die über mehrere GPUs und Server verteilt sind.
- ***Unter dem Namen Deep Scalable Sparse Tensor Network Engine (DSSTNE)*** hat *Amazon* seine Programmbibliothek für Maschinelles Lernen quelloffen gestellt. Der Schwerpunkt liegt auf Verfahren, die verteilt trainiert werden können. Diese sollen zudem mit wenigen Trainingsdaten auskommen.
- ***Big Sure*** ist die Open-Source-Programmbibliothek für Maschinelles Lernen, die *Facebook* – und auch *Twitter* – selbst nutzen und weiterentwickeln.

Daneben betreiben aber die großen Internetkonzerne im Rahmen des Cloud Computing, also der bedarfsabhängigen Bereitstellung von Rechenleistung, Speicher und sonstigen IT-Ressourcen über das Internet, auch entgeltliche KI-Plattformen. Zu den größten Anbietern zählen *Amazon Web Services (AWS), Google Cloud* und *Microsoft Azure*. Hier werden beispielsweise auch Programme zur Data Extraction angeboten. Mit *Amazon Comprehend Medical* gibt es insoweit bereits sehr spezielle Maschine-Learning-Programme für den medizinischen Bereich. Der Schritt hinein in den juristischen Bereich liegt nicht fern.

3.1.8 Künftige technische Entwicklungen

Bei den gegenwärtig eingesetzten KI-Systemen handelt es sich um die sogenannte zweite KI-Generation. Die erste KI-Generation – die zeitlich ab den 1980er Jahren anzusetzen ist – bestand aus Expertensystemen, deren Schwerpunkt im Bereich der Logik lag, und die nur in geringer Ausprägung auch wahrnehmen und lernen konnten, während das Abstrahieren noch überhaupt nicht ausgeprägt war (vgl. Hecker et al. 2017, S. 6). Die zeitlich ab 2006 anzusetzende zweite KI-Generation besteht aus sogenannten Lernenden Systemen mit Schwerpunkten in den Bereichen Wahrnehmen und Lernen, während die Bereiche Logik und Abstrahieren vorhanden, aber schwächer ausgeprägt sind (vgl. Hecker et al. 2017, S. 6).

Die künftigen technischen Entwicklungen werden die Einsatzmöglichkeiten von IT-Systemen mit Künstlicher Intelligenz im juristischen Bereich erheblich erweitern. Technisch zeichnen sich Neuerungen sowohl in der Software als auch in der Hardware ab:

- Gegenwärtig forscht man an einer neuen, dritten Generation von KI-Systemen. Sie sollen in der Lage sein, abstraktes Expertenwissen zu nutzen und eigenständig abstrahieren zu können. Dadurch sollen sie robuster, breiter einsetzbar und selbsterklärend werden (Hecker et al. 2017, S. 6).
- Die Entwicklung von Quantencomputern hat mit dem *Sycamore*-Prozessor von *Google* einen Stand erreicht, bei dem Quantencomputer die Rechenleistung herkömmlicher Computer übertreffen (vgl. Arute et al. 2019). Die elementaren Rechenschritte von Quantencomputern basieren auf quantenmechanischen Zuständen, den sogenannten Qubits. Anstelle der binären Zustände (Bits) in digitalen Computern funktionieren die Qubits gemäß quantenmechanischer Prinzipien. Hierdurch wird für manche Anwendungen ein enormer Geschwindigkeitsvorteil erwartet (vgl. Döbel et al. 2018, S. 60 f.).

Durch diese Entwicklungen wird die Machbarkeit von Legal Robots, die auch komplexere juristische Fragestellungen deduktiv, also mittels Ableitung von Einzelfall bezogenen Aussagen aus allgemeinen Aussagen bzw. Gesetzen bearbeiten können, deutlich wahrscheinlicher. Die Grenzen liegen per heute vor allem in drei Punkten:

- Das Abbilden von Wertungen, die sich auch aus moralisch-ethischen Aspekten speisen, einschließlich des Rechtsmissbrauchs, erscheint für Computer kaum darstellbar, weil solche Wertungen regelmäßig nur schwer in formalen Schemata beschreibbar sind.
- Es gibt eine Grenze der Wirtschaftlichkeit. Wenn man unterstellt, dass sich das Recht von Jurisdiktion zu Jurisdiktion unterscheidet und es in jeder Jurisdiktion in jedem Rechtsgebiet eine endliche Zahl an (menschlichen) Experten gibt, dann erscheint es ausgeschlossen, dass ein System auch nur annäherungsweise an die Fähigkeiten der besten dieser Experten heran kommt. Denn nur die jeweils besten Experten könnten ein solches System dazu hinreichend trainieren und kontrollieren. Der dazu notwendige Aufwand dürfte sich für sie aber wirtschaftlich nicht rentieren.
- Selbst die noch in der Erforschung befindliche neue, dritte KI-Generation erweitert die Fähigkeiten der KI-Systeme, deren Schwerpunkt gegenwärtig, also in der zweiten KI-Generation, in den Bereichen Wahrnehmung und Lernen liegt, primär in den Bereichen Logik und Abstrahieren. Die durch jahrelange Erfahrung ausgebildete

Intuition eines (menschlichen) Experten erscheint aber auch in KI-Systemen der dritten Generation noch nicht abbildbar.

3.2 Bedeutung der Daten für Legal Robots

3.2.1 Erweiterte Möglichkeiten durch Nutzung historischer Daten

Baut man Legal Robots als regelbasierte Systeme, die sich mit Wenn-Dann-Sätzen entlang der gesetzlichen Tatbestände und Rechtsfolgen hangeln, so kann das nach dem gegenwärtigen Stand der Technik bei komplexeren Rechtsfragen schnell ein aussichtsloses Unterfangen werden. Künstliche Intelligenz kann hier, wie schon auf der Ebene des Natural Language Processing, eine Abkürzung darstellen. Über diese Abkürzung werden Legal Robots auch für komplexere Rechtsfragen denkbar.

In der Praxis hat man schon damit begonnen, lernfähige Legal Robots mit Rechtsregeln zu füttern und ihnen mithilfe von Beispielen und Nutzer-Feedback die Anwendung dieser Rechtsregeln anzutrainieren. Ein akzeptables Niveau kann gegenwärtig aber nur erreicht werden, wenn sich die Anwendung auf eng eingegrenzte rechtliche Themenfelder beschränkt. Selbst dann funktioniert eine Anwendung zumeist nur, wenn sich die vom Nutzer gewünschte rechtliche Beurteilung auf eine oder mehrere hintereinanderliegende Ja/Nein-Fragen oder eine sehr einfache Fragestellung beschränkt.

In ganz andere Dimensionen stößt man hingegen vor, wenn der Legal Robot eine Rechtsfrage durch Reproduktion vorhandenen Wissens dergestalt beantworten kann, dass ihm Paare von Rechtsfragen und Antworten zugänglich sind. Durch Mustererkennung können dann in den historischen Daten diejenigen Frage-Antwort-Paare gefunden werden, die einer (erneut) gestellten Rechtsfrage entsprechen. Der Erfolg eines solchen Legal Robots setzt voraus, dass eine hinreichend vergleichbare Rechtsfrage in der Vergangenheit schon einmal gestellt wurde und sowohl die Frage als auch die Antwort konserviert sind. Je mehr historische Daten verfügbar sind, desto besser lassen sich auf ihrer Grundlage Legal Robots konzipieren.

Geeignete historische Datenmengen gibt es bereits. Seit Bestehen der Marktplätze frag-einen-anwalt.de und 123recht.net (dazu unter Abschn. 2.1.1) haben Anwälte darüber laut Angabe des Betreibers *QNC* über 200.000 Rechtsfragen beantwortet. Auf dieser Datenbasis hat der Betreiber der Marktplätze mithilfe von *Watson* einen datengetriebenen Rechtsgenerator entwickelt. Die Anwälte, die über frag-einen-anwalt.de Rechtsfragen beantworten, können nun bei der Beantwortung der Fragen das von *QNC* angebotene Assistenzsystem *Prime Legal* nutzen, um sich Antwortvorschläge unterbreiten zu lassen. Das Produkt wird darüber hinaus auch als sogenanntes Legal-SaaS-Produkt (Software-as-a-Service-Produkt) an Anwälte außerhalb von frag-einen-anwalt.de und an Rechtsabteilungen vermarktet. Es ist zu erwarten, dass solche Assistenzsysteme in den kommenden drei bis fünf Jahren eine hohe Bedeutung für Anwälte erlangen werden (vgl. Friedmann 2018, S. 272 f.).

Einen vergleichbaren Weg geht das im Bereich der Prozessfinanzierung tätige Start-up *Iubel* (dazu unter Abschn. 2.3.4). Dort will man als Grundlage für die Entscheidung, ob man einen Prozess finanzieren will oder nicht, die Erfolgsaussichten eines Prozesses mittels Künstlicher Intelligenz basierend auf historischen Urteilen prüfen.

Derartige Legal Robots könnten noch effektiver sein, je mehr gerichtliche Entscheidungen (Sachverhalt und Entscheidungsgründe) als Daten zur Verfügung stehen. In Deutschland werden allerdings nur wenige gerichtliche Entscheidungen publik gemacht. Nur schätzungsweise ein Prozent aller Urteile sind digital verfügbar.

Die Gefahr solcher datenbasierten Legal Robots ist indes, dass sie die Weiterentwicklung des Rechts ausbremsen, weil sie Antworten eben mittels historischer Daten geben. Der Rechtssuchende und der ihn „beratende" Anwalt kommen womöglich gar nicht auf die Idee, dass sie sich vor Gericht mit einer neuen, bislang von den Gerichten oder der herrschenden Meinung nicht vertretenen Auslegung einer Vorschrift durchsetzen könnten.

3.2.2 Unabhängigkeit durch Multi-Sourcing

Die Qualität und die Einsatzmöglichkeiten datenbasierter Legal Robots hängt ganz wesentlich von der Qualität und dem Umfang der durch den Legal Robot nutzbaren Daten ab. In dem vorstehend (unter Abschn. 3.2.1) beispielhaft genannten Assistenzsystem *Prime Legal* ist es ein begrenzter eigener Daten-Pool, der für den Rechtsgenerator genutzt wird. Das vorstehend ebenfalls genannte Start-up *Iubel* greift auf Gerichtsurteile und damit auf externe Quellen zurück.

Werden datenbasierte Legal Robots in Kanzleien oder Unternehmen genutzt, lassen sie sich umso wirkmächtiger gestalten, je mehr Kanzlei- bzw. Unternehmens-interne Datenquellen ihnen offen stehen. Vor allem in Unternehmen, in denen der Datenbestand häufig über mehrere Stellen verteilt abgelegt ist und nicht zentral angesteuert werden kann, ist dessen optimale Nutzung durch Legal Robots schwerer möglich.

Greift der Legal Robot nur auf interne Datenbestände zurück, lässt sich zwar die Datenqualität am besten steuern. Allerdings ist der Erfolg dann davon abhängig, dass man tatsächlich in der Lage ist, die Datenqualität auch selbst entsprechend zu sichern. Je mehr der Legal Robot auch auf externe Quellen zurückgreifen kann, desto unabhängiger wird er von der eigenen Leistungsstärke bei der Sicherung der Datenqualität. Es erscheint daher absehbar, dass die zukünftige Entwicklung bei datengetriebenen Legal Robots dahin gehen wird, möglichst viele Datenquellen nutzen zu können, also ein sogenanntes Multi-Sourcing zuzulassen. Einzelne KI-Plattformen wie beispielsweise *Watson* (dazu Abschn. 3.1.7) sind dazu in der Lage.

Multi-Sourcing-Systeme speziell für juristische Fragestellungen sind noch in den Anfängen. Für angrenzende Bereiche, namentlich für die Zusammenstellung von Nachrichten zu bestimmten, für Kanzleien oder Rechtsabteilungen relevanten Themen, gibt es sie aber bereits heute. So kann beispielsweise *Vable*, das von einigen großen Wirtschaftskanzleien, aber auch von Unternehmen genutzt wird, themenspezifische

Nachrichtenbeiträge aus tausenden von online zugänglichen Quellen heraussuchen. Die Plattform erkennt mittels Künsticher Intelligenz, ob ein Beitrag ein bestimmtes Thema adressiert oder nicht.

Der Vorteil einer Entkopplung der technischen Entwicklung von Legal Robots von der Generierung des Datenbestand liegt darin, dass sich das technische Können verschiedener Legal Robots umso besser vergleichen lässt, je weniger Unterschiede und Einschränkungen es bei der Qualität der genutzten Daten gibt.

3.2.3 Datensammlungen für Legal Robots

Eine Art Gegenpol zur Multi-Sourcing-Fähigkeit eines Legal Robot bildet die groß angelegte Datensammlung durch darauf spezialisierte Unternehmen. Zwar ist es, soweit ersichtlich, noch Zukunftsmusik, das juristische Frage-Antwort-Paare oder sonstige juristische Informationen zur Nutzung durch Legal Robots gehandelt werden. Dass künftig ein solcher Markt entsteht, ist aber nicht ausgeschlossen. Nicht ausgeschlossen ist auch, dass die großen Internetkonzerne oder Verlage eines Tages einen Bestand an juristisch relevanten maschinenlesbaren Daten aufbauen.

Denkbar wäre es aber auch, dass juristische Datenbestände als Open Source zur Verfügung gestellt werden. Das könnte ein Bestandteil einer sogenannten Common Legal Platform sein (dazu Abschn. 2.1.8). Dabei könnte es sich um einen zentralen Datenbestand handeln, oder um einen Standard, der gewährleistet, dass jeder für die von ihm eingesetzten Legal Robots auf den – dann dezentralen – Datenbestand zugreifen und die Daten nutzen kann. In letzterem Fall handelt es sich zwar um verschiedene Datenquellen. Diese sind aber so vereinheitlicht, dass sie technisch weitgehend wie eine Datensammlung behandelt werden können.

Auch wenn Kollaboration (dazu Abschn. 6.1) im juristischen Bereich noch nicht im selben Umfang wie in herkömmlichen Industrien Einzug gehalten hat, so gibt es durchaus Anzeichen dafür, dass ein Teilen des juristischen Daten- und damit Wissensbestands keine unrealistische Utopie ist. So stellen viele Anwälte internationaler Wirtschaftskanzleien Vertragsmuster, Checklisten und sonstige Dokumente *Thomson Reuters Practical Law* zur Verfügung, das wiederum von vielen internationalen Kanzleien und Rechtsabteilungen genutzt wird.

3.3 Einsatzbereiche von Legal Robots

Nach gegenwärtigem Stand sind Legal Robots als Rechtsgeneratoren, außerhalb der eingangs (unter Abschn. 3.1.1) beschriebenen zahlengetriebenen Bereiche, dort interessant, wo es eine so große Zahl gesetzlicher oder gerichtlicher Einzelfallentscheidungen bzw. so viele denkbare Sachverhaltskonstellationen gibt, dass es sehr aufwendig wäre, alle Verknüpfungen zwischen den möglichen Antworten auf Sachverhaltsfragen und der rechtlichen Bewertung vorab herzustellen. Das ist etwa im Steuerrecht der Fall, wenn es beispielsweise darum geht, ob eine Ausgabe steuerlich absetzbar ist, also die Bemessungsgrundlage reduziert, oder nicht.

Im Beispiel von *Siemens* (unter Abschn. 3.1.7) soll *Watson* in einem ersten Schritt lediglich erkennen, welche Steuerart eine Frage betrifft, später dann vorhandene Antworten zu vergleichbaren Fragen heraussuchen und langfristig einfache Steuerfragen selbst beantworten (Behlau und Bender 2017, S. 12). Jedenfalls in der zuletzt genannten Stufe würde das System dann zum echten Legal Robot.

Für die automatisierte Dokumentenerstellung können Legal Robots nur Bedeutung erlangen, soweit eine Rechts- bzw. Sachverhaltsfrage vorgeschaltet ist und sich aus dieser die Entscheidung für einen bestimmten Text ergibt, oder wenn es darum geht, dem Nutzer hierzu sinnvolle Textvorschläge zu machen. Legal Robots wären in diesem Zusammenhang gerade für die Erstellung komplexer Vertragsentwürfe interessant. Gerade bei komplexen Verträgen sind aber mit den Rechtsfragen vielfach auch kommerzielle, strategische oder emotionale Entscheidungen verknüpft. Daher dürfte es vorerst schwierig sein, die Erstellung der entsprechenden Entwürfe vollständig einem Legal Robot zu überlassen. Vielmehr wird es hier bis auf Weiteres praktikabler sein, allein mit Klausel-Bibliotheken und gegebenenfalls Vorverknüpfungen zu arbeiten. Für die Generierung einfacherer und damit zumeist leicht standardisierbarer Vertragsentwürfe genügen zumeist vorverknüpfte Texte.

Erfolgreiche Legal Robots wird es in absehbarer Zeit vor allem dergestalt geben, dass auf historische Frage-Antwort-Paare zurückgegriffen wird und der Legal Robot auf dieser Grundlage erneut gestellte Rechtsfragen durch Reproduktion des vorhandenen Wissens beantwortet (dazu unter Abschn. 3.2.1). Ebenso könnte es Erfolg versprechende Legal Robots dort geben, wo es darum geht, Verträge zu prüfen und gegebenenfalls auch auszuhandeln und dabei historische Prüfungs- und Verhandlungsmuster zu reproduzieren. Insbesondere die automatisierte Vertragsverhandlung zwischen Mensch und Maschine sowie zwischen zwei Maschinen ist einer der Bereiche, wo Legal Robots mittelfristig erfolgreich zum Einsatz kommen könnten.

3.4 Veränderungspotenzial

Einerseits können Legal Robots längerfristig menschliche Kollegen hinsichtlich einfacher juristischer Aufgaben und hinsichtlich solcher Aufgaben, die keinen menschlichen Erfahrungsschatz erfordern, ersetzen. Der Umstand, dass der Legal Robot gefüttert und trainiert werden muss, lässt andererseits neue Arbeitsschritte entstehen. Legal Robots haben damit das Potenzial, den übergeordneten Ablauf der juristischen Tätigkeit sehr weitgehend zu verändern. Allerdings steckt der Bereich noch in einer frühen Phase.

Legal Robots werden aber wohl auch mittel- und langfristig nur einzelne Anwälte ersetzen. Insoweit werden wahrscheinlich künftig Legal Robots in Wirtschaftskanzleien zwar kein Team von Rechtsanwälten vollständig ersetzen, jedoch einzelne Teams ergänzen. Die menschlichen Team-Kollegen würden dabei vermutlich weiterhin – gegebenenfalls neben den geschilderten neuen Arbeitsschritten – ihre Arbeit der Grundstruktur nach so erledigen wie bisher.

Vollständig ersetzen können Legal Robots Menschen auf absehbare Zeit indessen nur dort, wo vereinzelte Fehler tolerierbar sind oder von menschlichen Team-Mitgliedern korrigiert werden können. Denn nach heutigem Kenntnisstand, wird auch ein Legal Robot niemals Dinge und Zusammenhänge so bewusst verstehen können wie ein Mensch. Es ist jedenfalls bislang nicht zu erkennen, dass es einmal gelingen könnte, den für eine komplexere Subsumtion nötigen Wissens- und Erfahrungsschatz sowie das Gerechtigkeits- bzw. Rechtsempfinden in IT-Systemen abzubilden (Fiedler und Grupp 2017, S. 1076).

Wo allerdings der Legal Robot nicht deduktiv arbeitet, also nicht die Lösung aus allgemeinen Regeln ableitet, sondern allein auf historischen Daten und Mustererkennung basiert, kann er durchaus recht schnell zum „Game Changer" werden (vgl. Friedmann 2018, S. 272 f.). Geschäftsmodelle wie beispielsweise das hinter *Prime Legal* (dazu unter Abschn. 3.2.1) könnten den Rechtsmarkt erheblich verändern. Ob das dazu führt, dass der Rechtsmarkt insgesamt wächst, weil neue Mandantengruppen erschlossen werden, die bislang den Gang zum Anwalt aus Kostengründen gescheut haben, oder ob der Verteilungskampf zwischen den Anwälten zunimmt, lässt sich allerdings gegenwärtig schwer vorhersagen. Unfraglich dürfte sein, dass auch Geschäftsmodelle, die auf historischen Daten basieren, darauf angewiesen sind, dass stets neue Datensätze entstehen. Jede Rechtsfrage muss nämlich zumindest einmal beantwortet sein, bevor ein datenbasierter Legal Robot die Antwort reproduzieren kann.

In den Kategorien von *Goodenough* (siehe Abschn. 1.3.2) wird man Legal Robots im Ergebnis als Element von Legal Tech 3.0 einzuordnen haben (vgl. Goodenough 2015). Die maximal denkbare Verdrängung des Menschen aus der herkömmlichen juristischen Tätigkeit würden Legal Robots übrigens dann bewirken, wenn sie in Kombination mit Smart Contracts (dazu unter Abschn. 2.2.4.5) und Computable Law (dazu unter Abschn. 4.5.1) genutzt werden.

Literatur

Arute, F., et al. (2019). Quantum supremacy using a programmable superconducting processor. *Nature, 2019,* 505–510. https://www.nature.com/articles/s41586-019-1666-5. Zugegriffen: 17. Febr. 2020.

Behlau, C., & Bender, R. (2017). Die nächste Generation. *JUVE Steuermarkt, 2017*(4), 8–17.
Burr, M. (2018). Die Entwicklung von Legal Robots am Beispiel der grunderwerbsteuerlichen Konzernklausel. *BB, 2018*, 476–483.
Döbel, I., et al. (2018). *Maschinelles Lernen – Kompetenzen, Anwendungen und Forschungsbedarf.* Fraunhofer-Gesellschaft (Hrsg.), München. https://www.bigdata.fraunhofer.de/content/dam/bigdata/de/documents/Publikationen/BMBF_Fraunhofer_ML-Ergebnisbericht_Gesamt.pdf. Zugegriffen: 17. Febr. 2020.
Fiedler, B., & Grupp, M. (2017). Legal Technologies: Digitalisierungsstrategien für Rechtsabteilungen und Wirtschaftskanzleien. *DB, 2017*, 1071–1076.
Frese, Y. (2015). Recht im zweiten Maschinenzeitalter. *NJW, 2015*, 2090–2092.
Friedmann, M. (2018). Die Zukunft der Rechtsberatung. In S. Breidenbach & F. Glatz (Hrsg.), *Rechtshandbuch Legal Tech* (S. 271–273). München: C. H. Beck.
Goodenough, O. (2015). Legal technology 3.0. *Huffington Post v. 2. April 2015*. http://www.huffingtonpost.com/oliver-r-goodenough/legal-technology-30_b_6603658.html. Zugegriffen: 17. Febr. 2020.
Goodfellow, I., Bengio, Y., & Courville, A. (2016). *Deep learning*. Cambridge: MIT Press. http://www.deeplearningbook.org. Zugegriffen: 17. Febr. 2020.
Hecker, D., et al. (2017). *Zukunftsmarkt Künstliche Intelligenz – Potentiale und Anwendungen.* Fraunhofer-Allianz Big Data (Hrsg.), Sankt Augustin. https://www.iais.fraunhofer.de/content/dam/bigdata/de/documents/Publikationen/KI-Potenzialanalyse_2017.pdf. Zugegriffen: 17. Febr. 2020.
Larenz, K. (1991). *Methodenlehre der Rechtswissenschaft* (6. Aufl.). Berlin: Springer.
McCarthy, J., Minsky, M., Rochester, N., & Shannon, C. (1955). A proposal for the Dartmouth Summer Research Project on Artificial Intelligence. *AI Magazine, 27*(4), 12–14.
Pei, J., et al. (2019). Towards artificial general intelligence with hybrid Tianjic chip architecture. *Nature, 2019*, 106–111.
Rich, E., & Knight, K. (1991). *Artificial intelligence*. New York: McGraw-Hill.
Wagner, J. (2017). Legal Tech und Legal Robots in Unternehmen und den diese beratenden Kanzleien – Teil 1: Einsatzbereiche und praktische Folgen. *BB, 2017*, 898–905.

Auswirkungen von Legal Tech 4

Legal-Tech-Anwendungen ermöglichen erhebliche Effizienzsteigerungen sowohl im Umfeld der juristischen Tätigkeit (bei den Hilfsfunktionen) als auch zunehmend im Kernbereich der juristischen Tätigkeit, und zwar insbesondere dort, wo es um relativ einfache repetitive Arbeitsschritte geht. (Eine umfassende Darstellung der Auswirkungen, einschließlich der internationalen Perspektive, bietet das Sammelwerk *Liquid Legal* von Jacob et al. 2017.)

4.1 Allgemeine Auswirkungen

4.1.1 Zugang zum Recht

Eine der gesellschaftlich wichtigsten Auswirkungen von Legal Tech ist der einfachere Zugang zum Recht (Friedmann 2017, S. 44). Zum einen erleichtern Anwaltsportale und Marktplätze dem Verbraucher, aber auch kleinen und mittleren Unternehmen die Auswahl und den Kontakt zum Anwalt und gewährleisten darüber hinaus häufig auch eine gewisse Kostenkontrolle. Zum anderen macht die technische Möglichkeit, Massen gleich gelagerter Fälle mit einem sehr geringen Aufwand je einzelnem Fall abzuwickeln, das Angebot von Rechtsdienstleistungen im Bereich vermeintlicher Bagatellfälle wirtschaftlich, in denen zuvor Aufwand bzw. Kostenrisiko und Nutzen außer Verhältnis standen. Paradebeispiel sind die Portale, die die Prüfung und Verfolgung von Entschädigungsansprüchen für Flug- oder Zugverspätungen anbieten (Übersicht zu Legal Tech im Verbraucherrecht bei Ditscheid 2017, S. 684).

J. Wagner, *Legal Tech und Legal Robots,* https://doi.org/10.1007/978-3-658-28555-5_4

4.1.2 Unbundling

Für den Rechtsmarkt selbst ist das sogenannte Unbundling die wichtigste Auswirkung: Auch bei juristischen Dienstleistungen gibt es eine Wertschöpfungskette. Legal Tech bricht diese **juristische Wertschöpfungskette** auf. So kann etwa im Rahmen der anwaltlichen Beratung einer komplexen M&A-Transaktion die Due Diligence mittels eines Document-Retrieval-Systems durchgeführt werden, das dabei möglicherweise nicht unmittelbar von der beratenden Kanzlei selbst, sondern einem LPO-Anbieter genutzt wird. Im Vollzug der Transaktion können Closing-Dokumente automatisiert erstellt werden, möglicherweise auf einem Cloud-basierten System, das ein Legal-Tech-Unternehmen der Kanzlei auf seinen eigenen Rechnern zur Verfügung stellt. Es kommt also zu arbeitsteiligen Prozessen, die sich über die Grenze der beratenden Kanzlei hinaus auch auf weitere Dienstleister erstrecken können.

Selbst bei weniger komplexen Rechtsdienstleistungen kann es zu einer Aufteilung des Produktionsprozesses kommen. Beispielsweise wenn Verbraucher die Portale zur Prüfung und Verfolgung von Entschädigungsansprüchen bei Flug- oder Zugverspätungen oder auf Verbraucher ausgerichtete Marktplätze nutzen: Der Verbraucher beauftragt dabei, wenn er den Anspruch nicht an den Portal-Anbieter abtritt, über das Portal einen Vertragsanwalt des Portal-Anbieters. Vielfach nutzt dann dieser Vertragsanwalt für den Großteil seiner Fallbearbeitung die ihm vom Portal-Anbieter zur Verfügung gestellten Workflow-Management-Systeme, Rechtsgeneratoren und Systeme zur automatisierten Dokumentenerstellung. Es entsteht eine **digitale Fertigungsstraße** (Breidenbach 2017, S. 28 f.).

4.1.3 Standardisierung

Außerdem zwingt Legal Tech Kanzleien genauso wie Unternehmen dazu, die internen Abläufe und Prozesse zu definieren, zu formalisieren und zu standardisieren, weil das die Voraussetzung für die gewinn- bzw. effizienzbringende Nutzung der Legal-Tech-Anwendungen ist (Fiedler und Grupp 2017, S. 1085). Aus demselben Grund fördert Legal Tech die Spezialisierung, zwecks Akquise möglichst vieler gleich gelagerter Fälle.

Legal Tech kann darüber hinaus sogar Auswirkungen auf die rechtlichen Inhalte von Verträgen und anderen rechtlichen Dokumenten haben. Effizienzsteigerungen bei der Erstellung und Verwaltung von Verträgen rechtfertigen unter Umständen den Verzicht auf das detaillierte Ausverhandeln von solchen Klauseln, die am Ende ohnedies nur in seltenen Ausnahmesituationen zur Anwendung gelangen würden.

Insbesondere im Bereich der Smart Contracts könnten technisch praktikable Regelungen gegenüber einer im Einzelfall gerechten, aber womöglich zu ausdifferenzierten Lösung vorzugswürdig sein. Am Ende könnte sogar der Gesetzgeber der Nutzung digitaler Technologien bei Anwendung der von ihm erlassenen Normen Rechnung tragen (dazu unter Abschn. 4.5).

Vorangetrieben wird die Idee der Standardisierung vor allem von Unternehmensjuristen. Die im Verhältnis zu dem wachsenden Berg an Aufgaben immer geringer werdenden Budgets zwingen die Rechtsabteilungen dazu, genau zu prüfen, wo maßgeschneiderte rechtliche Lösungen notwendig sind und wo standardisierte Inhalte genügen oder sogar Vorteile bringen, weil auch die sich aus ihnen ergebenden Folgefragen effizienter bearbeitet werden können.

4.1.4 Ausbildung

Legal Tech hat ferner Folgen für die Ausbildung von Juristen. In den USA widmen sich mittlerweile rund 20 Law Schools und Universitäten vertieft diesem Themenfeld (Mattig und Kuhlmann 2017). Der Ausbildungsbereich hat dort längst darauf reagiert, dass für angehende Juristen ein gewisses Maß an **IT-Kenntnissen** in vielen ihrer späteren Tätigkeitsbereiche unabdingbar sein wird. In Deutschland werden hingegen nur an einzelnen Universitäten Lehrveranstaltungen zum Thema Legal Tech angeboten. Zu den Pionieren gehören die *Bucerius Law School* in Hamburg und die Universität Hamburg, die Universität Münster, die *Europa-Universität Viadrina* in Frankfurt an der Oder sowie die *LMU* in München (Mattig und Kuhlmann 2017). Umfangreichere Lehrveranstaltungen zum Thema Legal Tech gab es zuletzt aber auch an den Universitäten in Berlin *(Humboldt Universität)*, Erlangen, Frankfurt am Main und Heidelberg. Davon, fester Ausbildungsbestandteil zu sein, ist Legal Tech hierzulande jedoch noch sehr weit entfernt. Vonseiten der Studierenden wird dies allerdings zunehmend eingefordert, was sich nicht zuletzt an der Entstehung mehrerer studentischer Initiativen zeigt, die sich der Stärkung des Themas Legal Tech in der Juristenausbildung verschrieben haben (dazu unter Abschn. 6.2.5). Dabei könnte Legal Tech vor allem eine Chance sein, Grundlagenthemen, die in den vergangenen Jahrzehnten in den Hintergrund gerückt sind, namentlich die juristische Methodenlehre, aber auch die Rechtsethik, wieder stärker in den Fokus zu rücken.

International gibt es einzelne Vorzeigeuniversitäten in Sachen Legal Tech. Die *Ulster University* im nordirischen Belfast gehört dazu. Dort gibt es seit 2017 ein Legal Innovation Center, an dem man etwa einen LL.M. im Bereich Legal Tech erwerben kann. In Spanien bietet das *Instituto de Empresa (IE University)* einen Master in Legal Tech an. In den USA sticht besonders die Universität Stanford mit *CodeX* hervor (dazu ebenfalls unter Abschn. 6.2.5). Als erste deutsche Universität bietet die Universität Regensburg seit 2020 einen LL.M. in Legal Tech an.

4.2 Auswirkungen auf Kanzleien

4.2.1 Status quo und Perspektive

Die Kanzleienlandschaft ist vielfältig. Die Kanzleien unterscheiden sich vor allem in Größe und Spezialisierungsgrad. Der Status quo und die Perspektive der Kanzleien in Bezug auf Legal Tech sind dementsprechend uneinheitlich – das gilt für die Frage, welchen

Einfluss die Nutzung von Legal Tech durch andere auf die eigene Kanzlei hat, als auch für die Frage, welche Möglichkeiten, Auswirkungen und Grenzen der Einsatz von Legal Tech durch die eigene Kanzlei hat. Nachfolgend soll der Schwerpunkt auf den die Unternehmen beratenden Wirtschaftskanzleien liegen.

Aus der Perspektive dieser Kanzleien ist Legal Tech in erster Linie ein Instrument, um den Erwartungen des Mandanten an eine kosteneffiziente Dienstleistung gerecht zu werden (zur Strategieentwicklung Halbleib 2018, S. 31 ff.). Legal Tech unterstützt die Kanzleien dabei, dem von *Richard Susskind* (2013) formulierten **„More-for-Less"-Phänomen** gerecht zu werden, also der Erwartung der Mandanten, von ihrer Kanzlei mehr Leistungen für weniger Geld zu erhalten. Daneben verspricht der Einsatz von Legal Tech Qualitätssicherung und -steigerung. Das hat mehrere Gründe:

- Maschinen unterlaufen per se keine menschlichen Fehler.
- Maschinen können in kurzer Zeit mehr Daten einbeziehen, als ein Mensch je wird berücksichtigen können.
- Je mehr Arbeit die Maschine übernimmt, desto mehr Zeit bleibt dem Anwalt, sich auf die juristisch anspruchsvollen und vor allem auf die strategischen Fragen zu konzentrieren.
- Außerdem zwingt Legal Tech dazu, sich mit den kanzleiinternen, aber auch mit den mandantenseitigen Arbeitsabläufen und Prozessen zu befassen.

In der Diskussion über Legal Tech steht gegenwärtig der Effizienzgewinn und mithin der Kostengesichtspunkt noch klar im Vordergrund. Die Wirtschaftskanzleien können, um auf den Effizienz- und Kostendruck seitens der Mandanten zu reagieren, im Grundsatz zwei Wege einschlagen:

- Sie können versuchen, sich aus den stärker standardisierten und unter Kostendruck geratenen Bereichen (Low-End-Geschäft) zurückzuziehen und sich auf solche Bereiche zu konzentrieren, in denen es aufgrund einer hohen Bedeutung der Beratung für den Mandanten, eines hohen Anspruchs an die Qualität der Beratung und eines geringen Wettbewerbs keinen gesteigerten Kostendruck gibt (High-End-Geschäft). Das kann mit einem Schrumpfen des Geschäfts und der Kanzlei verbunden sein. Daraus folgt auch, dass die Mandantenbindung im Hinblick auf die Zahl der Kontaktpunkte geringer wird. Auch können für Mandanten wichtige Einblicke in den Markt verloren gehen.
- Alternativ können die Kanzleien neben dem High-End-Geschäft auch das Low-End-Geschäft beibehalten und mittels Legal Tech und anderer neuerer Gestaltungen bei der Erbringung ihrer Dienstleistung versuchen die Profitabilität auch im Low-End-Geschäft aufrechtzuerhalten – oder sich sogar neues, in der Vergangenheit (noch) nicht als profitabel angesehenes Low-End-Geschäft zu erschließen.

Einzelne große Wirtschaftskanzleien haben sich insoweit bereits klar positioniert: Ziel ist es, Kosteneffizienz und Qualität zusammenzuführen und dazu verschiedene Gestaltungen bei der Erbringung der Dienstleistung bzw. neuartige Dienstleistungen unter einer **Marke** anzubieten, die Mandanten mit dem Versprechen von einheitlicher Qualität und umfassendem Service an sich bindet (vgl. Hartung M 2015).

Soweit Kanzleien dabei auf Legal Tech setzen, werden die juristischen Fähigkeiten und Erfahrungen entscheidend, die beim Programmieren zum Einsatz kommen (Fries 2016, S. 2862 f.), oder aber bei der Nutzung der verschiedenen Legal-Tech-Lösungen. Es bedarf also Mitarbeitern, die auf die eine oder andere Weise juristische und technische Kenntnisse und Fähigkeiten miteinander verbinden können.

Vor allem im stark regulierten Finanz- und Kapitalmarktbereich kann die Leistung der Kanzleien heute schon über die reine Rechtsberatung und die Erstellung von Transaktionsdokumenten hinausgehen. In diesen Bereich gibt es zunehmend Herausforderungen, die ohne Legal Tech kaum noch zu bewältigen sind. So finden sich im Bereich des Kapitalmarktrechts aufsichtsrechtliche Vorgaben, deren Umsetzung sich etwa im Massengeschäft einer Bank ohne technische Unterstützung nicht mehr ohne weiteres bewerkstelligen lässt. Hier sind die Kanzleien durchaus gefragt, spezifische Legal-Tech-Lösungen zu entwickeln, denn für Legal-Tech-Unternehmen sind diese Lösungen meist zu speziell.

Hinzu kommt als weitere potenzielle Aufgabe für Kanzleien die Unterstützung der Rechtsabteilung, soweit das „Befüllen“ und Trainieren eines Systems nicht durch dessen Hersteller erfolgt oder soweit dieser dabei rechtlichen Input seitens der Gesellschaft und deren Berater benötigt.

Außerdem ist Legal Tech zu einem eigenen Beratungsgegenstand geworden. Die Fragen, die sich mit der Einführung oder Nutzung von Legal Tech stellen, können komplexer Natur sein und sind nicht selten auch strategisch bedeutsam. Die internationalen Wirtschaftskanzleien sind neben der reinen Rechtsberatung längst auch in der Beratung zu Schnittstellenthemen sowie in den Bereichen Legal Resourcing und Managed Services aktiv. Diese beginnende Diversifikation ist Ausdruck einer allgemeinen Entwicklung dahin, dass die herkömmliche, klar definierte Aufgabenverteilung zwischen den Akteuren im Rechtsmarkt, d. h. Rechtsabteilungen, Kanzleien, LPO-Anbietern, Personalvermittlern und Strategieberatern, zunehmend verloren geht und sich die Grenzen zwischen den Akteuren verwischen (Brayne 2019, S. 9 ff.). Vor diesem Hintergrund fügt sich heute Legal Tech als eigener Beratungsgegenstand nahtlos in das Angebotsportfolio sich stärker diversifizierender Kanzleien ein. Daneben stellen sich rund um das Thema Legal Tech Fragen zu Datenschutz, geistigem Eigentum, aber auch zu Haftungsthemen, einschließlich der Haftung bzw. Enthaftung der Geschäftsleiter (zu alldem nachfolgend unter Kap. 5). Im Zusammenhang mit diesen Fragen ist dann wieder die klassische Rechtsberatung gefordert.

4.2.2 Verhältnis zu Legal-Tech-Unternehmen

Nicht wenige Hersteller von Legal-Tech-Produkten haben sich auf Kanzleien als Kunden fokussiert. Zudem sind einige Kanzleien mit Legal-Tech-Unternehmen – zumeist projektbezogen – **Kooperationen** eingegangen. Einzelne, wie *Allen & Overy* mit *Fuse*, haben Kollaborationsräume für Legal Tech Start-ups geschaffen, oder sie haben, wie *Dentons* mit *Nextlaw Lab* und *Nextlaw Ventures*, Innovationslabore oder Wagniskapitalgebergesellschaften gegründet. Dabei werden jeweils zwei Ziele verfolgt: Zum einen geht es darum, den Einsatz von Legal Tech im Kanzleiumfeld zu beschleunigen. Zum anderen können derartige Initiativen aber auch dazu dienen, für Mandanten geeignete Legal-Tech-Lösungen frühzeitig zu erkennen oder sogar selbst zu entwickeln und hierüber die Beziehungen zu den Mandanten zu vertiefen.

Andererseits treten ein Teil der Legal-Tech-Unternehmen sowie LPO-Anbieter, die mit Legal-Tech-Unterstützung arbeiten, zu den Kanzleien in **Konkurrenz.** Für den Mandant stellt sich beispielsweise die Frage, ob er für eine E-Discovery (dazu unter Abschn. 2.3.1) eine Kanzlei oder einen hierauf spezialisierten E-Discovery-Anbieter beauftragt. Selbst wenn das Mandat im Grundsatz in der Kanzlei bleibt, bildet Legal Tech eine Konkurrenz zur klassischen Rechtsberatung. So stellt sich beispielsweise für den Mandanten bei einem Unternehmenskauf die Frage, ob die von ihm mit der Due-Diligence-Prüfung mandatierte Kanzlei diese Prüfung allein mithilfe ihrer Anwälte, oder aber unter Nutzung eines Information-Retrieval-Systems durchführen soll. Letzteres hat für die Kanzlei zur Folge, dass sie für die Due-Diligence-Prüfung weniger Anwälte zum Einsatz bringen und damit auch weniger Zeit abrechnen kann.

Ferner kann Legal Tech in Form von Cloud-basierten Information-Retrieval- und Dokumentenanalyse-Systemen die Position der Wirtschaftskanzleien schwächen. Je mehr Unternehmensdaten auf den Rechnern der Legal-Tech-Unternehmen liegen, umso mehr können diese den Unternehmen darauf bezogene Produkte anbieten und auf diese Weise die weniger komplexen juristischen Arbeitsschritte übernehmen.

4.2.3 Zusammenarbeit zwischen Kanzleien und Unternehmen

Dort wo Legal Tech im Unternehmensbereich zur Anwendung kommt, werden die Wirtschaftskanzleien nicht nur etwaige **Schnittstellen** bedienen, sondern sie können im Idealfall auch beim Aufbau der Prozesse beraten. Kanzleien können den Unternehmen und deren Rechtsabteilungen darüber hinaus das Management juristischer Prozesse abnehmen, aber auch verschiedene alternative Anbieter koordinieren (Hartung D 2017, S. 95). Zudem werden Wirtschaftskanzleien, insbesondere in Sondersituationen wie außergewöhnlichen M&A-Transaktionen, vermehrt zum transaktionsbegleitenden Einsatz von Legal Tech beraten und diesen als Teil des **Transaktions-Managements** mitbetreuen.

So wie Wirtschaftskanzleien bislang bei komplexen rechtlichen Sachverhalten beraten haben, so können sie künftig die Unternehmen auch bei der Nutzung von Legal-Tech-Anwendungen unterstützen. So gehört es womöglich bald schon zur Normalität, dass ein Unternehmen eine Wirtschaftskanzlei damit mandatiert, die Inhalte eines Systems zur automatisierten Dokumentenerstellung an neue Gesetze oder Rechtsprechung anzupassen. Auch dürfte es in Zukunft häufiger vorkommen, dass Wirtschaftskanzleien Unternehmen bei der Entwicklung solcher Legal-Tech-Anwendungen unterstützen, die zu speziell sind, als dass sie von Legal-Tech-Firmen im Alleingang entwickelt werden könnten.

Die zunehmende Digitalisierung dürfte außerdem dazu führen, dass Kanzleien den Rechtsabteilungen Zugang zu kanzleiinternem Know-how gewähren – ein Trend, der längst begonnen hat. Umgekehrt ist dies ebenfalls denkbar: Der externe Rechtsanwalt sucht sich die notwendigen Sachverhaltsinformationen in den Daten des Unternehmens selbstständig heraus. Die gemeinsame Bearbeitung von Dokumenten ist heute schon möglich.

Legal Tech führt auf beiden Seiten, bei Unternehmen und Kanzleien, dazu, dass Prozesse stärker in den Vordergrund treten. Es wird immer wichtiger, dass die Kanzlei, wenn sie ein Unternehmen berät, auch dessen Prozesse im Blick hat – so, wie die Rechtsabteilung schon heute die operativen und sonstigen Prozesse im Unternehmen berücksichtigen muss. Zukünftig werden dadurch die Schnittstellen zwischen dem Unternehmen bzw. dessen Rechtsabteilung und der beratenden Kanzlei vielfältiger und die Zusammenarbeit von einem höheren **Integrationsniveau** geprägt sein.

Einfachere Standardaufgaben werden die Unternehmen aufgrund von Legal Tech in größerem Umfang als bisher selbst erledigen können oder von Legal-Tech-Firmen erledigen lassen. Dadurch wird sich die traditionelle Beratungsleistung der Wirtschaftskanzleien stärker in Richtung einer strategischen Beratung verschieben.

4.2.4 Vergütungsmodell, Kanzleifinanzierung und -struktur

Durch Legal Tech wird das herkömmliche Vergütungsmodell der Wirtschaftskanzleien, also die Abrechnung auf Basis von Zeiteinheiten (sogenannte **Billable Hours**), infrage gestellt. Das gilt insbesondere, wenn Legal Tech nicht offen, sondern rein intern eingesetzt wird. Beim offenen Einsatz ist es die Entscheidung des Mandanten, dass Legal Tech genutzt werden soll, beispielsweise ein Information-Retrieval-System im Rahmen der Due Diligence. Der Mandant übernimmt in diesem Fall auch die dadurch anfallenden Kosten. Beim rein internen Einsatz entscheidet die Kanzlei, ob sie das Beratungsprodukt mittels Legal-Tech-Unterstützung erstellt oder nicht. Allerdings funktioniert dann das herkömmliche Vergütungsmodell insoweit nicht mehr. Einerseits fallen durch den Einsatz von Legal Tech weniger Billable Hours an, die dem Mandanten in Rechnung gestellt werden können. Andererseits muss die Kanzlei in das genutzte System bzw. die genutzte Anwendung investieren (vgl. Halbleib 2018, S. 39 ff.). Das Vergütungsmodell kann dem nur sinnvoll Rechnung tragen, wenn es sich zumindest partiell in Richtung Festpreise entwickelt. Umgekehrt ist aber die Effizienzsteigerung durch Legal Tech zugleich auch ein wichtiger Baustein, um ohne Verringerung der Profitabilität von einem auf Zeiteinheiten basierenden Vergütungsmodell zu einem Vergütungsmodell auf Basis von Festpreisen zu gelangen, welches von den Mandanten völlig unabhängig vom Einsatz von

Legal Tech häufiger eingefordert wird. Allerdings ist die Diskussion über Festpreise schon über ein Jahrzehnt alt. Bislang haben sich Festpreise nicht so durchsetzen können, wie das anfangs erwartet wurde. Das liegt auch daran, dass Unternehmen bei der Mandatierung einer Kanzlei zwar ihr Risiko nach oben durch ein sogenanntes Cap begrenzen möchten, indessen aber nicht bereit sind, das Risiko einzugehen, dass der Festpreis am Ende höher liegt als der Betrag, der sich bei stundenbasierter Abrechnung ergeben hätte. Diese Zurückhaltung gegenüber Festpreisen macht es den Kanzleien nicht einfach, vernünftige Abrechnungsmodelle für den kanzleiinternen Einsatz von Legal Tech zu entwickeln.

Der Umstand, dass Kanzleien gezwungen sein werden, Investitionen in Legal Tech zu tätigen, hat ferner Auswirkungen auf die Kanzleifinanzierung. Diese ist heute zuvorderst auf den kurzfristigen Mittelbedarf für den laufenden Betrieb bezogen. Künftig wird sich die Finanzierung stärker in Richtung **Investitionsfinanzierung** verschieben. Dadurch könnte es erforderlich werden, Kapital bei Dritten längerfristig aufzunehmen, und zwar gegebenenfalls auch in Form von Eigenkapital. Hierfür bestehen derzeit noch berufsrechtliche Hürden. Die Diskussion über deren Abbau wird hierzulande, insbesondere nach Veröffentlichung des Eckpunktepapiers des Bundesministeriums der Justiz und für Verbraucherschutz für eine Neuregelung des Berufsrechts der anwaltlichen Berufsausübungsgesellschaften vom 27.08.2019 (dazu auch unter Abschn. 5.2), recht streitig geführt.

Wenn die eingesetzte Technik größere Bedeutung erlangt und Kanzleien so wie andere Unternehmen Investitionen tätigen müssen, treten die individuellen Anwälte in den Hintergrund. Die Anwaltspersönlichkeit wird zunehmend durch die Marke ersetzt. In der Folge lässt sich dann zumindest in Teilbereichen auch in Kanzleien Produktion und Vermarktung trennen.

Am Markt entstehen ferner – wenn auch bislang nur vereinzelt – Kanzleien neuen Typs, die sich gerne auch als „neue Generation“ von Kanzleien sehen und primär auf Legal Tech setzen. Dazu gehören etwa *Chevalier* und *Rightmart*, die eher im Bereich des Arbeits- bzw. Verbraucherrechts tätig sind, sowie *Yester & Morrow*, die im Bereich des Wirtschaftsrechts berät. Ob der Ansatz solcher Kanzleien tatsächlich ein völlig anderer ist als der, in dessen Richtung sich die großen Wirtschaftskanzleien bewegen, hängt vom Einzelfall ab. Je stärker sich aber Kanzleistrukturen hin zu Strukturen wandeln müssen, die denen klassischer Industrien ähneln, desto höher ist die Wahrscheinlichkeit, dass ganz neue „Player“ als Rechtsberater am Markt auftreten.

4.2.5 Veränderungsfähigkeit

In den vergangenen zwei Jahrzehnten war der Veränderungsdruck auf die Kanzleien trotz zweier großer Finanz- und Wirtschaftskrisen und des damit verbundenen zeitweisen Einbruchs des Beratungsgeschäfts relativ gering. Bestrebungen, mithilfe von Legal Tech kosteneffizienter zu arbeiten, haben sich bei der Masse der Kanzleien – auch bei der Mehrheit der internationalen Wirtschaftskanzleien – erst recht spät herausgebildet.

Der Grad der Veränderungsfähigkeit von Kanzleien wird außer durch das Maß des äußeren, d. h. mandantenseitigen Drucks vor allem durch die Struktur der Kanzleien geprägt (siehe Abb. 4.1). Kanzleien sind in der Regel als Partnerschaften organisiert. Dabei gibt es, was die Gewinnverteilung anbelangt, zwei mögliche Grundmodelle: zum einen das sogenannte „Eat-what-you-kill"-Modell, bei dem jeder Partner nach Abzug der Allgemeinkosten (Overhead-Kosten) den Gewinn erhält, den er mit seinen eigenen Mandaten erzielt hat, zum anderen das Lockstep-Modell, bei dem der von allen Partnern erzielte Gewinn nach Abzug der Allgemeinkosten in einen Topf kommt und an die Partner nach einem an die Seniorität anknüpfenden Punktesystem verteilt wird. Während das „Eat-what-you-kill"-Modell für den einzelnen Partner einen starken Anreiz zur Mandatsgewinnung schafft, fördert das Lockstep-Modell die Kollaboration. Auch wenn die wenigsten Kanzleien dem einen oder dem anderen Modell in Reinform folgen, so stehen die US-amerikanischen Kanzleien meist dem „Eat-what-you-kill"-Modell näher, während die englischen Kanzleien meist dem Lockstep-Modell näher stehen. Da das Lockstep-Modell die Kollaboration fördert, unterstützt es Veränderungsprozesse, insbesondere kanzleiinterne Digitalisierungsprozesse tendenziell stärker, als das „Eat-what-you-kill"-Modell, bei dem der Partner stärker auf seinen eigenen Vorteil bedacht ist.

Neben der Art und Weise der Gewinnverteilung unterscheiden sich Kanzleien auch durch die Stärke des Managements. Hier gibt es ebenfalls zwei unterschiedliche Grundmodelle: zum einen das der partnerschaftlichen Entscheidungsfindung, bei der sämtliche Partner bei allen die Kanzlei betreffenden Entscheidungen mitsprechen dürfen und das Kanzlei-Management (d. h. Managing Partner und operative Leitung) dementsprechend eine schwache Stellung hat, zum anderen die sogenannte Managed Firm, bei der das Kanzlei-Management weitreichende Entscheidungen treffen kann und im Extremfall sogar alleine über die Aufnahme und den Ausschluss von Partnern entscheidet. Letzteres macht es tendenziell leichter, auf Veränderungsnotwendigkeiten zu reagieren.

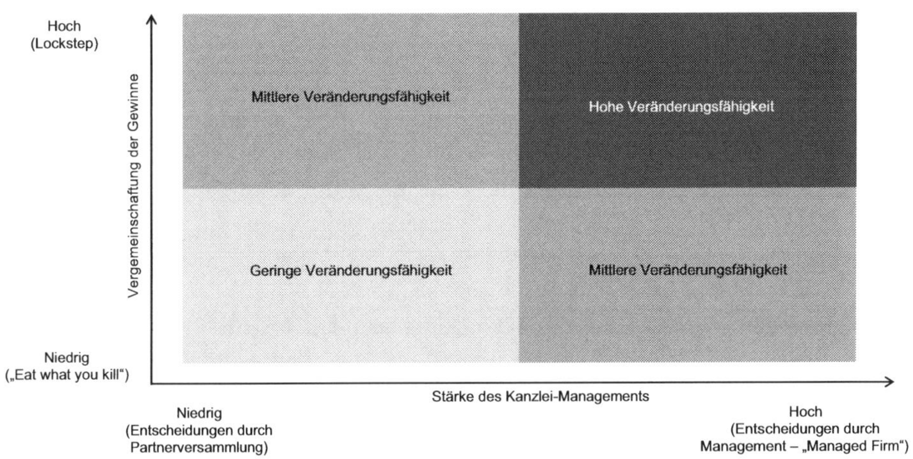

Abb. 4.1 Veränderungsfähigkeit von Kanzleien in Abhängigkeit von deren Struktur

Die wenigsten Kanzleien haben ein Management, das stark genug ist, um notwendige Veränderungen durchzusetzen, ohne zuvor die Mehrheit der Partner von der Veränderungsnotwendigkeit überzeugt zu haben. Eine Partnerschaft von einer Veränderungsnotwendigkeit zu überzeugen, ist jedoch mit der Herausforderung verbunden, dass sich diese Notwendigkeit nicht für alle Partner gleich darstellt, sondern in ihrer Intensität ganz individuell ist. Das Beratungsgeschäft der einzelnen Partner und vor allem die für die Partner maßgeblichen Zeithorizonte sind unterschiedlich. Jüngere Partner werden in der Regel Veränderungsbedarf in einem früheren Stadium einer Entwicklung erkennen als ältere Partner, die nur noch fünf oder weniger Berufsjahre vor sich haben. Veränderungsprozesse müssen im Ergebnis so ausgestaltet werden, dass sie die Mehrheit der Partner mit dem Versprechen eines individuellen Nutzens überzeugen oder sich zumindest gegenüber denjenigen, die einen solchen Nutzen nicht erkennen, als neutral darstellen. Bei Legal Tech ist man aus diesem Grund vielfach mit kleinen Schritten gestartet, deren finanzielle und strukturelle Auswirkungen gering waren. Im Vordergrund stand – und steht vielfach noch heute – zumeist die bloße Nutzung von Legal-Tech-Anwendungen, weniger dagegen eine daran anknüpfende Anpassung der Kanzleistruktur.

4.3 Auswirkungen auf die unternehmensinterne Rechtsabteilung

4.3.1 Status quo und Perspektive

Rechtsabteilungen stehen unter einem unternehmensinternen Kostendruck. Auch für sie gilt das „More-for-Less"-Phänomen in Form der Erwartung seitens der Geschäftsleitung, dass die Rechtsabteilung mehr leistet, aber weniger kostet. Diesen Kostendruck geben die Rechtsabteilungen an die von ihnen mandatierten Kanzleien weiter. Sie müssen ihm andererseits aber auch intern gerecht werden. Legal Tech ist für die Rechtsabteilungen ein Instrument, den unternehmensinternen Erwartungen an Kosteneffizienz Rechnung zu tragen.

Legal Tech kann aber auch ein Instrument sein, die Qualität, Innovationskraft und Wertschöpfung der Rechtsabteilung zu fördern (Steinbrecher 2018, S. 8). Das kann dadurch erfolgen, dass Legal Tech einfachere Aufgaben übernimmt und dadurch den Unternehmensjuristen den erforderlichen Freiraum schafft, um sich stärker den strategisch relevanten rechtlichen Fragestellungen des Unternehmens widmen zu können. Das kann aber auch dadurch erfolgen, dass Legal Tech einzelne Aufgaben schneller, zeitlich und kapazitätsmäßig flexibler sowie zuverlässiger ausführt als ein Mensch.

Rechtsabteilungen haben heute üblicherweise eine deutlich proaktivere Rolle als früher. Darüber hinaus müssen Unternehmensjuristen vielfach die Rolle des sogenannten **„Business Enabler"** annehmen (Jungo Brüngger 2017, S. 5), also desjenigen, der die Wahrnehmung einer Geschäftschance durch seinen Beitrag ermöglicht. Daraus ergibt sich die Notwendigkeit, im Unternehmen bereichsübergreifender zu arbeiten (Jungo Brüngger 2017, S. 6). Legal Tech ist hierbei ein Instrument, die Reichweite der Rechtsabteilung, deren Schlagkraft, aber vor allem deren Innovationsfähigkeit zu erhöhen.

Hinzu kommt die Hoffnung, dass Legal Tech eine stärker auch rechtlichen Gesichtspunkten Rechnung tragende Steuerung der Unternehmen ermöglicht. Dabei geht es um **Legal Risk Management,** aber auch darum, die Auswirkungen rechtlicher Themen besser zu verstehen und zu steuern. Das kann der Risikovermeidung dienen, aber ebenso das Ausnutzen von Chancen bzw. die Optimierung innerhalb eines gegebenen Rechtsrahmens beinhalten und geht insoweit über das bloße Legal Risk Management hinaus, hin zum schon mehrfach (etwa unter Abschn. 1.1.4) angesprochenen echten Legal Management.

Die verstärkte Nutzung von Legal Tech in der Rechtsabteilung kann im Ergebnis langfristig darauf hinaus laufen, dass sich die Unternehmensjuristen auf anspruchsvollere und strategische Fragen sowie auf künftige Entwicklungen fokussieren können.

4.3.2 Praktische Fragen beim Einsatz von Legal Tech

So unterschiedlich wie die Unternehmen sind, so verschieden sind auch die Strukturen und Arbeitsweisen ihrer Rechtsabteilungen. Die Einsatzmöglichkeiten für Legal Tech variieren deshalb von Unternehmen zu Unternehmen. Die Rechtsabteilungen müssen daher zunächst die eigenen Arbeitsprozesse erfassen und analysieren, und zwar sowohl die gegenwärtigen als auch die in der Zukunft schon absehbaren. Erst dann lässt sich beurteilen, inwieweit Legal-Tech-Anwendungen im konkreten Fall sinnvoll einsetzbar sind (umfassend zu Legal Tech in Rechtsabteilungen Quade 2018).

Vor diesem Hintergrund dürfte das Berufsbild **„Legal Operations"** an Bedeutung gewinnen, d. h. die Prozessunterstützung und -aufarbeitung für die Rechtsabteilung. Juristische Fähigkeiten müssen mit dem Verständnis technischer Prozesse, aber auch mit Managementkenntnissen verknüpft werden. Zu den Aufgaben des Legal Operations Managers gehört es, die Entscheidung über den Einsatz von Legal-Tech-Produkten zu treffen oder zumindest vorzubereiten und die digitalen Prozesse in der Rechtsabteilung aufzusetzen (Hartung D 2017, S. 94).

Teilweise wird erwartet, Legal Tech werde vor allem von den Rechtsabteilungen getrieben, weil für die Technologien große Investitionen notwendig seien und Unternehmen diese leichter finanzieren sowie hinsichtlich der Rentabilität langfristiger planen könnten (siehe etwa Bues 2017 sowie Hartung D 2017, S. 93 f.). Aber auch in Unternehmen werden Investitionen in Legal Tech regelmäßig vom Bestehen eines entsprechenden **„Business Case"** abhängen, und zudem müssen die IT-Lösungen für die Rechtsabteilung in das **IT-Ökosystem** des Unternehmens integriert werden (Vocke 2017, S. 7).

Derartige Digitalisierungsprojekte können die Rechtsabteilung durchaus vor praktische Herausforderungen stellen. Zudem erweist sich die in den letzten zehn Jahren häufig zu beobachtende Tendenz, den Rechtsbereich zu dezentralisieren und Juristen in operativen Einheiten anzusiedeln, heute nicht selten als bremsender Faktor.

4.3.3 Nutzung durch Rechtsabteilungen

In vielen Rechtsabteilungen gehen die genutzten Legal-Tech-Anwendungen noch nicht über bloße Hilfsfunktionen und solche Anwendungen hinaus, die keinen spezifisch rechtlichen Charakter haben (beispielsweise E-Learning oder bestimmte digitale Kommunikations- und Kollaborationsmedien).

Bei vielen Unternehmen bereits etabliert sind allerdings Systeme, die die elektronische Erstellung, Übermittlung, Unterzeichnung und Verwaltung von Dokumenten bzw. Erklärungen unterstützen. Überhaupt werden momentan neben dem Wissensmanagement vielfach das Vertrags- und Dokumentenmanagement und deren unmittelbares Umfeld als die wichtigsten Bereiche angesehen, in denen Legal Tech im Unternehmen nutzbringend zum Einsatz kommen kann. Damit verknüpft sind oftmals Überlegungen zur Nutzung von Information-Retrieval-Systemen zwecks Strukturierung bisher unstrukturierter Daten oder zum Einsatz von Tools für ein Legal (Risk) Management. Auch wo Unternehmen noch nicht mit dem Einsatz von Legal Tech begonnen haben, werden Dokumente flächendeckend durch OCR-Verfahren digitalisiert, um sie (unter anderem) für einen späteren Einsatz von Legal Tech zugänglich zu machen. Außerdem werden zu diesem Zweck in Unternehmen vermehrt zentrale Vertragsdatenbanken geschaffen.

Eine Reihe von Unternehmen, beispielsweise *Henkel* (Gellrich 2017, S. 17), haben auch bereits beachtliche Erfahrungen mit der automatisierten Dokumentenerstellung (zu dieser Abschn. 2.3.5), andere stehen in den Startlöchern. Bei Rechtsgeneratoren (dazu Abschn. 2.3.4) sieht es ähnlich aus. Wie das Beispiel von *Siemens* (unter Abschn. 3.1.7) zeigt, haben die Unternehmen dabei durchaus auch Legal Robots mit im Blick.

Um die Rechtsabteilung von einfach zu beantwortenden Anfragen frei zu halten, aber auch um sowohl operative als auch andere Verwaltungsbereiche in die Lage zu versetzen, die Antwort auf einfache juristisch Fragen selbst zu finden, bieten sich Rechtsgeneratoren geradezu an. Auch wenn diese technisch noch nicht ausgereift sind, so sind vor allem Rechtsgeneratoren mit einer Chatbot-Funktion interessant, bei der der unternehmensinterne Mandant seine Fragen in normaler Sprache eingeben kann.

Von großem Interesse für Unternehmen sind ferner Kollaborationsplattformen, in denen Verträge verhandelt, abgeschlossen und verwaltet werden können (dazu Abschn. 2.1.6), aber auch eine neutrale, sogenannte Common Legal Platform (dazu Abschn. 2.1.8).

4.3.4 Veränderungsfähigkeit

Die Rechtsabteilungen haben in den letzten zehn bis zwanzig Jahren einen beachtlichen Wandlungsprozess vollzogen, und zwar einerseits, um dem „More-for-Less“-Phänomen gerecht zu werden, und andererseits, um die weiter oben (unter Abschn. 4.3.1) erwähnte proaktive Rolle und die Enabler-Position zu erlangen. Aufgrund der Erfahrungen aus diesem Wandlungsprozess ist die Akzeptanz für Legal Tech und daran anknüpfende strukturelle Veränderungen in den Rechtsabteilungen im Großen und Ganzen höher als in den Kanzleien, deren interne Strukturen sich über die letzten Jahre nicht annähernd so stark verändert haben.

Nicht uninteressant ist allerdings die Frage danach, was den Wandlungsprozess in den Rechtsabteilungen in den letzten Jahrzehnten getrieben hat. In der Vergangenheit waren es meist andere Unternehmensbereiche, meist der für Finanzen zuständige Geschäftsleiter bzw. die Finanzabteilung, die entweder durch Budgetkürzungen oder durch Einführung bereichsübergreifender, auch die Rechtsabteilung einschließender Prozesse die Veränderungen ausgelöst haben. Dabei wurde der besonderen Bedeutung, die dem Recht in vielen Bereichen des Unternehmens zukommt, nicht immer Rechnung getragen und die Bedeutung der Rechtsabteilung mitunter geschwächt. Der Beitrag, den die Rechtsabteilung im Unternehmen leistet, wird nämlich häufig an Indikatoren, sogenannten **Key Performance Indicators (KPI)** gemessen, die ohne Berücksichtigung rechtlicher Rahmenbedingungen seitens des Finanzbereichs festgelegt werden.

Um die Bedeutung der Rechtsabteilung zu stärken, ist es wichtig, dass sie selbst die zur Messung ihres Erfolgs maßgeblichen Indikatoren definiert. Damit geht einher, dass sie Veränderungsprozesse aus sich selbst heraus initiiert, und dafür Veränderungsnotwendigkeiten selbst erkennt. Die Rechtsabteilung frühzeitig zu eigenen Veränderungsinitiativen zu bewegen, ist indessen mit ähnlichen Herausforderungen verbunden wie Veränderungen im Kanzleiumfeld (dazu unter Abschn. 4.2.5).

4.4 Auswirkungen auf Justiz und Verwaltung

4.4.1 Status quo und Perspektive

Justiz und Verwaltung stehen unter einem immerwährenden Kostendruck, der nicht zuletzt aus den öffentlich-rechtlichen Haushaltsgrundsätzen resultiert. Auch für sie könnte deshalb Legal Tech ein Instrument sein, den Erwartungen an Kosteneffizienz Rechnung zu tragen. Andererseits erfordert der Einsatz von Legal Tech zunächst einmal Investitionen – in die Technik, aber auch in den notwendigen personellen Veränderungsprozess. Dieses Investitionserfordernis wiederum hemmt den Einsatz von Legal Tech in Justiz und Verwaltung. Allein die mittel- und langfristigen Kosteneinsparungen sind für sie womöglich kein ausreichender Anreiz, die eigene Digitalisierung voranzutreiben.

Zum Kostendruck hinzu kommt seit einigen Jahren aber ein weiterer Treiber: Justiz und Verwaltung sind auf die Digitalisierung ihrer Prozesse und namentlich auf den Einsatz von Legal Tech zunehmend angewiesen, um zu gewährleisten, dass das Vertrauen in diese Institutionen nicht erodiert. Zum einen müssen sie dazu den Herausforderungen begegnen, die sich aus der Mobilität unserer Gesellschaft, der Digitalisierung im Allgemeinen und aus dem Einsatz von Legal Tech aufseiten der Verfahrensparteien im Besonderen ergeben. So sind dort, wo die Betreiber von an Verbraucher gerichteten Online-Angeboten ihren

Sitz haben, die Gerichte heute nicht selten mit einer Flut verbraucherschutzrechtlicher Klagen konfrontiert. Bekanntes Beispiel ist etwa die Flut an „*Parship*"-Klagen am Amtsgericht Hamburg, dem Sitz des gleichnamigen Dating-Portals. Beispiel für Klagewellen aufgrund von Legal Tech sind die Klagen auf Entschädigung für ausgefallene oder verspätete Flüge. So rechnete das Amtsgericht Frankfurt am Main mit rund 16.000 solcher Verfahren im Jahr 2019. Das Amtsgericht Düsseldorf hatte allein in der ersten Jahreshälfte 2019 10.000 derartiger Entschädigungsklagen gezählt. Die Zahl beruht maßgeblich auf der angebotenen Prüfung und Durchsetzung von Fluggastrechten durch Online-Portale wie *Flightright*, die die Anspruchsprüfung weitgehend automatisiert durchführen. Die Justiz muss sich hier ihrerseits mit Legal Tech behelfen, um nicht an Effizienz zu verlieren.

Zum anderen ändern die Digitalisierung und insbesondere auch der zunehmende Einsatz von Legal Tech im privatwirtschaftlichen Bereich die Erwartungshaltung der Bürger an Justiz und Verwaltung. Die Digitalisierung anderer Lebensbereiche lässt nämlich eine weniger stark digitalisierte Justiz und Verwaltung als rückständig erscheinen und schmälert so das Vertrauen in diese. Die Prozesse in Justiz und Verwaltung müssen an diese Erwartungshaltung – sei sie berechtigt oder nicht – angepasst werden. Legal Tech kann für diese Anpassung ein wichtiges Element sein.

Dabei sind Justiz und Verwaltung viel stärker als andere Bereiche der Notwendigkeit ausgesetzt, ihre Prozesse an die veränderten Bedingungen anzupassen. Die Komplexität, geografische Reichweite und Geschwindigkeit wirtschaftlicher, sozialer und sonstiger Beziehungen haben sich in den vergangenen Jahren dermaßen vergrößert, dass die hergebrachten Prozesse von Justiz und Verwaltung nicht mehr allen daraus erwachsenden Problemstellungen gerecht werden. Globalisierung und Digitalisierung fordern das Prozess- bzw. Verfahrensrecht heraus. Justiz und Verwaltung sind hier weitgehend auf das Handeln des Gesetzgebers angewiesen. Dieser hat stellenweise schon reagiert, etwa mit dem elektronischen Rechtsverkehr (dazu Abschn. 2.2.1.3) sowie mit der Möglichkeit vollständiger Automatisation bei Steuerverfahren und bestimmten Verwaltungsverfahren (dazu unter Abschn. 2.2.2.2). Wo das Prozess- bzw. Verfahrensrecht Auslegungsspielräume eröffnet, können die Gerichte und Verwaltungsbehörden selbst die rechtlichen Rahmenbedingungen anpassen. Dabei geht es regelmäßig um die Frage, ob die gesetzlich vorgesehene Form auch unter Nutzung technischer Möglichkeiten gewahrt werden kann. Dafür gibt es vereinzelte Beispiele, wie etwa die Mitte 2019 ergangene Entscheidung des Bayerischen Obersten Landesgerichts, das eine Erklärung zu Protokoll der Geschäftsstelle per Videokonferenz zugelassen hat (BayObLG, Beschluss v. 06.08.2019 – 203 StObWs 892/19).

Eine nur schleppende Digitalisierung von Justiz und Verwaltung führt neben dem möglichen Ansehensverlust bei den Bürgern noch zu einem weiteren Problem: IT-interessierte Juristen zieht es seltener zu Justiz und Verwaltung hin, was deren Umstellungsprozess noch weiter verlangsamt. So kann eine Negativspirale entstehen, die nur mit umso größeren Anstrengungen zu stoppen ist.

4.4.2 Technische Möglichkeiten

Wenn es um Legal Tech als bloße Hilfsfunktion geht, so steht auch Justiz und Verwaltung ein großes Repertoire an möglichen Anwendungen zur Verfügung – vom Dokumenten-Management über Workflow Management bis hin zu verschiedensten Formen der elektronischen Übertragung von Dokumenten, aber auch von Bild- und Tonübertragungen im Rahmen der gerichtlichen und der Verwaltungsverfahren.

Bei der Sachverhaltsermittlung setzen auch Staatsanwaltschaft und Verwaltungsbehörden zunehmend auf technische Lösungen. Außerdem finden sich bei den Gerichten auch IT-gestützte Relationstechnik und automatisierte Dokumentenerstellung (dazu unter Abschn. 2.2.2.1). Die Möglichkeiten der Nutzung Künstlicher Intelligenz werden gegenwärtig geprüft. Dabei geht es vorrangig um die Möglichkeit der Auswertung und Strukturierung von Akten und darum, aus eingehenden Schriftsätzen automatisch sogenannte Strukturdaten auszulesen, die für die Fachverfahren und die weitere Bearbeitung benötigt werden. Es gibt im Übrigen keinen Grund, warum nicht auch Ermittlungsbehörden Information-Retrieval-Systeme sollten einsetzen können, wie dies etwa in Österreich schon praktiziert wird (dazu unter Abschn. 2.3.1).

Auch wenn dies vielleicht nicht Legal Tech im eigentlichen Sinne ist, denkt man im Bereich der Justiz auch über Augmented und Virtual Reality nach. Diese Techniken können etwa eingesetzt werden, um bei Straftaten den Tatort in 3-D zu visualisieren und gegebenenfalls einen möglichen Tathergang zu rekonstruieren. Solche Lösungen, die zunächst bei den Ermittlungsbehörden zum Einsatz kommen, könnten im nächsten Schritt auch in den Gerichtssaal Einzug nehmen.

Die spannendste Frage bleibt allerdings, inwieweit die rechtliche Beurteilung, also die Entscheidungsfindung als solche, durch oder mit Unterstützung von Legal Tech möglich ist.

Programme, die mit lernfähigen Algorithmen arbeiten, also auf Basis Maschinellen Lernens, werden Richter und Verwaltungsmitarbeiter bei der Entscheidungsfindung zunächst allenfalls unterstützen können, indem sie diesen Vorschläge unterbreiten. Derartige Programme bieten nämlich naturgemäß keine hundertprozentige Richtigkeitsgewähr. Die entscheidende Frage ist dann, wie der Richter bzw. Verwaltungsmitarbeiter mit dem Vorschlag umgehen soll. Das hängt davon ab, ob das Programm die wesentlichen Erkenntnisschritte auf dem Weg zum Entscheidungsvorschlag offenlegen und damit nachprüfbar machen kann. Wenn das Programm seinen Entscheidungsvorschlag auf der Basis einer Vielzahl historischer Entscheidungen mittels Mustererkennung erstellt, wird es in der Regel keine eigenen am Gesetz orientierten Begründungsschritte liefern können. Gleichwohl kann es den historischen Parallelfall finden und gegebenenfalls die dortigen Entscheidungsgründe mitliefern.

In englischsprachigen Ländern, in denen sich als Rechtssystem das Common Law herausgebildet hat, drängen sich solche Systeme zum Auffinden historischer Parallelfälle mittels Mustererkennung geradezu auf. Den Gerichten obliegt im Common Law nicht nur die Anwendung der Rechtsregeln, sondern auch deren Ausformung. Es handelt sich also primär um Richterrecht, das an Einzelfällen wächst (Case Law). Dabei gilt im

Grundsatz das Gebot der Bindung an die Vorentscheidung der höherrangigen Gerichte, allerdings wird dem Urteil eines Gerichts bzw. Richters auch seitens der gleichrangigen Gerichte bzw. Richter besondere Bedeutung beigemessen. Das erklärt, warum etwa in den USA der Einsatz von Legal Tech im Bereich der juristischen Recherche weit vorangeschritten ist, während Möglichkeiten der automatisierten Entscheidungsfindung weniger Beachtung geschenkt wird.

In den Jurisdiktionen des römisch-germanischen Rechtskreises, also in Deutschland und anderen kontinentaleuropäischen Staaten, steht hingegen das Gesetz an oberster Stelle. Dieses wird von den Gerichten angewendet bzw. ausgelegt, nicht aber ausgeformt. Vorentscheidungen höherer Gerichte sind zwar für die Auslegung des Gesetzes wichtig, ersetzen dieses aber nicht. In Jurisdiktionen mit solchen Gesetzes-dominierten Rechtssystemen lassen sich regelbasierte Algorithmen zur Entscheidungsfindung tendenziell leichter einsetzen als in Common-Law-Jurisdiktionen. Sie können dort dem Richter jedenfalls die Lösung vorgeben, zu der das Gesetz bei schematischer Anwendung führen würde. Der Richter müsste dann „nur" noch prüfen, ob wertende Gesichtspunkte aus seiner Sicht ein anderes Ergebnis geboten erscheinen lassen.

4.4.3 Rechtspolitische Fragen

Die Nutzung von Legal Tech in Justiz und Verwaltung wirft schwierige rechtspolitische Fragen auf. Das gilt namentlich für die Anwendung von Legal Tech bei der eigentlichen Entscheidungsfindung.

Es erscheint kaum realistisch, dass man sich längerfristig dem Einzug von Legal Tech, einschließlich der Nutzung Künstlicher Intelligenz, im Rahmen der Entscheidungsfindung von Gerichten und Behörden erwehren kann. Die Digitalisierung ist eine Entwicklung, die alle Lebensbereiche erfasst und zugleich die gesellschaftliche Akzeptanz herkömmlicher, analoger Techniken zu verringern droht. Umso wichtiger ist eine rechtzeitige und breite gesellschaftliche Diskussion über den Wert des menschlichen Faktors in Justiz und Verwaltung. Es ist das feingliedrige menschliche Urteilsvermögen, das eine dynamische, Zweck- und Kontext-bezogene Entscheidung erlaubt, bei der womöglich auch Raum für Zuversicht und Angst, Mitleid und Entsetzen, Verständnis und Unverständnis, Genugtuung, Versöhnung oder Gnade ist. Es sind diese menschlichen Faktoren, die in Verbindung mit der dem einzelnen Entscheidungsträger gewährten Handlungsfreiheit wesentliche Treiber für die Fortentwicklung des Rechts darstellen.

Außerdem resultiert aus der dem einzelnen Entscheidungsträger gewährten Handlungsfreiheit zugleich dessen Verantwortung. Umgekehrt gilt: Verantwortung setzt menschliches Handeln und die Entscheidungsfreiheit des handelnden Menschen voraus. Nur Menschen, nicht Maschinen können Verantwortung übernehmen und Verantwortung tragen. Bei der Nutzung von Legal Tech im Rahmen der Entscheidungsfindung von Gerichten und Behörden ist deshalb zu klären, wo und wie hierbei die Verantwortlichkeiten begründet und ausgestaltet werden sollen.

Das Thema Verantwortung führt schließlich zu einem weiteren wichtigen Aspekt, nämlich dem Vertrauen der Betroffenen in Justiz und Verwaltung. Dabei geht es um die Frage, ob man Maschinen sein Vertrauen schenken kann oder ob der vom Präsidenten des Oberlandesgerichts Nürnberg *Thomas Dickert* im Zusammenhang mit Legal Tech geprägte Satz zutrifft: „Menschen schenken Menschen Vertrauen, nicht Maschinen."

Vor dem Hintergrund all dieser Aspekte stellt sich gleichwohl die Frage, ob tatsächlich in jedem beim Gericht anhängigen Einzelfall ein Richter bzw. Spruchkörper eine individuelle Entscheidung treffen und damit eine auf den Einzelfall bezogene Handlung vornehmen muss, für die er verantwortlich ist. Aufweichungen dieses Grundprinzips gibt es schon heute. So hat der Gesetzgeber etwa mit der Musterfeststellungsklage auf die Besonderheiten im Verbraucherrecht reagiert, wo es zu Massen an gleichgelagerten Fällen kommen kann. Genügt es – noch einen Schritt weiter gehend – auch, dass ein Richter einen Fall entscheidet und ein KI-System diesen Fall samt Entscheidung als „Blaupause" nutzt, um andere gleichgelagerte Fälle automatisiert zu entscheiden, oder dass ein Richter einen einzelnen Baustein in einem regelbasierten Algorithmus „verantwortet", der in zahlreichen Fällen automatisiert entscheidet?

Die Nutzung von Algorithmen bei der Entscheidungsfindung birgt jedenfalls eine Reihe negativer Effekte (vgl. allgemein Eidenmüller und Wagner G 2018):

- **Mannipulationsgefahr:** Im herkömmlichen Justiz- und Verwaltungsapparat besteht keine Gewissheit, dass nicht der einzelne Richter befangen ist, sich von außen unter Druck setzen lässt oder sonst eine unsachliche Entscheidung trifft. Der Einsatz von Algorithmen führt aber zu neuen Angriffspotentialen, weil sich ein einzelner unzulässiger Eingriff von außen, auf eine große Zahl von durch den Algorithmus getroffenen Entscheidungen auswirken kann.
- **Missbrauchsgefahr:** Zentralisiert entwickelte und eingesetzte Algorithmen könnten zudem von politischen Akteuren missbraucht werden. Insbesondere die Anwendung von Regelungen zum Schutz von Minderheiten könnte eingeschränkt werden.
- **Ungewollte Diskriminierung:** Nutzt der Algorithmus historische Daten, besteht die Gefahr, dass er hierauf aufbauend in der Vergangenheit bestehende Ungleichheiten in der Zukunft verstärkt. Besondere Problemfelder sind dabei die Nutzung von Künstlicher Intelligenz im Rahmen von Entscheidungen über die Anordnung einer Untersuchungshaft oder die Strafzumessung und -vollstreckung (z. B. bei Bewährungsentscheidungen). Die Entwicklung diskriminierungsfreier Algorithmen ist schon heute ein wichtiger Forschungsbereich.
- Falsche Gewichtung oder **mangelnde Identifikation relevanter Parameter** bei Abwägungsentscheidungen und sonstigen Wertungen: Insbesondere unterbleibt in der Praxis mitunter die Einbeziehung und Gewichtung fundamentaler menschlicher Werte in eine Entscheidungsfindung, weil sie in der Regel eine schwer zu beziffernde Größe darstellen (vgl. Calabresi und Bobbitt 1978).
- **Geringer Differenzierungsgrad:** Gleich ob der Algorithmus lernfähig ist oder nicht, in allen Fällen besteht die Gefahr, dass Algorithmen deutlich schematischere, weniger

ausdifferenzierte Entscheidungen treffen als menschliche Richter, die aufgrund der Lebenserfahrung und auch aufgrund des weiter oben erörterten menschlichen Faktors Nuancen besser erkennen.

- **Zementierung der Werteordnung:** Nutzt der Algorithmus historische Daten, besteht ferner die Gefahr, dass die bestehende Werteordnung nicht weiterentwickelt wird. Es fehlt dann der weiter oben erörterte menschliche Faktor, der eine Anpassung der Rechtsprechung an sich ändernde Werte auslösen könnte. Zudem besteht die Gefahr, dass sich eine Gesellschaft in ihrem Verhalten an die in einem Algorithmus vorgegebenen Muster anpasst mit der Folge, dass der Wertewandel in der Gesellschaft auch tatsächlich ausbleibt oder zumindest ausgebremst wird.

Der Nutzen des Einsatzes von Legal Tech im Bereich von Justiz und Verwaltung könnte andererseits enorm groß sein und dem Recht neue Möglichkeiten bieten. Das gilt insbesondere dann, wenn man die Digitalisierung dazu nutzt, Rechtsverstöße schon im Vornherein zu vermeiden. So könnte eine Common Legal Platform (dazu Abschn. 2.1.8), auf der Verträge abgeschlossen werden, so ausgestaltet sein, dass sie unzulässige Vertragsinhalte, auch solche, die nicht nach dem Gesetzeswortlaut, wohl aber nach der Rechtsprechung unzulässig sind, ausschließt. Justiz und Verwaltung könnten ihre Ressourcen dort zur Anwendung bringen, wo sich Rechtsverstöße und -streitigkeiten noch vermeiden lassen, und nicht lediglich dann, wenn der Rechtsverstoß bereits erfolgt oder der Rechtsstreit schon entstanden ist. Das würde die Effizienz des Rechtsstaats erhöhen, jedoch zugleich auch neue Probleme mit sich bringen. Beispielsweise bestünde dann die Gefahr, dass rechtliche Grenzen nicht mehr ausgelotet werden können. Werden Justiz und Verwaltung nicht effizienter, besteht umgekehrt in einzelnen Bereichen die Gefahr, dass Entscheidungen von ihnen weg, hin zu privaten Institutionen verlagert werden und der Rechtsstaat sozusagen das Heft aus der Hand gibt.

Die Lösung liegt vielleicht darin, Justiz und Verwaltung in differenzierter Weise auf den stärkeren Einsatz von Legal Tech auszurichten: Dort wo es um Verbraucherstreitigkeiten oder sonstige massenhaften gleichgerichteten Verfahren geht, bei denen ausschließlich finanzielle Aspekte im Vordergrund stehen, kann der menschliche Faktor zugunsten der Effektivität zurücktreten. Auch erscheint es hier denkbar, zunächst eine Streitentscheidung mittels schematisch arbeitender Legal-Tech-Lösungen anzubieten, bevor ein mit Menschen besetztes Gericht zur Entscheidung angerufen werden kann. Dort wo es um nichtfinanzielle Aspekte geht, bleibt es beim menschlichen Richter.

4.5 Auswirkungen auf den Gesetzgeber

4.5.1 Status quo und Perspektive

Legal Tech hat Auswirkungen auf den Gesetzgeber, die über eine Anpassung gesetzlicher Rahmenbedingungen für die Berufsausübung, wie sie insbesondere das Rechtsdienstleistungsgesetz enthält, weit hinausgehen. So müssen die wesentlichen

Weichenstellungen mit Blick auf die Nutzung von Legal Tech in Justiz und Verwaltung vom Gesetzgeber getroffen werden, und der Gesetzgeber muss Antworten auf die sich dabei stellenden rechtspolitischen Fragen finden (dazu Abschn. 4.4.3). Auch die Frage, ob und unter welchen Bedingungen Maschinen eine eigenständige Rechtspersönlichkeit zuerkannt werden sollte, wird den Gesetzgeber zunehmend beschäftigen, wie die Überlegungen des Europäischen Parlaments zur „elektronischen Rechtspersönlichkeit" zeigen. Letztlich können sämtliche rechtlichen Implikationen, die Legal Tech hat (dazu nachfolgend Kap. 5), auch vom Gesetzgeber aufgegriffen werden. Das sind aus seiner Sicht dann aber im Grundsatz Sachthemen wie andere auch.

Neben derartigen Sachthemen stellt sich für den Gesetzgeber die Frage, ob es IT-Anwendungen gibt, die im Rahmen der Gesetzgebung selbst, genauer: bei Ausarbeitung der Gesetze, genutzt werden können. Da die meisten Gesetze in den Deutschen Bundestag als Regierungsentwürfe eingebracht werden, erfolgt die Ausarbeitung der Gesetze des Bundes zumeist in den Ministerien. Auf dieser Ebene hat es bereits Pilotversuche gegeben, in denen digitale Werkzeuge zur Strukturierung von Gesetzestexten genutzt wurden, und es lässt sich durchaus größeres Potenzial für den Einsatz von Legal Tech im gesetzgeberischen Umfeld – vom Konzeptionierungs-Werkzeug bis hin zur digitalisierten Beteiligung der Öffentlichkeit – erkennen (umfassend Breidenbach und Schmid 2018, S. 173 ff.).

Der Gesetzgeber steht allerdings darüber hinaus vor noch weitreichenderen Fragen, die unmittelbar die Gestaltung, Struktur und Anwendung von Gesetzen betreffen. Sollen Gesetzestexte künftig so geschrieben und strukturiert werden, dass sie sich leicht in einen Algorithmus überführen lassen oder zumindest leichter von einem Algorithmus verstanden werden können? Ist es denkbar, Gesetze im Sinne eines **Computable Law** gleich als Programmcode zu verabschieden oder zumindest parallele Code-Ausgaben eines Gesetzes zu schaffen, die dann von den Gerichten genutzt werden können? Die Frage nach der **Code-ifikation des Rechts** ist längst gestellt und wer hierauf nach einer Antwort sucht, muss auch einen Blick auf die möglichen künftigen Ziele der Gesetzgebung werfen (vgl. Kar et al. 2019). Soll es bei generellen Verhaltensregeln bleiben oder sollen sich Gesetze und Verordnungen nach ihrem Inkrafttreten mittels automatisierter (Einzelfall-)Entscheidungen an die individuelle Situation der Rechtssubjekte anpassen können? Schon heute werden derartige Tendenzen in Richtung eines sogenannten **Granular Law** erkannt und die Wahrscheinlichkeit erscheint hoch, dass Künstliche Intelligenz und insbesondere Maschinelles Lernen sowie mithilfe dieser Techniken ermöglichte Entscheidungsautomatisation die Gestaltung, Struktur und Anwendung von Gesetzen tiefgreifend verändern werden (Kaeseberg 2019, S. 107 und 110).

4.5.2 Technische Möglichkeiten

Es ist nicht nur möglich, Gesetze im Sinne eines Computable Law für Maschinen leichter verarbeitbar zu machen, sondern es gibt zunehmend auch neue Möglichkeiten, technische Elemente in die staatlichen Regelsetzung dergestalt zu integrieren, dass die vom

Bürger in einer konkreten Situation zu beachtenden Regeln automatisiert geändert bzw. angepasst werden können. Die staatliche Regelsetzung, insbesondere die Entscheidung darüber, welcher Regelungsinhalt aus einem vorbestimmten Kreis an möglichen Regelungsinhalten in einer konkreten Situation gilt, erfolgt dann automatisiert und gegebenenfalls unter Nutzung Künstlicher Intelligenz.

Ein bekanntes Beispiel, das in diese Richtung geht, sind etwa die auf unseren Autobahnen anzutreffenden Verkehrsleitsysteme, bei denen die sogenannten Wechselverkehrszeichen zum Teil automatisch geschaltet werden, etwa in Anpassung an gemessene Wetterbedingungen oder das gemessene Verkehrsaufkommen. Ein Teil der Schaltungen erfolgt dabei jedoch heute noch manuell aus einer Verkehrsleitzentrale heraus, und der automatisierte Teil folgt zuvor fest einprogrammierten Vorgaben. Die US-amerikanische Stadt Pittsburgh hat dagegen 2012 ein mittels Künstlicher Intelligenz gesteuertes Ampelsystem eingeführt *(Scalable Urban Traffic Control System – SURTRAC),* das je nach Verkehrslage selbst entscheidet, ob eine Ampel rot oder grün anzeigt – eine Art Legal Robot im öffentlich-rechtlichen Bereich. Zahlreiche Ampeln, Kameras und Messsysteme sind dabei miteinander vernetzt und das System lernt, den Verkehr so zu steuern, dass es in Summe zu möglichst wenigen Standzeiten für die Fahrzeuge kommt.

Weitere neuartige gesetzgeberische Aspekte eröffnen sich dort, wo von Unternehmen für wirtschaftliche Entscheidungen eingesetzte lernende Algorithmen auch lernen können, sich bei ihrer originären Aufgabenerfüllung rechtmäßig zu verhalten. Beispielsweise ist es technisch denkbar, dass sogenannte Pricing-Algorithmen, wie sie etwa von manchen Fluggesellschaften auf ihren Online-Buchungsportalen eingesetzt werden, lernen, sich wettbewerbsrechtlich korrekt zu verhalten und keine kartellrechtswidrigen Strategien zu nutzen (Kaeseberg 2019, S. 108).

Technisch umsetzbar (nicht jedoch ohne weiteres rechtlich zulässig) wäre es, wenn der Gesetzgeber Private dazu verpflichtet, in durch Software gesteuerte Produkte solche Software einzubauen, die zugleich die Einhaltung von Gesetzen sicherstellt oder die automatisierte Rechtsanwendung ermöglicht. So könnte in Autos mit automatischen Bremssystemen Software installiert werden, die beispielsweise ein Verkehrszeichen, das eine Geschwindigkeitsbegrenzung anordnet, erkennt und erforderlichenfalls automatisch die Geschwindigkeit des Fahrzeugs reduziert. Die Rechtsregeln könnten an das einzelne Rechtssubjekt angepasst werden. Es könnte etwa vorgesehen werden, dass das Fahrzeug bei jungen, unerfahrenen Autofahrern oder bei Personen, die ein Fahrzeug nur selten benutzen, stärker abgebremst wird. Ferner könnte der Gesetzgeber beispielsweise (jedenfalls technisch, nicht unbedingt auch rechtlich) die verpflichtende Eintragung von Führungskräften börsennotierter Unternehmen in ein Register regeln, das einen Datenaustausch mit den Handelssystemen einer Börse zulässt, und eine technische Sperrmöglichkeit in den Handelssystemen verlangen, die sicherstellt, dass Transaktionsaufträge von in dem Register eingetragenen Personen automatisch gelöscht werden, soweit sie während eines nach der Marktmissbrauchsverordnung (MAR) gesperrten Zeitraums (vgl. Art. 19 Abs. 11 MAR) erteilt wurden. Man denke auch an die diversen technischen Möglichkeiten rund um die automatisierte Abführung von Steuern durch ein Kreditinstitut oder andere Unternehmen.

Erste tatsächliche Überlegungen in diese Richtung gibt es im Bereich des Verbraucherrechts, namentlich bei Fluggastrechten sowie bei Fahrgastrechten von Bahnkunden. Der Bundesrat (BR-Drucks. 571/18) fasste bereits am 14.12.2018 eine Entschließung, wonach die Bundesregierung prüfen solle, ob „durch gesetzliche Maßnahmen – etwa hinsichtlich der Automatisierung des Entschädigungsverfahrens – echte Verbesserungen des Verbraucherschutzes bei den Fahrgastrechten erreicht werden können." Konkret geht es darum, die Luft- und Bahnverkehrsunternehmen zu automatisierten Entschädigungszahlungen zu verpflichten (dazu Fries 2019, S. 901 ff.).

Wie man an den Beispielen sieht, erlaubt die Technik ein gewisses Verschmelzen von Rechtsetzung und Rechtsanwendung. Man mag einwenden, dass es sich bei den betreffenden Techniken nicht mehr um Legal Tech im eigentlichen Sinne handelt. Allerdings stellen die dem Gesetzgeber zunehmend zur Verfügung stehenden technischen Möglichkeiten das Rechtswesen allgemein, aber eben auch Legal Tech vor neue Chancen und Herausforderungen. Die Digitalisierung der Gesetze und ihres Vollzugs bzw. ihrer Anwendung werden vermutlich irgendwann eine weitere Digitalisierungswelle im Rechtswesen auslösen und Legal Tech wird dann eine ganz neue Dimension erreichen.

Abschließend sei noch auf einen Forschungsbereich hingewiesen, der von erheblicher Bedeutung gerade für die Anwendung von Künstlicher Intelligenz im Bereich staatlicher Regelsetzung ist: Die Transparenz der mittels Künstlicher Intelligenz getroffenen Entscheidungen. Gerade wenn Künstliche Intelligenz seitens des Staates eingesetzt wird, erscheint es wichtig, die von ihr getroffenen Entscheidungen im Nachhinein, etwa in einem verwaltungsgerichtlichen Verfahren, nachvollziehen zu können. Theoretisch können, sofern der Algorithmus keine Zufallsgeneratoren einsetzt, sämtliche von einem Algorithmus getroffenen Entscheidungen im Nachhinein nachvollzogen werden, da es sich letztlich um mathematische Operationen handelt. Praktisch ist das allerdings gerade im Fall des Deep Learning schwierig. Außerdem können wir Menschen aus der mathematischen Operation nicht zwingend eine Nachvollziehbarkeit im Sinne einer rechtlichen Begründung herleiten. Es gibt hier jedoch bereits erste Ansätze und durchaus schon Fortschritte in Richtung erklärbare und interpretierbare Künstliche Intelligenz (ausführlicher dazu Waltl und Vogl 2018).

4.5.3 Rechtspolitische und gesellschaftliche Fragen

Dass Computable Law ein Gewinn für die Gesellschaft sein kann, dürfte in einer Zeit zunehmender Digitalisierung außer Frage stehen. Dabei wird man abzuwägen haben, ob der Umstand der maschinellen Verarbeitbarkeit etwaige Einbußen bei der Einzelfallgerechtigkeit rechtfertigt.

Zu den schwierigeren Fragen zählt, ob wir als Gesellschaft eine Entwicklung hin zu einem Granular Law und einer zunehmenden Verschmelzung von Rechtsetzung und Rechtsanwendung unter Nutzung Künstlicher Intelligenz tatsächlich wollen. Auf der einen Seite kann hierdurch so zielgerichtet agiert werden, dass überschießende

Reglementierung vermieden wird, und zugleich können der Grad der Rechtsbefolgung und die Rechtssicherheit erhöht werden. Auf der anderen Seite ist aber eine höhere Granularität der Rechtsregeln mit Herausforderungen bei Gleichbehandlung und Fairness verbunden und die Verschmelzung von Rechtsetzung und Rechtsanwendung birgt die Gefahr, dass so die persönliche Freiheit des Einzelnen unangemessen eingeschränkt werden kann. Letzteres unter anderem deshalb, weil derartige staatliche Micro-Eingriffe für den Einzelnen weniger gut vorhersehbar sind und der Rechtsschutz gegen solche Eingriffe tendenziell nur ex post erfolgen kann. Daneben bestehen die bekannten (siehe unter Abschn. 4.4.3) Herausforderungen im Hinblick auf Missbrauchs- und Manipulationsgefahren, Transparenz der Entscheidungsfindung und algorithmischer Diskriminierung (zu alldem Kaeseberg 2019, S. 110).

Eine der fundamentalen ethischen Debatten ist, zu welchem Grad die technischen Möglichkeiten, wenn sie der Gesetzgeber einsetzt, zu einer Entmenschlichung des Rechts führen (vgl. allgemein Frischmann und Selinger 2018). Die entscheidende Frage ist hierbei, was davon ein angemessener Weg zur Regelung menschlicher Beziehungen ist und welchen technischen Möglichkeiten zur Regelung unseres Gemeinwesens wir bzw. der Gesetzgeber widerstehen sollten (Kaeseberg 2019, S. 110).

Bereiche, in denen vor allem Computable Law sinnvoll erscheint, sind Bereiche, in denen zwei Dinge zusammen kommen: starke Regulierung und Massengeschäfte. Beispielsweise sind im Bereich der Kapitalmärkte die regulatorischen Anforderungen derart umfangreich und komplex geworden, dass es vielfach gar nicht möglich ist, deren Einhaltung allein durch Menschen zu gewährleisten. Hier könnte Computable Law vor allem deshalb eine gesellschaftlich akzeptable Lösung sein, weil in der Regel allen Seiten eine kosteneffiziente Umsetzung der regulatorischen Anforderungen wichtig ist, während Einzelfallgerechtigkeit kein derart relevanter Aspekt ist.

Futuristisch mutet die Frage an, ob wir uns vorstellen können, in einer Welt zu leben, in der die staatlichen Regeln, jedenfalls in ihrer konkreten Ausgestaltung, durch Künstliche Intelligenz geschaffen werden, ohne dass für uns immer nachvollziehbar ist, wie die konkrete Entscheidung erfolgt ist. Ist das Ampelsystem in Pittsburgh Vorbild, weil es hilft unnötige CO2-Emissionen zu vermeiden, oder ist es der Anfang einer gefährlichen Entwicklung, weil sich der Mensch den Entscheidungen von Maschinen (und deren Programmierern) unterordnet, ohne diese in der Praxis im Einzelnen hinterfragen zu können?

Literatur

Brayne, J. (2019). *The future of the in-house legal function.* Allen & Overy (Hrsg.), London. https://www.allenovery.com/en-gb/global/news-and-insights/innovation-and-legal-services. Zugegriffen: 17. Febr. 2020.

Breidenbach, S. (2017). Industrielle Rechtsdienstleistungen. *NJW – Sonderheft: Innovationen & Legal Tech,* 28–30.

Breidenbach, S., & Schmid, M. (2018). Gesetzgebung und Digitalisierung – Digitale Instrumente der Erarbeitung von Gesetzesentwürfen. In S. Breidenbach & F. Glatz (Hrsg.), *Rechtshandbuch Legal Tech* (S. 169–188). München: C. H. Beck.

Bues, M. (2017). Legal Tech: Trends in Deutschland 2017. *Legal Tribune Online v. 20. Januar 2017.* http://www.lto.de/persistent/a_id/21820/. Zugegriffen: 17. Febr. 2020.

Calabresi, C., & Bobbitt, P. (1978). *Tragic choices: The conflicts society confronts in the allocation of tragically scare resources.* New York: Norton.

Ditscheid, J. (2017). Legal Tech im Verbraucherrecht – Rechtsberatung mit Algorithmen. *AnwBl, 2017,* 684.

Eidenmüller, H., & Wagner, G. (2018). *Down by Algorithms? Siphoning Rents, Exploiting Biases and Shaping Preferences – The Dark Side of Personalized Transactions.* Oxford Legal Studies Research Paper No. 20/2018.

Fiedler, B., & Grupp, M. (2017). *Legal Technologies: Digitalisierungsstrategien für Rechtsabteilungen und Wirtschaftskanzleien. DB, 2017,* 1071–1076.

Friedmann, M. (2017). Legal Tech – Jetzt spricht der Mandant. *NJW – Sonderheft: Innovationen & Legal Tech,* 44–45.

Fries, M. (2016). PayPal Law und Legal Tech – Was macht die Digitalisierung mit dem Privatrecht. *NJW, 2016,* 2860–2865.

Fries, M. (2019). Schadensersatz ex machina. *NJW, 2019*, 901–905.

Frischmann, B., & Selinger, E. (2018). *Re-Engineering humanity.* Cambridge: Cambridge University Press.

Gellrich, K. (2017). Kritische Haltung trotz guter Performance. *Legal Technology Journal, 2017*(1), 16–20. http://www.legal-technology.de/resources/Server/LegalTechnology/LTJ_2017_1.pdf. Zugegriffen: 17. Febr. 2020.

Halbleib, G. (2018). Der Weg zur Legal Tech-Strategie. In M. Hartung, M. Bues, & G. Halbleib (Hrsg.), *Legal Tech – Die Digitalisierung des Rechtsmarkts* (S. 31–43). München: C. H. Beck.

Hartung, D. (2017). Interview. *JUVE Rechtsmarkt, 2017*(2), 92–95.

Hartung, M. (2015). Legal Tech: Ersetzt nur, wofür man sowieso keine Anwälte braucht. *Legal Tribune Online v. 20. November 2015.* http://www.lto.de/persistent/a_id/17602/. Zugegriffen: 17. Febr. 2020.

Jacob, K., Schindler, D., & Strathausen, R. (Hrsg.). (2017). *Liquid legal – Transforming legal into a business Savvy, information enabled and performance driven industry.* Cham: Springer.

Jungo Brüngger, R. (2017). Interview. *Legal Technology Journal, 2017*(1), 4–8. http://www.legal-technology.de/resources/Server/LegalTechnology/LTJ_2017_1.pdf. Zugegriffen: 17. Febr. 2020.

Kaeseberg, T. (2019). The Code-ification of law and its potential effects. *CRi, 2019,* 107–110.

Kar, R., Thapa, B., Hunt, S., & Parycek, P. (2019). *Recht digital: maschinenverständlich und automatisierbar – Impuls zur digitalen Vollzugstauglichkeit von Gesetzen.* Kompetenzzentrum Öffentliche IT (Hrsg.), Berlin. https://www.oeffentliche-it.de/documents/10181/14412/Recht+Digital+-+Maschinenverständlich+und+automatisierbar. Zugegriffen: 17. Febr. 2020.

Mattig, M., & Kuhlmann, N. (2017). Legal Tech im Jurastudium: Lernen ohne Zukunft. *Legal Tribune Online v. 21. April 2017.* http://www.lto.de/persistent/a_id/22703/. Zugegriffen: 17. Febr. 2020.

Quade, B. (2018). Legal Tech in Rechtsabteilungen. In M. Hartung, M. Bues, & G. Halbleib (Hrsg.), *Legal Tech – Die Digitalisierung des Rechtsmarkts* (S. 167–181). München: C. H. Beck.

Steinbrecher, A. (2018). Die Zukunft ist jetzt – Wie Legal Tech die Qualität, Innovationskraft und Wertschöpfung von Rechtsabteilungen fördern kann. *Rethink Law v. März 2018*, 8–11.

Susskind, R. (2013). *Tomorrow's lawyers.* Oxford: Oxford University Press.

Vocke, J. (2017). Interview. *Legal Technology Journal, 2017*(1), 4–7. http://www.legal-technology.de/resources/Server/LegalTechnology/LTJ_2017_3.pdf. Zugegriffen: 17. Febr. 2020.

Waltl, B., & Vogl, R. (2018). Explainable artificial intelligence – the new frontier in legal informatics. *Jusletter IT v. 22. Februar 2018.* https://jusletter-it.weblaw.ch/. Zugegriffen: 17. Febr. 2020.

Rechtliche Implikationen 5

Die rechtlichen Implikationen von Legal Tech sind vielfältig und unterscheiden sich in aller Regel danach, ob es um den Anbieter oder den Nutzer von Legal Tech geht.

5.1 Zulässigkeit nach dem Rechtsdienstleistungsgesetz

Für Anbieter von Legal-Tech-Anwendungen, die im Kernbereich der juristischen Tätigkeit eingesetzt werden, lautet, wenn sie keine Rechtsanwälte sind, eine der zentralen Fragen, ob sie mit ihrem Produkt eine Rechtsdienstleistung anbieten, deren Erbringung ihnen nach dem Rechtsdienstleistungsgesetz (RDG) verboten ist. Rechtsdienstleistung ist nach § 2 RDG jede Tätigkeit in konkreten fremden Angelegenheiten, sobald sie eine rechtliche Prüfung des Einzelfalls erfordert. Streitig ist vor allem, ob eine Software überhaupt eine Rechtsdienstleistung im Sinne von § 2 RDG erbringen kann oder ob man sich nicht aufgrund der Tatsache, dass der Nutzer es mit einer Maschine zu tun hat, von vornherein außerhalb des Anwendungsbereichs des RDG bewegt (umfassend dazu Hartung M 2017, S. 20 f., sowie Remmertz 2017, S. 55 ff.).

Insbesondere dort, wo online die Prüfung und Durchsetzung von Verbraucherrechten angeboten wird, z. B. durch *Flightright* oder *LexFox* (dazu unter Abschn. 2.3.4), geschieht dies meist in Form eines Inkassodienstes. Die betreffenden Unternehmen haben dann eine Inkassogenehmigung nach § 10 RDG. Ob das Geschäftsmodell dieser Anbieter tatsächlich durch die Inkassogenehmigung gedeckt ist, ist zumindest nicht unzweifelhaft. Die Frage ist, ob der Schwerpunkt der Tätigkeit auf der Erbringung von Inkassodienstleistungen liegt, für die sie registriert sind, oder vielmehr im Bereich der Rechtsberatung (§ 2 Abs. 1 RDG) mit lediglich angeschlossener Inkassodienstleistung. Problematisch ist insbesondere, wenn die Anbieter bereits vor Abschluss der Abtretungsvereinbarung rechtsberatend tätig werden, indem sie auf Basis der Eingaben auf ihrem Online-Portal die Erfolgsaussichten (automatisiert) prüfen und dem Verbraucher das

J. Wagner, *Legal Tech und Legal Robots,* https://doi.org/10.1007/978-3-658-28555-5_5

Prüfungsergebnis dort mitteilen. Die Rechtsprechung der Instanzgerichte ist uneinheitlich. Der BGH hat jedenfalls im Fall des von *LexFox* angebotenen Portals wenigermiete.de Ende 2019 entschieden, dass deren Geschäftsmodell von der Inkassogenehmigung gedeckt ist (BGH, Urteil v. 27.11.2019, Az. VIII ZR 285/18), dabei aber auch klargestellt, dass die Entscheidung nicht auf alle Anbieter übertragbar ist.

Anbieter von Rechts- oder Vertragsgeneratoren, die nicht nach dem Inkassoprinzip arbeiten, sondern mithilfe des Generators dem Kunden anbieten, ihm nach Ausfüllen eines Fragebogens oder Beantwortung von Fragen über einen Chatbot einen mehr oder weniger individualisierten Rechtsrat oder einen mehr oder weniger individualisierten Vertragsentwurf zu erstellen (sogenannte Self-Service-Angebote), können in der Regel keine Genehmigung dieser Tätigkeit nach dem Rechtsdienstleistungsgesetz erhalten. Solche Rechts- bzw. Vertragsgeneratoren dürften folglich derzeit je nach Individualisierungsgrad des Rechtsrats bzw. des Dokuments nur von Anwälten angeboten werden, wenn man die eingangs genannte Streitfrage nicht dahin gehend entscheidet, dass sich die Nutzung einer Maschine von vornherein außerhalb des Anwendungsbereichs des RDG bewegt. Im August 2019 hat dementsprechend das Landgericht Köln *Wolters Kluwer* untersagt, den Vertragsgenerator smartlaw.de weiter zu betreiben oder dafür wie bisher zu werben (LG Köln, Urteil v. 08.10.2019, Az. 33 O 35/19). Die Entscheidung ist allerdings noch nicht rechtskräftig.

In der Politik gibt es vereinzelte Vorstöße, die Fragen im Rahmen einer Änderung des RDG gesetzlich neu zu regeln, um den Anbietern Rechtssicherheit zu gewährleisten. So gab es etwa im April 2019 den Entwurf eines Gesetzes zur Modernisierung des Rechtsdienstleistungsrechts seitens der FDP-Fraktion, der aber im Bundestag keine Mehrheit gefunden hat. Vieles spricht dafür, dass ein vernünftiger Rechtsrahmen für Legal Tech nicht mit einer Änderung allein des RDG erreicht werden kann, sondern der Gesetzgeber hierfür die gesamte Regulierung des Rechtsdienstleistungsmarkts, einschließlich des Berufsrechts, in den Blick nehmen müsste (vgl. Kilian 2019).

5.2 Berufsrechtliche und sonstige Hindernisse für Anwälte

Werden Legal-Tech-Anwendungen durch Anwälte nach außen eingesetzt, können also beispielsweise die Mandanten bzw. „Kunden" vom Anwalt betriebene Rechts- oder Vertragsgeneratoren nutzen, so hält das Berufsrecht hierfür Einschränkungen bereit. In den Grenzen des § 14 Abs. 2 Nr. 8 BRAO dürfen Anwälte hierzulande zwar auch noch neben ihrem Anwaltsberuf unternehmerisch tätig sein. Sie dürfen als Anwälte jedoch nur in Ausnahmefällen auf Gebühren verzichten oder **Erfolgshonorare** vereinbaren. Es ist bislang nicht geklärt, inwieweit diese Beschränkungen auch für eine neben dem Anwaltsberuf ausgeübte unternehmerische Tätigkeit, namentlich das Angebot von Legal-Tech-basierten Rechtsprodukten, gelten (umfassend dazu Hartung M 2018, S. 249 f.). In der Praxis werden viele Legal-Tech-basierte Rechtsprodukte nicht von Anwälten oder Anwaltsgesellschaften, sondern von juristischen Personen angeboten, die als solche außerhalb des anwaltlichen Berufsrechts stehen, auch wenn mitunter deren Gründer oder ein Teil der Gesellschafter eine Zulassung als Rechtsanwalt haben.

Betreibt ein Anwalt Rechts- oder Vertragsgeneratoren, die seine Mandanten bzw. Kunden nutzen können, so stellt sich ferner die Frage, ob der Anwalt seiner **Sachverhaltsermittlungspflicht** ordnungsgemäß nachkommt, wenn der Sachverhalt lediglich vom Nutzer in einen Fragebogen eingetragen oder vom System per Chatbot ermittelt wird. Das Landgericht Berlin hat im Fall eines Scheidungsverfahrens die anwaltliche Aufklärungspflicht als verletzt angesehen, weil der Anwalt den Sachverhalt allein mittels eines Onlinefragebogens ermittelt hat (LG Berlin, Urteil v. 05.06.2014, Az. 14 O 395/13). Außerdem fragt sich, ob der Anwalt nicht berufsrechtlich verpflichtet ist, das Endprodukt eines Rechts- oder Vertragsgenerators zunächst individuell zu prüfen (zu alldem ausführlich Hartung M 2018, S. 250 f.).

Legal-Tech-Angebote durch Anwälte haben für die betreffenden Anwälte auch steuerliche Folgen. Die Gewerbesteuerfreiheit, die sie als Freiberufler genießen, entfällt insoweit nämlich. Aber auch der rein kanzleiinterne Einsatz von Legal Tech kann zur **Gewerbesteuerpflicht** führen, wenn dieser so weit geht, dass der Anwalt nicht mehr aufgrund eigener Fachkenntnisse leitend und eigenverantwortlich tätig wird. Außerdem dürfte der Einsatz von Legal Tech, jedenfalls wenn er über eine rein kanzleiinterne Nutzung hinausgeht, nicht von den üblichen Berufshaftpflichtversicherungen gedeckt sein. Aber selbst beim rein kanzleiinternen Einsatz kann der Versicherungsschutz fraglich sein, weil die Versicherungsbedingungen zumeist auf die Tätigkeit als Rechtsanwalt abstellen und dessen Berufsbild nicht definiert ist (vgl. Hartung M 2018, S. 251).

Ferner ist die interprofessionelle Zusammenarbeit von Anwälten mit Mitgliedern anderer Berufsgruppen stark eingeschränkt. Ein Informatiker kann heutzutage nicht Gesellschafter einer Anwaltsgesellschaft sein. Anwaltsgesellschaften können zudem keine Gesellschafter mit reiner Kapitalbeteiligung aufnehmen. Zwar sieht ein **Eckpunktepapier des Bundesministeriums der Justiz** und für Verbraucherschutz vom 27.08.2019 hier Lockerungen vor, diese sind jedoch eher zaghaft und insbesondere, was die Möglichkeiten einer Kapitalbeteiligung Dritter anbelangt, noch vage formuliert.

Die vorstehenden berufsrechtlichen und sonstigen Einschränkungen können im Übrigen auch dann bestehen, wenn Anwälte zeitlich beschränkt mit Legal-Tech-Anbietern zusammenarbeiten. Sie bilden dann unter Umständen eine Zweckgesellschaft, die berufsrechtlich unzulässig ist und negative steuerliche und versicherungsrechtlich Folgen haben kann (vgl. Hartung M 2018, S. 251 f.).

5.3 Berufsgeheimnis

5.3.1 Allgemeines

Sowohl Nutzer als auch Hersteller bzw. Anbieter von Legal-Tech-Produkten werden unter rein wirtschaftlichen Gesichtspunkten weniger an **On-Premise-Lösungen** als an

Cloud-Lösungen interessiert sein. Die Nutzer können durch Cloud-Lösungen hohe Investitionskosten vermeiden und zugleich sicherstellen, dass sie stets Software nutzen, die auf dem neuesten Stand ist. Für die Hersteller bzw. Anbieter bedeutet das zwar entsprechend höhere Investitionen, bietet ihnen jedoch den Vorteil eines gut skalierbaren Geschäfts. Vor allem aber werden die Hersteller bzw. Anbieter deshalb daran interessiert sein, dass ihre Systeme auf ihren eigenen Rechnern laufen, weil deren Nutzung durch viele Kunden es ihnen erlaubt, lernfähige Programme mit weitaus mehr Daten füttern und damit besser trainieren und auch schneller weiterentwickeln zu können, als dies der Fall wäre, wenn sie isoliert auf den Rechnern der Nutzer liefen. Mit den Daten des Nutzers wandern womöglich aber auch Daten Dritter, etwa die Daten von Kunden des Nutzers, in die Cloud bzw. zum Hersteller oder Anbieter des Legal-Tech-Produkts.

Sind Rechtsanwälte einer Kanzlei oder sind Syndikusrechtsanwälte Nutzer einer Cloud-Lösung oder nehmen sie Dienstleistungen eines Legal Process Outsourcers, der Legal Tech einsetzt, in Anspruch, führt der damit verbundene Datenexport zu Fragen rund um das anwaltliche Berufsgeheimnis. Dasselbe gilt auch für andere Fälle, in denen Rechtsanwälte, einschließlich Syndikusrechtsanwälten, einen externen Dienstleister beauftragen und der externe Dienstleister dadurch Zugang zu Daten des Mandanten erhält. Die maßgeblichen Regelungen finden sich im Strafrecht und im Berufsrecht. Der Gesetzgeber hat sich bemüht, Rechtsunsicherheiten zu beseitigen. Mit dem Gesetz zur Neuregelung des Schutzes von Geheimnissen bei der Mitwirkung Dritter an der Berufsausübung schweigepflichtiger Personen (dazu umfassend Grupp 2017, S. 816 ff.) hat er insbesondere § 203 des Strafgesetzbuchs (StGB) angepasst, § 43a der Bundesrechtsanwaltsordnung (BRAO) ergänzt und zur Regelung der Inanspruchnahme von Cloud-Services und sonstigen Dienstleistungen Dritter durch Rechtsanwälte den neuen § 43e BRAO geschaffen.

5.3.2 § 203 StGB

§ 203 StGB stellt die **Verletzung des Privatgeheimnisses** unter Strafe. Er gilt unter anderem für Rechtsanwälte, einschließlich der Syndikusrechtsanwälte. Danach wird mit Freiheitsstrafe bis zu einem Jahr oder mit Geldstrafe bestraft, wer ein fremdes Geheimnis, namentlich ein zum persönlichen Lebensbereich gehörendes Geheimnis oder ein Betriebs- oder Geschäftsgeheimnis (seines Mandanten oder eines Dritten), unbefugt offenbart, das ihm als Rechtsanwalt anvertraut worden ist. In der Vorschrift ist nun ausdrücklich klargestellt, dass der Straftatbestand der Verletzung des Privatgeheimnisses nicht erfüllt ist, wenn ein Rechtsanwalt die fremden Geheimnisse gegenüber solchen Personen offenbart, die an seiner beruflichen Tätigkeit mitwirken, soweit dies für die Inanspruchnahme der Tätigkeit der mitwirkenden Personen erforderlich ist. Wenn der Rechtsanwalt beispielsweise einen externen Dienstleister für eine Dokumentendurchsicht mittels eines Information-Retrieval-Systems beauftragt, kann er diesem also Geheimnisse seines Mandanten straffrei offenbaren, soweit der Dienstleister diese zur Durchführung der beauftragten Dokumentendurchsicht benötigt (zu den berufsrechtlichen Einschränkungen und den möglichen Rückwirkungen auf die Frage der Strafbarkeit sogleich unter Abschn. 5.3.3 und unter Abschn. 5.3.4; zu den ebenfalls sanktionsbewehrten Anforderungen des Datenschutzes nachfolgend unter Abschn. 5.4). Das Gleiche gilt für den externen Dienstleister, wenn dieser sich weiterer Personen bedient, die an der beruflichen oder dienstlichen Tätigkeit des Rechtsanwalts (mittelbar) mitwirken. Zugleich dehnt § 203 StGB nun aber auch die **Strafbarkeit** auf die externen Dienstleister aus. Dadurch können im Ergebnis auch Organmitglieder und Mitarbeiter von Legal-Tech-Anbieter wegen Verletzung des Privatgeheimnisses strafbar sein.

5.3.3 § 43e BRAO

§ 43a BRAO regelt die Grundpflichten der Rechtsanwälte, einschließlich der Syndikusrechtsanwälte. Darin enthalten ist auch die gesetzliche Regelung der **anwaltlichen Verschwiegenheitspflicht.** Diese Pflicht bezieht sich auf alles, was dem Rechtsanwalt in Ausübung seines Berufes bekanntgeworden ist. § 43a BRAO bestimmt außerdem, dass der Rechtsanwalt die von ihm beschäftigten Personen in schriftlicher Form zur Verschwiegenheit zu verpflichten und sie dabei über die strafrechtlichen Folgen einer Pflichtverletzung zu belehren hat. Zudem hat er bei ihnen in geeigneter Weise auf die Einhaltung der Verschwiegenheitspflicht hinzuwirken. Die Personen, die bei der beruflichen Tätigkeit des Rechtsanwalts als externe Dienstleister mitwirken, wurden in § 43a BRAO nicht mit einbezogen.

Der Gesetzgeber hat aber erkannt, dass es aufgrund moderner arbeitsteiliger Strukturen und aufgrund des Erfordernisses der Nutzung elektronischer Datenverarbeitung in vielen Fällen nicht mehr möglich, alle Arbeiten, die mit der Berufsausübung des Rechtsanwalts zusammenhängen, von Personen ausüben zu lassen, die bei diesem beschäftigt sind. So sind Rechtsanwälte regelmäßig darauf angewiesen, externe IT-Dienstleister heranzuziehen, um eigene IT-Anlagen, IT-Anwendungen und IT-Systeme betreiben zu können. Ebenso sind sie oft darauf angewiesen, externe IT-Anlagen, IT-Anwendungen und IT-Systeme zu nutzen, um die eigene Datenverarbeitung durchführen zu können. Auch Legal-Tech-Anwendungen hatte der Gesetzgeber im Blick. Allerdings war sein Blick hierauf nicht beschränkt, sondern auf alle Arbeiten gerichtet, für die Rechtsanwälte externe Dienstleistungsanbieter nutzen. Dienstleister, die ein Rechtsanwalt einschaltet, erhalten bei ihrer Arbeit unter Umständen zwangsläufig Kenntnis von Daten, die der anwaltlichen Verschwiegenheitspflicht nach § 43a BRAO unterliegen. Der geänderte § 203 StGB lässt in diesen Fällen zwar die Strafbarkeit entfallen. Eine aufgrund der berufsrechtlichen Verschwiegenheitspflicht erforderliche **berufsrechtliche Befugnisnorm** ist damit jedoch noch nicht geschaffen. Eine solche hat der Gesetzgeber deshalb mit dem neuen § 43e BRAO geschaffen.

Der neue § 43e BRAO gilt für alle Rechtsanwälte, einschließlich der Syndikusrechtsanwälte. Er eröffnet diesen jetzt ausdrücklich die Möglichkeit, unter bestimmten Voraussetzungen ohne Einwilligung des Mandanten externe Dienstleister zu beauftragen und diesen in bestimmten Grenzen Zugang zu Tatsachen zu verschaffen. Die neue Vorschrift lässt unter engen Voraussetzungen und in engen Grenzen die anwaltliche Schweigepflicht hinter sachlichen und unternehmerischen Zwängen zurücktreten. Nach dem Gesetzeswortlaut sind die folgenden Voraussetzungen und Grenzen zu beachtenden:

- Der Rechtsanwalt darf dem externen Dienstleister den Zugang zu Tatsachen, die der anwaltlichen Verschwiegenheitsverpflichtung unterliegen, nur eröffnen, soweit dies für die Inanspruchnahme der Dienstleistung erforderlich ist.
- Der Rechtsanwalt ist verpflichtet, den Dienstleister sorgfältig auszuwählen.
- Der Dienstleister ist unter Belehrung über die strafrechtlichen Folgen einer Pflichtverletzung zur Verschwiegenheit zu verpflichten. Der Dienstleister ist zudem zu verpflichten, sich nur insoweit Kenntnis von fremden Geheimnissen zu verschaffen, als dies zur Vertragserfüllung erforderlich ist. Es ist zudem vertraglich festzulegen, ob der Dienstleister befugt ist, weitere Personen zur Erfüllung des Vertrags heranzuziehen; für diesen Fall ist dem Dienstleister aufzuerlegen, diese Personen in Textform zur Verschwiegenheit zu verpflichten. Der Vertrag mit dem Dienstleister, der die vorstehenden Pflichten und Festlegungen enthalten muss, bedarf der Textform (ausführlich zu den Vorgaben für den Vertrag mit dem Dienstleister Klugmann et al. 2018).
- Der Rechtsanwalt hat die Zusammenarbeit mit dem Dienstleister unverzüglich zu beenden, wenn die Einhaltung der vorstehenden, dem Dienstleister im Vertrag zu machenden Vorgaben nicht (mehr) gewährleistet ist. Das heißt zugleich, dass der Rechtsanwalt den Dienstleister angemessen überwachen muss.
- Bei der Inanspruchnahme von Dienstleistungen, die im Ausland erbracht werden, darf der Rechtsanwalt dem Dienstleister den Zugang zu fremden Geheimnissen nur dann eröffnen, wenn der im Ausland bestehende Schutz der Geheimnisse dem Schutz im Inland vergleichbar ist, es sei denn, dass der Schutz der Geheimnisse dies nicht gebietet.

Bei der Inanspruchnahme von Dienstleistungen, die unmittelbar einem einzelnen Mandat dienen, darf der Rechtsanwalt allerdings dem Dienstleister den Zugang zu fremden Geheimnissen nur dann eröffnen, wenn der Mandant darin eingewilligt hat. Das kann zu schwierigen, aber folgeschweren Abgrenzungsfragen führen. Wird nämlich der Zugang zu den fremden Geheimnissen in diesem Fall ohne Einwilligung erteilt, soll dies die Strafbarkeit nach § 203 StGB begründen können.

Die zuvor genannten Voraussetzungen und Grenzen gelten auch im Fall der Inanspruchnahme von externen Dienstleistungen, in die der Mandant eingewilligt hat, sofern der Mandant nicht ausdrücklich auf deren Einhaltung verzichtet hat. Die vom Gesetz eröffnete Verzichtsmöglichkeit ist in der Praxis recht bedeutsam. Wenn es darum geht, Legal Tech zur kosteneffizienten Umsetzung eines Mandats einzusetzen, kann der Rechtsanwalt so die Auswahl und Überwachung des Dienstleisters dem Mandanten überlassen. Unverzichtbar ist allerdings, dass der Rechtsanwalt den Zugang zu den Tatsachen nur insoweit eröffnen darf, wie dies für die Inanspruchnahme der Dienstleistung erforderlich ist.

Zu beachten ist, dass auch die Nutzung von Legal-Tech-Anwendungen über die Cloud – ebenso wie die Nutzung sonstiger Cloud-Lösungen – die Inanspruchnahme eines oder sogar mehrerer Dienstleister beinhaltet. Abhängig davon, inwieweit diese Dienstleister Zugang zu Tatsachen haben, die der anwaltlichen Verschwiegenheitsverpflichtung unterliegen, ist § 43e BRAO zu beachten.

Häufig geht es aber nicht (nur) um Tatsachen aus der Sphäre des eigenen Mandanten, sondern auch um Tatsachen und gegebenenfalls fremde Geheimnisse Dritter. Gegenstand einer Due Diligence unter Einsatz eines Information-Retrieval-Systems sind meistens die Dokumente der Gegenseite oder eines Dritten, etwa die Dokumente desjenigen Unternehmens, dessen Anteile verkauft werden sollen. Auch das ist von § 43e BRAO umfasst. Darüber hinaus können die fremden Geheimnisse und die Tatsachen, die der anwaltlichen Verschwiegenheitsverpflichtung unterliegen, zugleich personenbezogene Daten des Mandanten oder Dritter enthalten. Werden beim Einsatz von Legal-Tech-Anwendungen durch externe Dienstleister personenbezogene Daten verarbeitet, so ist neben § 43e BRAO auch die Datenschutz-Grundverordnung zu beachten (dazu nachfolgend unter Abschn. 5.4). Eine berufsrechtlich zulässige Weitergabe von fremden Geheimnissen und Tatsachen, die der anwaltlichen Verschwiegenheitsverpflichtung unterliegen, ist danach nicht zwingend auch immer datenschutzrechtskonform umsetzbar.

5.3.4 § 2 BORA

Neben der Bundesrechtsanwaltsordnung ist auch die Berufsordnung für Rechtsanwälte (BORA) zu beachten, die ebenfalls Regelungen zur Verschwiegenheit der Rechtsanwälte, einschließlich der Syndikusrechtsanwälte, enthält. Die BORA ist kein Gesetz, sondern eine von den gewählten Vertretern der Rechtsanwälte selbst gegebene Berufsordnung, die nähere Einzelheiten zu den beruflichen Pflichten des Rechtsanwalts regelt und zum Standesrecht gehört. Soweit die Regelungen der BORA strenger sind, als die gesetzlichen Regelungen, haben die Rechtsanwälte standesrechtlich auch die strengeren Regelungen der BORA zu beachten, während umgekehrt Regelungen in der BORA keine Erleichterungen gegenüber den gesetzlichen Pflichten begründen können.

In § 2 BORA ist die Verschwiegenheitspflicht der Rechtsanwälte geregelt. Dabei ist auch bestimmt, dass ein Verstoß gegen die standesrechtliche Verschwiegenheitspflicht (nur) dann nicht gegeben ist, wenn und soweit (1) Gesetz und Recht eine Ausnahme fordern oder zulassen, oder (2) das Verhalten des Rechtsanwalts (a) mit Einwilligung erfolgt oder (b) zur Wahrnehmung berechtigter Interessen erforderlich ist, z. B. zur Durchsetzung oder Abwehr von Ansprüchen aus dem Mandatsverhältnis oder zur Verteidigung in eigener Sache, oder (c) im Rahmen der Arbeitsabläufe der Kanzlei einschließlich der Inanspruchnahme von Leistungen Dritter erfolgt und objektiv einer üblichen, von der Allgemeinheit gebilligten Verhaltensweise im sozialen Leben entspricht (Sozialadäquanz). Bei der Beauftragung externer Dienstleister sind aber zusätzlich insbesondere die in § 43e BRAO geregelten Voraussetzungen und Grenzen sowie die Vorschriften der Datenschutz-Grundverordnung zu beachten.

Nach § 2 BRAO hat der Rechtsanwalt Personen, deren Dienste er in Anspruch nimmt und

- denen er verschwiegenheitsgeschützte Tatsachen zur Kenntnis gibt oder
- die sich bei ihrer Leistungserbringung Kenntnis von verschwiegenheitsgeschützten Tatsachen verschaffen können,

schriftlich zur Verschwiegenheit zu verpflichten und zur Verschwiegenheit anzuhalten, auch soweit sie nicht im Mandat, sondern in sonstiger Weise für ihn tätig sind. Diese standesrechtlichen Regelungen sind mithin strenger, als die entsprechenden Voraussetzungen des § 43e BRAO. Sie sind vor allem dann, wenn eine Kanzlei bzw. deren Rechtsanwälte oder Syndikusrechtsanwälte einer Rechtsabteilung eine Cloud-Lösung nutzen oder einen Legal Process Outsourcer beauftragen, der Legal Tech einsetzt, zusätzlich zu § 43e BRAO zu beachten.

5.3.5 Strukturelle Konsequenzen

Es sind vor allem die gesetzlichen und standesrechtlichen Regelungen zum Berufsgeheimnis, die für die Nutzung von Legal-Tech-Anwendungen durch Rechtsanwälte in Kanzleien, aber auch für die Nutzung durch Syndikusrechtsanwälte hohe Hürden schaffen. Der sogenannte On-Boardung-Prozess für eine Legal-Tech-Anwendung ist mit entsprechend hohem rechtlichen und technischen Dokumentationsaufwand verbunden. Die Anbieter von Legal-Tech-Anwendungen müssen auf die berufsrechtlichen Anforderungen ihrer Kunden und auf die mögliche Erstreckung von Strafbarkeitstatbeständen und berufsrechtlichen Pflichten auf sie selbst eingestellt sein, damit ihr Produkt im Markt erfolgreich platzierbar ist. Dass sich diese Anforderungen von Jurisdiktion zu Jurisdiktion unterscheiden, kommt dabei erschwerend hinzu. Wichtig ist, dass der Legal-Tech-Anbieter bereits bei seiner eigenen Unternehmensstruktur die betreffenden Anforderungen berücksichtigen muss.

5.4 Datenschutz

Wenn bei der Nutzung von Legal-Tech-Anwendungen personenbezogene Daten verarbeitet werden, führt das zu Fragen des Datenschutzes. Dabei kommt es nicht darauf an, ob die Legal-Tech-Anwendung eine On-Premise-Lösung oder eine Cloud-Lösung ist. Ebenso wenig kommt es darauf an, ob die Legal-Tech-Anwendung vom Rechtsanwalt bzw. Syndikusrechtsanwalt selbst oder von einem externen Dienstleister genutzt wird.

Sobald personenbezogene Daten verarbeitet werden, ist der sachliche Anwendungsbereich der EU-weit und im EWR geltenden Datenschutz-Grundverordnung (DS-GVO) eröffnet. Dabei haben die Begriffe „personenbezogene Daten“ und „Verarbeitung“ eine sehr weitreichende Bedeutung:

- **Personenbezogene Daten** sind nach Art. 4 Nr. 1 DS-GVO alle Informationen, die sich auf eine identifizierte oder identifizierbare natürliche Person beziehen; als identifizierbar wird dabei eine natürliche Person angesehen, die direkt oder indirekt, insbesondere mittels Zuordnung zu einer Kennung wie einem Namen, zu einer Kennnummer, zu Standortdaten, zu einer Online-Kennung oder zu einem oder mehreren besonderen Merkmalen, die Ausdruck der physischen, physiologischen, genetischen, psychischen, wirtschaftlichen, kulturellen oder sozialen Identität dieser natürlichen Person sind, identifiziert werden kann.
- **Verarbeitung bezeichnet** nach Art. 4 Nr. 2 DS-GVO jeden mit oder ohne Hilfe automatisierter Verfahren ausgeführten Vorgang oder jede solche Vorgangsreihe im Zusammenhang mit personenbezogenen Daten wie das Erheben, das Erfassen, die Organisation, das Ordnen, die Speicherung, die Anpassung oder Veränderung, das Auslesen, das Abfragen, die Verwendung, die Offenlegung durch Übermittlung, Verbreitung oder eine andere Form der Bereitstellung, den Abgleich oder die Verknüpfung, die Einschränkung, das Löschen oder die Vernichtung.

Zu beachten ist, dass in nahezu allen Dokumenten personenbezogene Daten zu finden sind. Auch ein Vertrag zwischen zwei Unternehmen beinhaltet in der Regel personenbezogene Daten, und seien es nur die Namen der Unterzeichner.

Die DS-GVO enthält

- Grundsätze für die Verarbeitung personenbezogener Daten,
- Voraussetzungen für die Zulässigkeit der Verarbeitung personenbezogener Daten,
- spezielle Voraussetzungen für eine Einwilligung in die Verarbeitung personenbezogener Daten,
- Informationspflichten des für die Verarbeitung der personenbezogenen Daten Verantwortlichen gegenüber den betroffenen Personen sowie Auskunfts- und sonstige Rechte der betroffenen Personen gegenüber dem Verantwortlichen,
- Regelungen zur Verarbeitung von personenbezogenen Daten durch damit beauftragte Dritte (Auftragsverarbeiter),
- Anforderungen an Schutz und Sicherung der personenbezogenen Daten,
- Voraussetzungen für die Übermittlung personenbezogener Daten an Drittländer,
- Bestimmungen zum Datenschutzbeauftragten,
- Verpflichtung zur Datenschutz-Folgenabschätzung,
- Regelungen zu datenschutzrechtlichen Zertifizierungen.

Verstöße gegen Vorgaben der DS-GVO können zu erheblichen Bußgeldern und gegebenenfalls auch zur Strafbarkeit führen.

Neben den gesetzlichen und standesrechtlichen Regelungen zum Berufsgeheimnis sind es vor allem die datenschutzrechtlichen Regelungen, die für die Nutzung von Legal-Tech-Anwendungen hohe Hürden schaffen. Der sogenannte On-Boardung-Prozess für eine Legal-Tech-Anwendung ist auch aufgrund des Datenschutzes mit entsprechend hohem rechtlichen und technischen Dokumentationsaufwand verbunden.

5.5 Geistiges Eigentum

Sowohl für den Nutzer als auch für den Hersteller bzw. Anbieter von Legal-Tech-Produkten stellen sich Fragen zum geistigen Eigentum. Das ist namentlich dann der Fall, wenn Nutzung und (Weiter-)Entwicklung des Produkts ineinander greifen oder auch dann, wenn Daten dem Hersteller bzw. Anbieter zur Verfügung gestellt werden. Dazu zwei Beispiele: Wenn ein Nutzer das System eines Anbieters, das mittels eines lernfähigen Algorithmus funktioniert, für seinen spezifischen Anwendungsfall nach von ihm entwickelten Methoden trainiert, fragt sich, wem danach an dem so trainierten System welche (immateriellen) Rechte zustehen. Wenn ein Unternehmen unstrukturierte Daten an den Anbieter eines Information-Retrieval-Systems transferiert, damit dieser die Daten strukturiert, fragt sich, wem welche Rechte an dem strukturierten Datensatz zustehen. Für den Hersteller einer Legal-Tech-Anwendung fragt sich vor allem, wie er sein Produkt schützen lassen kann. Die Fragestellungen führen häufig in rechtliches Neuland und in mitunter technisch und rechtlich komplizierte sowie streitige Themenfelder. An dieser Stelle sollen deshalb bezogen auf den Schutz des geistigen Eigentums nur einzelne wesentliche Eckpunkte angesprochen werden:

Gemäß dem Europäischen Patentübereinkommen (EPÜ), das das materielle Patentrecht innerhalb der Mitgliedsstaaten der EU und weiterer europäischer Staaten vereinheitlicht, ist ein Computerprogramm als solches keine patentfähige Erfindung (vgl. Art. 52 Abs. 2 Buchst. a) und Abs. 3 EPÜ). Auf den reinen Programmcode können also keine Patente erteilt werden. Ein Programmcode ist dennoch geschützt, nämlich durch das Urheberrecht. Geschützt ist dabei jedoch nur die Form des Werks, nicht aber die ihm zugrunde liegenden Ideen. Der Schutz durch das Urheberrecht ist insoweit schwächer als der Schutz durch das Patentrecht. Jeder kann einen eigenen Programmcode schreiben, der eine Idee eines urheberrechtlich geschützten Werks aufgreift, solange er nicht den Code kopiert. Der Programmcode einer Legal-Tech-Anwendung ist jedenfalls in diesem beschränkten Umfang urheberrechtlich geschützt.

Auf Computerprogramme kann aus Sicht des Europäischen Patentamts ein Patent aber dann erteilt werden, wenn sie einen technischen Charakter haben, weil sie auf dem Computer nicht nur auf gewöhnliche Weise ausgeführt werden, sondern einen weitergehenden technischen Effekt auslösen. Einer sogenannten Computer-implementierten Erfindung kann ein Patent erteilt werden, wenn mit ihr eine technische Aufgabe auf eine neue und technisch besonders raffinierte und ungewöhnliche Weise gelöst wird. Einzelheiten finden sich in Teil G der Prüfungsrichtlinien des Europäischen Patentamts (vgl.

https://www.epo.org/law-practice/legal-texts/html/guidelines2018/e/g_ii_3_6.htm). Vor allem solche Legal-Tech-Systeme, die Problemstellungen mittels Künstlicher Intelligenz in Form Maschinellen Lernens lösen, können unter Umständen patentierfähige Erfindungen darstellen oder beinhalten. Dazu muss es sich aber in jedem Fall um mehr als nur eine mathematische Methode handeln, und die zu patentierende Erfindung muss der Lösung einer technischen – nicht bloß einer linguistischen – Aufgabe dienen.

International sind die Anforderungen an die Patentierbarkeit von Computerprogrammen unterschiedlich. Der Streit darüber, inwieweit Softwarepatente erteilt werden können, wird aber in nahezu allen größeren Jurisdiktionen geführt. So war die Erteilung von Softwarepatenten in den USA mit einer Entscheidung des US Supreme Court vom 19.06.2014 (Alice Corporation PTY. LTD. v. CLS Bank International et al.) deutlich strikter geworden. Zuletzt gab es jedoch Bestrebungen seitens der US-Regierung, Softwarepatente wieder unter geringeren Voraussetzungen zu erteilen.

Auch im Legal-Tech-Bereich sind in den letzten Jahren Softwarepatente auf Computer-implementierte Erfindungen erteilt worden. So wurden beispielsweise im Zusammenhang mit Information-Retrieval- bzw. Data-Extraction-Systemen mehrere US-Patente an *Kira* und *LEVERTON* erteilt.

5.6 Haftung

Im Zusammenhang mit Legal Tech stellen sich ferner eine Reihe von Haftungsfragen (dazu umfassend Jungk 2017, S. 776 ff. sowie Hoch 2019, S. 688 ff.). Dabei geht es zum einen um die Haftung des Herstellers gegenüber dem Nutzer bei Fehlern des Legal-Tech-Produkts. Und es geht zum anderen gegebenenfalls um eine Haftung des Nutzers gegenüber dem Endkunden, also beispielsweise um die Haftung der das von einem Dritten angebotene Legal-Tech-Produkt nutzenden Kanzlei gegenüber ihrem Mandanten.

Der Hersteller bzw. Anbieter eines Computerprogramms haftet gegenüber demjenigen, der das Computerprogramm auf Grundlage eines zwischen ihm und dem Hersteller bzw. Anbieter geschlossenen Vertrags erworben hat bzw. nutzt aus dem betreffenden Vertrag. Je nach Vertragsgestaltung kann diese vertragliche Haftung auch Vermögensschäden umfassen.

Daneben kann der Hersteller eines Computerprogramms im Grundsatz außervertraglich haften, und damit auch gegenüber einem Nutzer, der das Computerprogramm nicht unmittelbar vom Hersteller erworben hat bzw. der die Software aufgrund eines Vertrags mit einem zwischengeschalteten Anbieter nutzt. Dabei kommt sowohl eine verschuldensunabhängige Produkthaftung als auch eine ein Verschulden (Vorsatz oder Fahrlässigkeit) voraussetzende deliktische Haftung in Betracht. Unabhängig von der Frage, inwieweit Computerprogramme Produkte im Sinne von § 2 des Produkthaftungsgesetzes sind, ist im Legal-Tech-Bereich die für eine verschuldensunabhängige Haftung nach § 1 Produkthaftungsgesetz erforderliche Verletzung der durch das Gesetz geschützten Rechtsgüter Leben, Körper, Gesundheit und Eigentum an Sachen kaum vorstellbar. Die verschuldensabhängige deliktische Haftung nach § 823 Abs. 1 BGB ist dagegen hinsichtlich einzelner sonstiger Rechtsgüter denkbar, namentlich bezogen auf den eingerichteten und ausgeübten Gewerbebetrieb des Nutzers. Auch sind Verletzungen des Persönlichkeitsrechts Dritter denkbar.

5.7 Sorgfaltspflichten von Geschäftsleitern

5.7.1 Allgemeines

Besondere Implikationen hat der Einsatz von Legal Tech für die Pflichten von Geschäftsleitern (insbesondere von Mitgliedern des Vorstands einer Aktiengesellschaft und der Geschäftsführung einer GmbH), wenn diese ihre eigenen Entscheidungen unter (unmittelbarer oder mittelbarer) Nutzung von Legal-Tech-Anwendungen treffen oder Legal-Tech-Anwendungen genutzt werden, um die Geschäftsleiter oder das Unternehmen treffende Pflichten ordnungsgemäß zu erfüllen. In diesen Fällen fragt sich, welche Anforderungen von den Geschäftsleitern zu beachten sind, wenn sie Legal Tech bei (nicht delegierbaren) Leitungsentscheidungen einsetzen und inwieweit die Nutzung von Legal-Tech-Anwendungen geeignet ist, Pflichtverletzungen bzw. eine Haftung der Geschäftsleiter auszuschließen.

Konkrete Fragen in diesem Zusammenhang lauten: Inwieweit kann eine Entscheidung zum Unternehmenskauf auf eine Due Diligence gestützt werden, die mithilfe eines Information-Retrieval-Systems durchgeführt wurde? Können sich Geschäftsleiter auf einen Rechtsrat mit haftungsbefreiender Wirkung verlassen, der durch einen Rechtsgenerator oder Legal Robot erteilt wurde? Außerdem fragt sich, ob der Einsatz von Legal Tech bei der Entscheidungsfindung der Geschäftsleiter oder der Erfüllung von Pflichten der Geschäftsleiter oder des Unternehmens im Einzelfall sogar geboten sein könnte (vgl. dazu Hoch 2019, S. 694 ff.). Darüber hinaus können sich besondere Anforderungen ergeben, wenn die Geschäftsleiter Entscheidungen über den Einsatz von Legal Tech auf nachfolgenden Unternehmensebenen treffen. Ferner müssen die Geschäftsleiter gegebenenfalls auch Anpassungen in der Steuerungs- und Organisationsstruktur des Unternehmens vornehmen, um den zunehmenden Einsatzmöglichkeiten und einem vermehrten Einsatz von Legal-Tech-Anwendungen Rechnung zu tragen.

Aus dem gegenwärtigen Stand von Rechtsprechung und Literatur zu den hier vor allem maßgeblichen Regelungen in § 93 Abs. 1 AktG und § 43 Abs. 1 GmbHG lässt sich zumindest ein grobes Koordinatensystem für die Pflichten der Geschäftsleiter im Hinblick auf den Einsatz von Legal Tech und Legal Robots in Unternehmen und den diese beratenden Kanzleien entwickeln. Dieses grobe Koordinatensystem soll nachfolgend vorgestellt werden, ohne dass hier jeder rechtliche Gesichtspunkt und jede Zweifelsfrage im Detail beleuchtet werden können (zu weiteren rechtlichen Details s. Wagner 2018 sowie Hoch 2019, S. 673 ff.).

5.7.2 Legal Tech im Bereich unternehmerischer Entscheidungen

Legal Tech kann zum einen bei unternehmerischen Entscheidungen zum Einsatz gelangen.

5.7.2.1 Begriff und Gegenstand der unternehmerischen Entscheidung

Unternehmerischen Entscheidungen ist gemein, dass sie ein Prognoseelement enthalten. Ob beispielsweise die Entscheidung, ein bestimmtes Produkt zu entwickeln, in eine neue Produktionsanlage zu investieren, ein Unternehmen zu erwerben usw. richtig ist, weiß man immer erst im Nachhinein. Dennoch müssen Geschäftsleiter solche und andere Entscheidungen treffen, bei denen Sie die möglichen Folgen nur prognostizieren können. Dabei können sie selbstverständlich auch falsche Prognosen treffen und werden dann später von den tatsächlichen Ereignissen eines Besseren belehrt. Für solche fehlerhaften unternehmerischen Entscheidungen sollen Geschäftsleiter nicht haften, wenn sie bei der Entscheidungsfindung bestimmte Voraussetzungen eingehalten haben. Dies ist die Kernaussage der sogenannten **Business Judgment Rule,** die für den Vorstand der Aktiengesellschaft in § 93 Abs. 1 Satz 2 AktG ausdrücklich geregelt ist. Danach liegt eine Pflichtverletzung eines Geschäftsleiters nicht vor, wenn dieser bei einer unternehmerischen Entscheidung vernünftigerweise annehmen durfte, auf der Grundlage angemessener Information zum Wohle der Gesellschaft zu handeln.

Für eine unternehmerische Entscheidung können auch rechtliche Aspekte, insbesondere rechtliche Chancen und Risiken, von wesentlicher Bedeutung sein. So kann sich etwa bei einem Unternehmenskauf im Rahmen der Due Diligence herausstellen, dass das Zielunternehmen möglicherweise gegen kartellrechtliche Vorschriften verstoßen hat und ihm deshalb ein Bußgeld droht, welches dann wirtschaftlich der Käufer des Unternehmens trifft. Oder es können aufgrund einer sogenannten Change-of-Control-Klausel Verträge seitens Kunden, Lieferanten oder Kreditgebern infolge des Unternehmenskaufs kündbar sein und der wirtschaftliche Wert des Zielunternehmens dadurch sinken. Die Entscheidung, ob das Zielunternehmen trotzdem erworben werden soll, ist eine unternehmerische Entscheidung, auf die die Business Judgment Rule Anwendung findet, und zwar auch im Hinblick auf rechtliche Fragen wie die nach dem Risiko eines Bußgelds oder das Risiko, das Kunden, Lieferanten oder Kreditgeber Verträge kündigen. In derartigen Fällen geht es insoweit um rechtlich determinierte Prognoseentscheidungen, die Bestandteil einer umfassenderen unternehmerischen Entscheidung sind. Kommt zur Ermittlung der maßgeblichen rechtlichen Aspekte, insbesondere zur Ermittlung der rechtlichen Chancen und Risiken, Legal Tech zur Anwendung, betrifft dies im Grundsatz die Schaffung der **angemessenen Informationsgrundlage** für die unternehmerische Entscheidung (vgl. Wagner 2018, S. 1099 f.).

5.7.2.2 Relevanz des Einsatzes von Legal Tech für den Entscheidungsprozess

Allerdings wirkt sich nicht jeder Einsatz von Legal Tech im Rahmen der Schaffung der Informationsgrundlage für eine unternehmerische Entscheidung auch tatsächlich auf die Angemessenheit dieser Informationsgrundlage, und damit auf die Frage aus, ob die in der Business Judgment Rule formulierten Anforderungen eingehalten sind. Kommt Legal Tech außerhalb des Kernbereichs juristischer Tätigkeit zur Anwendung, beispielsweise in Form eines Workflow-Management-Programms für die Due Diligence, ist dies im Grundsatz ohne rechtliche Relevanz für die Angemessenheit der Informationsgrundlage. Die rechtliche Relevanz kann im Regelfall erst dort entstehen, wo es um den Kernbereich juristischer Tätigkeit geht. Aber selbst im Kernbereich juristischer Tätigkeit kann Legal Tech zum Einsatz kommen, ohne dass dies Auswirkungen auf die Angemessenheit der Informationsgrundlage für die unternehmerische Entscheidung hat. So läge es etwa in dem oben (unter Abschn. 5.7.2.1) angeführten Beispiel aus dem Kartellrecht, wenn die mittels Information Retrieval (dazu unter Abschn. 2.3.1) erhaltenen Informationen nur die ersten Anhaltspunkte dazu liefern, welche Mitarbeiter des Zielunternehmens sich womöglich eines Fehlverhaltens schuldig gemacht haben, und die eigentliche Informationsgrundlage dann erst in einem zweiten Schritt aus Gesprächen mit diesen Mitarbeitern entspringt. Entsprechendes gilt, wenn die Rechtsabteilung oder die beratende Kanzlei bei der rechtlichen Recherche auf juristische Online-Datenbanken und Wissensmanagement-Systeme (dazu Abschn. 2.3.3) zurückgreift, Rechtsgeneratoren (dazu Abschn. 2.3.4) oder Systeme zur automatisierten Dokumentenerstellung (dazu Abschn. 2.3.5) einsetzt, solange diese Legal-Tech-Anwendungen allein zur internen Unterstützung der Rechtsabteilung bzw. beratenden Kanzlei eingesetzt werden, diese die Arbeitsergebnisse kontrollieren kann und von einer solchen Kontrolle auch ausgegangen werden darf (vgl. Wagner 2018, S. 1101).

5.7.2.3 Grundsätze für den entscheidungsrelevanten Einsatz von Legal Tech

Für die Fälle, in denen der Einsatz von Legal Tech für die unternehmerische Entscheidung bzw. für deren Entscheidungsprozess von Relevanz ist, lassen sich vier grundsätzliche Überlegungen aufstellen, die sich aus allgemeinen Grundsätzen zum Einsatz von Algorithmen bei Geschäftsleiterentscheidungen (dazu etwa Möslein 2018 und Spindler 2018) ableiten:

- **Letztentscheidungskompetenz:** Der Einsatz von Legal Tech im Rahmen unternehmerischer Entscheidungen ist grundsätzlich zulässig. Allerdings darf dadurch die sogenannte Letztentscheidungskompetenz der Geschäftsleiter nicht berührt werden. Mitglied des Vorstands einer Aktiengesellschaft und Mitglied der Geschäftsführung einer GmbH kann nämlich nur eine natürliche Person sein (§ 76 Abs. 3 Satz 1 AktG und § 6 Abs. 2 Satz 1 GmbHG). Hieraus lässt sich ableiten, dass nicht ein

Algorithmus, sondern die Geschäftsleiter selbst die ihnen zwingend zugewiesenen Entscheidungen treffen müssen. Die Geschäftsleiter müssen also nicht nur eine Letztentscheidungskompetenz haben (dazu Möslein 2018, S. 208 f.), sondern diese bei den von ihnen zu treffenden Entscheidungen auch ausüben, d.h. sie müssen selbst darüber befinden, ob sie die von einem IT-System getroffene „Entscheidung" als eigene Entscheidungen übernehmen oder nicht (Wagner 2018, S. 1098). Beim Einsatz von Legal Tech im Rahmen von unternehmerischen Entscheidungen kann es also ausschließlich um den Einsatz von Algorithmen bei der Ermittlung oder Aufbereitung der Informationsgrundlage gehen. Die eigentliche Entscheidung wird dann nicht durch Algorithmen, sondern lediglich auf der mit ihrer Hilfe geschaffenen Informationsgrundlage getroffen.

- **Algorithmenbeherrschung:** Die Business Judgment Rule verlangt von den Geschäftsleitern, dass diese vernünftigerweise annehmen dürfen, auf der Grundlage angemessener Information zu handeln. Der eigentlichen Entscheidung muss demnach eine prozedurale Vorentscheidung der Geschäftsleiter vorausgehen, nämlich die, ob die Informationsgrundlage für die unternehmerische Entscheidung angemessen ist. Inwieweit diesbezüglich eine gerichtliche Kontrolle stattfinden kann, ist streitig (vgl. zum Meinungsstand Fleischer 2019, Rn. 71a). Richtigerweise eröffnet die Business Judgment Rule in ihrer in § 93 Abs. 1 AktG kodifizierten Gestaltung den Handelnden einen erheblichen Spielraum, den Informationsbedarf – insbesondere Kosten und Nutzen der Informationsbeschaffung – selbst abzuwägen. Damit die Geschäftsleiter beurteilen können, ob die mittels Legal Tech ermittelten bzw. aufbereiteten Informationen für die zu treffende unternehmerische Entscheidung angemessen sind, müssen sie verstehen, wie das IT-System zu seinem Arbeitsergebnis kommt. Dazu bedarf es eines Grundverständnisses von der Wirkungsweise der eingesetzten Algorithmen. Man wird allerdings, was das technische Verständnis von den eingesetzten IT-Systemen anbelangt, die Anforderungen nicht überspannen und keine vollständige Technikbeherrschung verlangen dürfen (Wagner 2018, S. 1099). Andernfalls wären die Geschäftsführungsorgane mit technisch weniger versierten Mitgliedern von einer IT-gestützten Entscheidungsfindung ausgeschlossen. Es erscheint insoweit notwendig, aber auch ausreichend, ein Grundverständnis von der Wirkungsweise der eingesetzten Algorithmen zu verlangen (vgl. Möslein 2018, S. 209). Dazu ist es richtigerweise genügend, wenn ein Mitarbeiter der Rechtsabteilung oder die beauftragte Kanzlei das System so erläutert, dass sich die Geschäftsleiter ein entsprechendes Bild machen können (Wagner 2018, S. 1101). Eine blinde Übernahme der Ergebnisse von Algorithmen verbietet sich in jedem Fall (Spindler 2018, S. 45). Kommen Rechtsgeneratoren oder Legal Robots zum Einsatz, so müssen auch die Grundzüge der von diesen ausgeführten rechtlichen Prüfung verstanden sein. Dazu gehört richtigerweise auch das Zusammenspiel von technischen und rechtsbezogenen Elementen der Algorithmen (Wagner 2018, S. 1101).
- **Organisationspflichten:** Die Geschäftsleiter dürfen nicht annehmen, auf angemessener Informationsgrundlage zu handeln, wenn es den eingesetzten

IT-Systemen und den verwendeten Algorithmen an der hinreichenden Zuverlässigkeit fehlt. Zu den organisatorischen Grundanforderungen gehört insoweit, dass das eingesetzte IT-System und die verwendeten Algorithmen stabil laufen, insbesondere gegen unzulässige Einflussnahme Dritter gesichert sind, nicht zu gesetzwidrigen Entscheidungen beitragen sowie auf ihre Funktionsfähigkeit geprüft und angemessen überwacht werden (vgl. Möslein 2018, S. 211). In Ermangelung konkreter gesetzlicher Vorgaben haben die Geschäftsleiter bei Erfüllung dieser Anforderungen richtigerweise ein Organisationsermessen (Möslein 2018, S. 211). Um die notwendige Beurteilung durchzuführen, müssen sie jedoch – neben dem Grundverständnis von der Wirkungsweise der eingesetzten Algorithmen – auch ein Grundverständnis davon haben, wie zuverlässig das zum Einsatz kommende IT-System und die verwendeten Algorithmen arbeiten (Wagner 2018, S. 1101). Kommen Rechtsgeneratoren oder Legal Robots zum Einsatz, muss auch dafür Sorge getragen werden, dass nur Algorithmen verwendet werden, die mit der erforderlichen rechtlichen Sachkenntnis entwickelt oder ausgewählt wurden (Wagner 2018, S. 1101).

- **Nutzungspflicht:** Im Zusammenhang mit unternehmerischen Entscheidungen stellt sich auch die Frage nach einer Pflicht zur Nutzung von Legal Tech. Der bezogen auf die angemessene Informationsgrundlage im Grundsatz bestehende Ermessensspielraum der Geschäftsleiter kann sich im Einzelfall zu einer solchen Nutzungspflicht reduzieren: Kommt beispielsweise im Unternehmen der Verdacht auf, dass Mitarbeiter schwerwiegende Kartellrechtsverstöße begangen haben, und ist zu entscheiden, ob man von der sogenannten Kronzeugenregelung Gebrauch machen will, bedarf es der Aufklärung des Sachverhalts. Dazu ist es regelmäßig erforderlich, aus tausenden von Dokumenten und E-Mails diejenigen herauszufiltern, die Aufschluss über den Sachverhalt geben. Das ist schon heute unter Kosten- und Effizienzgesichtspunkten zumeist nur mittels IT-Lösungen möglich. Wird hierauf verzichtet, könnte es je nach Bedeutung der unternehmerischen Entscheidung an einer Informationsgrundlage fehlen, die die Geschäftsleiter vernünftigerweise für angemessen halten durften (vgl. Möslein 2018, S. 209 f. und Spindler 2018, S. 45).

5.7.3 Legal Tech im Bereich gebundener Entscheidungen

Legal Tech kann zum anderen bei gebundenen Entscheidungen zum Einsatz kommen.

5.7.3.1 Legalitätspflicht und deren Bedeutung

Die Geschäftsleiter, insbesondere Vorstandsmitglieder einer Aktiengesellschaft bzw. Geschäftsführer einer GmbH, sind gegenüber der Gesellschaft verpflichtet, nach außen sämtliche Rechtsvorschriften einzuhalten, die das Unternehmen als Rechtssubjekt treffen. Zudem können Rechtsvorschriften nicht nur an das Unternehmen, sondern auch unmittelbar an dessen Geschäftsleiter gerichtet sein. Beides zusammen bildet den Bereich der sogenannten externen Pflichtenbindung. Daneben tritt der Bereich der sogenannten internen Pflichtenbindung, d. h. die Organmitglieder sind gehalten, alle

Verhaltensgebote zu erfüllen, die ihnen die einschlägigen gesellschaftsrechtlichen Normen auferlegen. Externe und interne Pflichtenbindung wiederum sind die beiden Bestandteile der sogenannten Legalitätspflicht (vgl. zum Ganzen Fleischer 2019, Rn. 14 ff.). Kommt Legal Tech im Rahmen der Erfüllung der die Geschäftsleiter treffenden Legalitätspflicht, also bei gebundenen Entscheidungen, zur Anwendung, stellen unter Einsatz von Legal Tech getroffene Entscheidungen, wenn sie fehlerhaft sind, sogleich eine Pflichtverletzung seitens der Geschäftsleiter dar (Wagner 2018, S. 1100). In diesem Fall geht es allein darum, ob die Geschäftsleiter unter Umständen trotz der Pflichtverletzung nicht haften, weil sie in zulässiger Weise auf Rechtsrat Dritter vertraut haben.

Der BGH hat in der sogenannten „*Ision*"-Entscheidung (BGH, Urteil v. 20.09.2011, Az. II ZR 234/09) Voraussetzungen aufgestellt und diese in einer weiteren Entscheidung (BGH, Urteil v. 28.04.2015, Az. II ZR 63/14) präzisiert, bei deren Vorliegen Geschäftsleiter dann nicht haften, wenn sie zuvor Rechtsrat eingeholt haben und ihre Entscheidung danach scheinbar pflichtgemäß war. Die Kernaussagen des „*Ision*"-Urteils bauen darauf auf, dass die Geschäftsleiter gegenüber der Gesellschaft die sorgfältige Führung der Geschäfte schulden. Hiervon ausgehend stellt der BGH zunächst fest, dass ein Geschäftsleiter wie jeder Schuldner grundsätzlich für einen Rechtsirrtum einstehen muss, wenn er schuldhaft gehandelt hat. An das Vorliegen eines unverschuldeten Rechtsirrtums sind dementsprechend – wie im gewöhnlichen Zivilrecht – strenge Maßstäbe anzulegen. Denn im Ausgangspunkt ist es die Pflicht der Geschäftsleiter, die Rechtslage sorgfältig zu prüfen, soweit erforderlich – d. h. bei fehlender eigener Sachkunde – Rechtsrat einzuholen und die höchstrichterliche Rechtsprechung sorgfältig zu beachten (BGH, Urteil v. 20.09.2011, Az. II ZR 234/09).

Um den strengen Anforderungen eines unverschuldeten Rechtsirrtums bei fehlender eigener Kenntnis der Rechtslage zu genügen, verlangt der BGH in der „*Ision*"-Entscheidung, dass sich die Geschäftsleiter

- unter umfassender Darstellung der Verhältnisse der Gesellschaft und Offenlegung der erforderlichen Unterlagen
- von einem unabhängigen, für die zu klärende Frage fachlich qualifizierten Rechtsanwalt, bei dem es sich um einen externen oder um einen Syndikusrechtsanwalt aus der eigenen Rechtsabteilung handeln kann (Strohn 2012, S. 140 f.), beraten lassen und
- die erteilte Rechtsauskunft einer sorgfältigen Plausibilitätskontrolle unterziehen.

Dass sich diese drei Voraussetzungen auch dann eins zu eins erfüllen lassen, wenn der Rechtsrat durch einen Rechtsgenerator oder Legal Robot erteilt wird, erscheint zweifelhaft.

5.7.3.2 Relevanz des Einsatzes von Legal Tech für den Entscheidungsprozess

Allerdings ist hier – ähnlich wie zuvor (unter Abschn. 5.7.2.2) im Zusammenhang mit unternehmerischen Entscheidungen – zunächst genauer zu betrachten, welche Relevanz der Einsatz von Legal Tech für den Inhalt des erteilten Rechtsrats besitzt. Hinsichtlich der ersten vom BGH aufgestellten Voraussetzung – umfassende Darstellung der Verhältnisse der Gesellschaft und Offenlegung der erforderlichen Unterlagen – ist schon fraglich, ob diese überhaupt zwingend durch die Geschäftsleiter selbst erfüllt werden muss. Besteht der Sachverhalt aus so zahlreichen Einzelinformationen, dass der Einzelne sie überhaupt nicht alle zu überblicken vermag, dann kann jedenfalls gegen eine Erfassung des Sachverhalts mittels IT-Systemen kaum ein schlagkräftiges Argument angeführt werden. Hier sollte es richtigerweise genügen, wenn dem fachlich qualifizierten Rechtsanwalt die geeignete Informationsquelle von den Geschäftsleitern zugänglich gemacht wird und die Informationen in ein IT-System übertragen und darin mittels geeigneter Legal-Tech-Anwendungen für die rechtliche Beurteilung hinreichend aggregiert werden (Wagner 2018, S. 1102).

Nutzt der fachlich qualifizierte Rechtsanwalt, um sich einen für die rechtliche Beurteilung des Sachverhalts notwendigen Überblick zum Meinungsstand in Rechtsprechung und Literatur zu verschaffen, juristische Online-Datenbanken und Wissensmanagement-Systeme, so hat dies auf die enthaftende Wirkung seines Rechtsrats selbstverständlich ebenfalls keine Auswirkungen. Der Rechtsrat bleibt nämlich unzweifelhaft ein solcher des Rechtsanwalts (Wagner 2018, S. 1102).

Erfolgt die eigentliche rechtliche Beurteilung durch einen Rechtsgenerator oder sogar einen Legal Robot, wird man differenzieren müssen: Wird der Rechtsrat gegenüber dem Geschäftsleiter offen als der eines Rechtsgenerators oder eines Legal Robot erteilt, fehlt es rein formal an der vom BGH aufgestellten Voraussetzung der Beratung durch einen fachlich qualifizierten Rechtsanwalt. Anders ist es hingegen, wenn der Rechtsgenerator bzw. Legal Robot nur zur Unterstützung des den Rechtsrat erteilenden Rechtsanwalts dient, der Rechtsanwalt tatsächlich fachlich qualifiziert ist, das Arbeitsergebnis des Rechtsgenerators bzw. Legal Robot kontrolliert und sich zu eigen macht. Dann ist jedenfalls die Voraussetzung, dass der Rechtsrat von einem fachlich qualifizierten Rechtsanwalt erteilt sein muss, als erfüllt anzusehen. Ist den Geschäftsleitern eine derartige Entstehungsweise des Rechtsrats bekannt, so dürfte dies allerdings gesteigerte Anforderungen an die Plausibilitätsprüfung begründen (Wagner 2018, S. 1102).

5.7.3.3 Grundsätze für den entscheidungsrelevanten Einsatz von Legal Tech

Der BGH hat im Rahmen seiner Entscheidungen die künftigen Einsatzmöglichkeiten von Legal Tech natürlich nicht berücksichtigt. Es lässt sich gegenwärtig nicht abschätzen, ob der BGH die von ihm in der *„Ision"*-Entscheidung aufgestellten Voraussetzungen für den Fall anpassen würde, dass der Rechtsrat gegenüber den Geschäftsleitern ohne Zwischenschaltung eines Rechtsanwalts unmittelbar durch einen Rechtsgenerator oder Legal Robot erteilt wurde. Die vom BGH aufgestellten Voraussetzungen ließen sich jedenfalls an einen derartigen Einsatz von Rechtsgeneratoren und Legal Robots anpassen, ohne von den dahinter stehenden Erwägungen abzurücken.

Unverändert anwenden lässt sich die erste Voraussetzung – umfassende Darstellung der Verhältnisse der Gesellschaft und Offenlegung der erforderlichen Unterlagen –, weil sie nicht vom Berater, sondern von den Geschäftsleitern erfüllt werden muss (Wagner 2018, S. 1103). Einer Anpassung bedarf aber die zweite Voraussetzung – Beratung durch einen unabhängigen, für die zu klärende Frage fachlich qualifizierten Rechtsanwalt. Hierbei geht es dem BGH zum einen um den Ausschluss einer Einflussnahme der Geschäftsleiter auf das Beratungsergebnis (BGH, Urteil v. 28.04.2015, Az. II ZR 63/14) und den Ausschluss von Interessenkonflikten in der Person des Beraters (siehe insbesondere zum Aspekt der Vorbefassung Strohn 2012, S. 140), zum anderen darum, dass das Vertrauen in den Rechtsrat eines Dritten nur bestehen kann, wenn man davon ausgehen darf, dass sich der Dritte mit der Materie besonders gut auskennt (Strohn 2012, S. 140 f.). Wird der Rechtsrat unmittelbar durch einen Rechtsgenerator oder Legal Robot erteilt, so kann und muss es dementsprechend genügen, dass ein unabhängiger, für die zu klärende Rechtsfrage fachlich qualifizierter Rechtsanwalt die Letztverantwortung für die rechtliche Qualität und technische Zuverlässigkeit des eingesetzten Rechtsgenerators bzw. Legal Robot trägt und seine Letztverantwortung sowie die rechtliche Qualität und Zuverlässigkeit des eingesetzten Rechtsgenerators bzw. Legal Robot ausdrücklich bestätigt (Wagner 2018, S. 1103). Dabei muss aber auch nachvollziehbar erläutert und bestätigt werden, weshalb der Rechtsrat des Rechtsgenerators bzw. Legal Robot qualitativ nicht schlechter ist als der eines fachlich qualifizierten Rechtsanwalts (Wagner 2018, S. 1103). Bestehen Zweifel an der Unabhängigkeit des für den Rechtsgenerator oder Legal Robot letztverantwortlichen Rechtsanwalts, kommt eine Kontrolle der Systeme und des konkreten Einsatzes durch einen anderen fachlich qualifizierten und unabhängigen Rechtsanwalt in Betracht (vgl. Strohn 2012, S. 140).

Ebenfalls einer Anpassung bedarf die dritte der vom BGH aufgestellten Voraussetzungen – sorgfältige Plausibilitätskontrolle der erteilten Rechtsauskunft durch die Geschäftsleiter. Nimmt man den BGH beim Wort, kann der Rechtsgenerator bzw. Legal Robot sein Arbeitsergebnis nicht auf ein Ja oder Nein oder einen einfachen Satz beschränken. Vielmehr muss das Arbeitsergebnis den relevanten Sachverhalt, die berücksichtigte Rechtsprechung und Literatur und die – zumindest wesentlichen – gedanklichen Schritte zur rechtlichen Lösung in Textform darstellen (Wagner 2018, S. 1103). Anders ist die vom BGH verlangte sorgfältige Plausibilitätskontrolle nämlich nicht denkbar. Hinzukommen muss aber auch noch eine Erläuterung, zur grundsätzlichen Wirkungsweise der verwendeten Algorithmen. Hierbei ist es richtigerweise genügend, wenn der letztverantwortliche Rechtsanwalt die allgemeine Wirkungsweise und, falls die Algorithmen für die konkrete Rechtsfrage erstellt oder angepasst wurden, die Wirkungsweise im konkreten Einzelfall erläutert (Wagner 2018, S. 1103).

Auch bei unklarer Rechtslage müssen die Geschäftsleiter Rechtsrat einholen, wenn ihnen selbst die notwendigen Rechtskenntnisse fehlen. Hier gilt im Grundsatz das zuvor Gesagte. Streitig ist dabei allerdings, in welchem Umfang den Geschäftsleitern ein Ermessen zuzubilligen ist, wenn mehrere vertretbare Handlungsoptionen bestehen.

Rechtsgeneratoren und Legal Robots müssten hier entweder so programmiert sein, dass sie immer den sichersten Weg gehen, also der aus Sicht des Unternehmens strengsten Ansicht folgen, oder aber die vertretbaren Handlungsoptionen unter Angabe des Maßes ihrer Vertretbarkeit (noch vertretbar, gut vertretbar usw.) angeben (Wagner 2018, S. 1103).

5.7.4 Entscheidungen über den Einsatz von Legal Tech auf nachgeordneter Ebene

Im Ausgangspunkt unproblematisch zulässig ist der Einsatz von Legal Tech außerhalb von Leitungsentscheidungen, d. h. auf den der Geschäftsleitung nachgeordneten Unternehmensebenen. Bezüglich der sich insoweit ergebenden Pflichten der Geschäftsleiter ist wiederum zu unterscheiden, ob es um den Einsatz von Legal Tech im unternehmerischen Bereich oder im Bereich der Legalitätspflicht geht, also zur Einhaltung von gesetzlichen Geboten und Verboten.

Ob eine Entscheidung über den Einsatz von Legal Tech im unternehmerischen Bereich überhaupt in die zwingende Zuständigkeit der Geschäftsleiter fällt, hängt von den möglichen Auswirkungen auf das Unternehmen ab. Werden in großem Stil Verträge mit Kunden automatisiert geschlossen, hat das enorme Vorteile, birgt aber auch erhebliche Risiken, die vor allem aus systemischen Fehlern resultieren können. Maßnahmen von außergewöhnlicher Bedeutung und mit ungewöhnlich hohen Risiken gehören in der Regel zu den nicht delegierbaren Leitungsaufgaben. Über sie muss der Vorstand bzw. die Geschäftsführung entscheiden. Investitionen in neue Technologien sind dabei im Ausgangspunkt unternehmerische Entscheidungen par excellence (Fleischer 2019, Rn. 68). Deshalb kommt den Geschäftsleitern hierbei im Grundsatz die Business Judgment Rule zugute. Zur angemessenen Informationsgrundlage gehört dabei allerdings auch das Verständnis von der Legal-Tech-Anwendung, über deren Einsatz entschieden werden soll, sowie Informationen über die Zuverlässigkeit des in Rede stehenden IT-Systems und der verwendeten Algorithmen (Wagner 2018, S. 1104).

Soweit die Entscheidung über den Einsatz von Legal Tech zur Einhaltung von gesetzlichen Geboten und Verboten aufgrund der möglichen Auswirkungen auf das Unternehmen von den Geschäftsleitern zu treffen ist, spricht viel dafür, dass die isolierte Entscheidung, ob sich die Investition in eine Legal-Tech-Anwendung finanziell lohnt, eine unternehmerische Entscheidung ist (Wagner 2018, S. 1104). Soll die Legal-Tech-Anwendung allein der Unterstützung von Mitarbeitern dienen, die die Letztverantwortung für die Einhaltung der gesetzlichen Gebote oder Verbote haben, und soll das Arbeitsergebnis des IT-Systems von diesen kontrolliert werden, so handelt es sich richtigerweise insgesamt um eine unternehmerische Entscheidung. Insoweit ist nämlich die Legal-Tech-Anwendung für die Einhaltung der gesetzlichen Gebote und Verbote im Grundsatz ohne rechtliche Relevanz (Wagner 2018, S. 1104).

Anders ist dies, wenn der Einsatz eines Rechtsgenerators oder Legal Robot in Rede steht, dessen Arbeitsergebnis ohne Zwischenschaltung eines verantwortlichen Mitarbeiters gesetzliche Gebote oder Verbote einhalten soll. Beispiel hierfür wäre ein IT-System einer Investmentgesellschaft, das Stimmrechtsmitteilungen nach §§ 33 ff. WpHG automatisiert erstellt und selbstständig an die Emittenten und die Bundesanstalt für Finanzdienstleistungsaufsicht übermittelt. In diesem Fall dürfte den Geschäftsleitern kein oder allenfalls ein pflichtgemäßes Ermessen zustehen, wenn es um die Beurteilung der Frage geht, ob die Legal-Tech-Anwendung die gesetzlichen Gebote oder Verbote, zu deren Einhaltung sie eingesetzt werden soll, mindestens genauso gut erfüllt wie die menschliche Alternative (Wagner 2018, S. 1004). Können die Geschäftsleiter dies nicht aus eigener Sachkunde beurteilen, müssen sie auf fachkundigen Rat Dritter zurückgreifen. Dabei sind, weil wir uns hier im Bereich der Legalitätspflicht befinden, die oben (unter Abschn. 5.7.3.1) dargestellten Grundsätze aus der *„Ision"*-Entscheidung des BGH anwendbar.

5.7.5 Anpassung der Steuerungs- und Organisationsstruktur an Legal Tech

Zu den den Geschäftsleitern zugewiesenen nicht delegierbaren Leitungsaufgaben gehören die Unternehmenssteuerung und die Festlegung der Organisationsstruktur. Zur Wahrnehmung der Steuerungsverantwortung gehört es, über die Nutzung neuer Steuerungsinstrumente zu entscheiden. Solche neuen Steuerungsinstrumente können auch aus dem Bereich Legal Tech kommen. Dabei geht es um Anwendungen für ein umfassendes Legal-Risk-Management, aber auch darum, mittels Legal-Tech-Anwendungen die Auswirkungen rechtlicher Themen besser zu verstehen und zu steuern. Das kann der Risikovermeidung dienen, aber ebenso das Ausnutzen von Chancen bzw. die Optimierung innerhalb eines gegebenen Rechtsrahmens beinhalten, also ein echtes Legal Management.

Im Rahmen ihrer Organisationsverantwortung sind die Geschäftsleiter dazu berufen, die Organisationsstruktur an die jeweils aktuellen Gegebenheiten anzupassen. Die Entwicklung im Bereich Legal Tech und Legal Robots kann zu solchen Anpassungen zwingen. Dabei kann es dann etwa um Entscheidungen über die richtige Grundstruktur und Aufstellung der Rechtsabteilung gehen, insbesondere die Einführung eines Legal Operations Management (dazu unter Abschn. 4.3.2).

5.7.6 Ausblick

Die mit Legal Tech verbundenen Problemstellungen liegen zum Teil in Bereichen, zu denen sich in der gesellschaftsrechtlichen Diskussion bislang noch kein wirklich belastbarer Meinungsstand herausgebildet hat, und darüber hinaus sind die betroffenen

Problemstellungen mitunter auch rechtlich schwer zu greifen. Daraus ergeben sich rechtliche Unsicherheiten im Umgang mit Legal Tech im Unternehmen. Es bedarf deshalb noch einer verstärkten wissenschaftlichen Auseinandersetzung mit dem Thema, um die Pflichten der Geschäftsleiter im Hinblick auf den Einsatz von Legal Tech und Legal Robots weiter zu präzisieren. Diese Diskussion auch tatsächlich zu führen, ist umso wichtiger, als die weltweit zunehmende Regulierung und deren mit der Globalisierung einhergehende Vielschichtigkeit, aber auch die steigende Technologielastigkeit der Produkte dazu führen, dass in den Unternehmen rechtliche und operative Fragen immer stärker miteinander verschmelzen (Wagner 2018, S. 1105).

Literatur

Fleischer, H. (2019). § 93 AktG. In G. Spindler & E. Stilz (Hrsg.), *Kommentar zum Aktiengesetz* (4. Aufl.). München: C. H. Beck.

Grupp, M. (2017). Reform von Strafgesetzbuch und BRAO: Outsourcing in Kanzleien wird möglich. *AnwBl, 2017,* 816–822.

Hartung, M. (2017). Legal Tech und Berufsrecht. *NJW – Sonderheft: Innovationen & Legal Tech,* 20–21.

Hartung, M. (2018). Legal Tech und anwaltliches Berufsrecht. In M. Hartung, M. Bues, & G. Halbleib (Hrsg.), *Legal Tech – Die Digitalisierung des Rechtsmarkts* (S. 245–252). München: C. H. Beck.

Hoch, V. (2019). Anwendung Künstlicher Intelligenz zur Beurteilung von Rechtsfragen im unternehmerischen Bereich. *AcP, 2019,* 646–702.

Jungk, A. (2017). Anwaltschaft online – Haftungsgefahren in der digitalen Welt. *AnwBl, 2017,* 776–778.

Kilian, M. (2019). Die Regulierung von Legal Tech. *AnwBl, 2019,* 24–30.

Klugmann, M., Leenen, F., & Salz, K. (2018). Der Dienstleistervertrag nach § 43 e Abs. 3 BRAO – samt Mustervorschlag. *AnwBl, 2018,* 283–289.

Möslein, F. (2018). Digitalisierung im Gesellschaftsrecht: Unternehmensleitung durch Algorithmen und künstliche Intelligenz? *ZIP, 2018,* 204–212.

Remmertz, F. (2017). Legal Tech – Rechtliche Beurteilung nach dem RDG. *BRAK-Mitt, 2017,* 55–61.

Spindler, G. (2018). Zukunft der Digitalisierung – Datenwirtschaft in der Unternehmenspraxis. *DB, 2018,* 41–50.

Strohn, L. (2012). Beratung der Geschäftsleitung durch Spezialisten als Ausweg aus der Haftung? *ZHR, 176*(2012), 137–144.

Wagner, J. (2018). Legal Tech und Legal Robots in Unternehmen und den diese beratenden Kanzleien – Teil 2: Folgen für die Pflichten von Vorstandsmitgliedern bzw. Geschäftsführer und Aufsichtsräten. *BB, 2017,* 1097–1105.

Kollaboration und Interessenvertretung 6

Wenn von Legal Tech die Rede ist, wird auch schnell von Kollaboration gesprochen. Kollaboration ist dabei zu einer Art Credo der Legal Tech Community geworden. Das hat gute Gründe, die auch dazu geführt haben, dass sich für die Kollaboration im Bereich Legal Tech konkrete Formen und Strukturen herausgebildet haben.

6.1 Kollaboration

6.1.1 Warum Kollaboration?

Legal Tech geht mit Kollaboration insoweit einher, als Legal-Tech-Anwendungen in der Regel eine **Zusammenarbeit** von Juristen und Informatikern erfordern. Außerdem erfordert auch der Einsatz von Legal Tech in der Regel Schnittstellen – Schnittstellen, die häufig nur gemeinschaftlich definiert werden können. Darüber hinaus ist für die effektive Nutzung von Legal Tech hier und dort eine Standardisierung sinnvoll. Diese wiederum erfordert ein Zusammenwirken möglichst vieler Stakeholder.

Der interdisziplinäre **Wissens- und Erfahrungsaustausch** im Bereich Legal Tech fördert und beschleunigt den technologischen Wandel, weil dadurch Legal-Tech-Produkte besser an die Bedürfnisse der Juristen angepasst werden können, und weil sich auf diesem Weg häufig neue Anwendungsbereiche für bereits entwickelte Produkte ergeben, an die deren Entwickler ursprünglich selbst nicht gedacht hatten. Darüber hinaus können sich primär für Anwender in Unternehmen entwickelte Programme als nützlich für Kanzleien erweisen und umgekehrt. Auch können Erfahrungen aus der Privatwirtschaft für Justiz und Verwaltung von Interesse sein und umgekehrt.

Kollaboration ist auch gefragt, wenn es darum geht, Legal-Tech-Produkte zu erwerben und in die eigene IT-Infrastruktur zu integrieren. Sowohl bei Unternehmen als

J. Wagner, *Legal Tech und Legal Robots,* https://doi.org/10.1007/978-3-658-28555-5_6

auch bei Kanzleien ist es wichtig, die IT-Abteilung frühzeitig in Digitalisierungsprojekte einzubeziehen. Je besser die eigene IT-Infrastruktur vor äußeren Angriffen geschützt ist, desto schwieriger gestaltet sich die Integration neuer Produkte. Der On-Boarding-Prozess hat dabei häufig nicht nur technische Herausforderungen, sondern auch solche, die sich auf die Dokumentation bezüglich Sicherheit, Compliance (insbesondere Berufsgeheimnis und Datenschutz, dazu Abschn. 5.3 und 5.4) und sonstiger technischer und rechtlicher Risiken bzw. deren Vermeidung beziehen. Viele Start-ups unterschätzen gerade den Dokumentationsaufwand, den die Integration einer Softwarelösung – sei es als On-Premise- oder als Cloud-Lösung – in einer Unternehmens- oder Kanzleiumgebung mit sich bringt.

Kollaboaration hat selbstredend dort ihre Grenze, wo sie kartellrechtlich unzulässig ist. Dabei ist auch auf Unterschiede zwischen dem nationalen und dem europäischen Kartellrecht zu achten.

6.1.2 Open-Source-Projekte

Open Source ist ein Phänomen der Informatik. Als Open Source wird Software bezeichnet, deren Quellcode öffentlich zugänglich ist und von Dritten bearbeitet und weiterverwendet werden kann. Der Begriff beschränkt sich aber längst nicht mehr ausschließlich auf Software, sondern wird auch im Hinblick auf andere Arten von Wissen und Informationen erstreckt.

Open Source bietet eine Reihe von Vorteilen:

- Da viele gemeinsam an der Lösung eines Problems arbeiten, spart jeder einzelne Zeit und Kosten.
- Die Arbeitsergebnisse sind transparent, sodass man diese verstehen und als Grundlage für eigene Weiterentwicklungen heranziehen kann.
- Weiterentwicklungen können wieder als Open Source eingebracht werden.
- Da viele ständig an einem Projekt arbeiten, werden Probleme und Fehler schnell gefunden und behoben.

Für Legal Tech relevante Open-Source-Projekte sind die oben (unter Abschn. 3.1.7) behandelten allgemeinen KI-Plattformen. Daneben gibt es aber auch bereits erste Open-Source-Projekte speziell aus dem Legal-Tech-Umfeld. Dazu gehören beispielsweise folgende Projekte:

- *open decision* (open-decision.org) ist ein quelloffenes System zur Entscheidungsautomatisierung. Mit dem primär für die Pro-Bono-Rechtsberatung entwickelten System sollen Experten rechtliche Fragestellungen in Entscheidungsbäumen aufbereiten können. Diese sollen in ein offenes Datenformat exportiert und Nutzern online oder per App in Form einer Abfrage präsentiert werden können.

- Das *Accord Project* (https://www.accordproject.org) ist ein offenes System, das jeden in die Lage versetzen soll, eigene „Smart Agreements“ zu erstellen und entsprechende Vertragsmuster zu teilen. Diese sollen technologieneutral, aber maschinenlesbar sein und auch mit Blockchain-Technologie ausgeführt werden können.
- Die Idee eines „Open Source Legal Tech Lehrbuchs“ (https://github.com/DaniellaDomokos/LegalTech) wurde Mitte 2019 geboren. Das Lehrbuch soll sich primär an Studierende richten.

6.1.3 Kollaborative Arbeitsmethoden

Die durch Legal Tech ausgelöste verstärkte Zusammenarbeit von Juristen und Informatikern hat bereits dazu geführt, dass Methoden des sogenannten agilen Team- und Projektmanagements auch im juristischen Bereich Einzug halten. Anzutreffen sind vor allem die Scrum-Methode und die Kanban-Methode. Beide stammen ursprünglich aus der Softwareentwicklung.

6.1.3.1 Scrum

Der englische Begriff Scrum stammt aus dem Rugby und bezeichnet ein angeordnetes Gedränge, bei dem sich die Spieler um den Ball versammeln. Dahinter steht der Gedanke, dass die Entwicklung eines (Software-)Produkts den heutigen Anforderungen an Schnelligkeit und Flexibilität nur gewachsen ist, wenn sie im Team erfolgt. Dabei ist zugleich entscheidend, dass die Entwicklung nicht einem von Anfang bis Ende vordefinierten Plan folgt, sondern in klar definierten Schritten mit realistischen Zwischenzielen, die jeweils nach Erreichen des vorausgehenden Zwischenziels und den zuvor gewonnenen Erfahrungen bestimmt werden. Neben dem eigentlichen (Entwicklungs-)Team gibt es den sogenannten „Product Owner“, der für die Eigenschaften und den wirtschaftlichen Erfolg des Produkts verantwortlich ist, sowie den sogenannten „Scrum Master“, der vor allem die Scrum-Regeln festlegt und deren Einhaltung und Funktionieren überwacht. Die einzelnen Projektschritte werden als Sprints bezeichnet, die zwischen zwei und maximal vier Wochen dauern können. Ein Sprint besteht aus

- dem **„Sprint Planning“**, bei dem das Zwischenziel und der Weg dorthin festgelegt werden,
- **„Daily Scrums“**, rund 15-minütigen Treffen zum Informationsaustausch zu Beginn eines jeden Tages,
- einem **„Sprint Review“** am Ende eines Sprints, bei dem das Erreichte präsentiert und mit dem gesteckten Zwischenziel verglichen wird, und
- einer **„Sprint Retrospektive“**, bei der das Team seine bisherige Arbeitsweise überprüft, um sie in Zukunft effizienter und effektiver zu machen.

Neben diesen vier „Ereignissen" gibt es drei sogenannte „Artefakte":

- Das „Product Backlog" ist eine vom Product Owner zu pflegende Auflistung der Anforderungen an das Produkt, die ständig weiterentwickelt wird. In die Weiterentwicklung des Product Backlog können auch die sogenannten „Steakholder", das sind namentlich die künftigen Nutzer bzw. Auftraggeber des zu entwickelnden Produkts, aber auch das Management einbezogen werden.
- Das „Sprint Backlog" ist der aktuelle, von den Team-Mitgliedern laufend zu aktualisierende Plan der im jeweiligen Sprint zu erledigenden Aufgaben. Diese werden aus den Anforderungen an das Produkt abgeleitet, die zuvor aus dem Product-Backlog als diejenigen ausgewählt wurden, die nach dem betreffenden Sprint erfüllt sein sollen.
- Das „Inkrement" ist die Summe aller Anforderungen aus dem Product Backlog, die bereits erfüllt sind.

Wichtig ist, dass am Ende eines jeden Sprints ein funktionsfähiges (Zwischen-)Produkt (sogenanntes „Done") steht, das dem künftigen Nutzer bzw. Auftraggeber zwecks Feedback vorgelegt werden kann.

6.1.3.2 Kanban

Das japanische Wort Kanban bedeutet Signalkarte und ist ursprünglich eine Mitte des vorigen Jahrhunderts in der Produktion von Toyota eingeführte Methode. Mit ihr sollte ein gleichmäßiger Fluss in der Fertigung hergestellt werden, um so die Lagerbestände reduzieren zu können. Unter dem Begriff Kanban hat *David Anderson* im Jahr 2007 eine Methode für die Softwareentwicklung vorgestellt, bei der die Anzahl paralleler Arbeiten und damit der Work in Progress begrenzt wird, um kürzere Entwicklungszeiten zu erreichen und Probleme schnell sichtbar zu machen. Die Methode hat er später im Detail weiter entwickelt und in einem Buch umfassend beschrieben (Anderson 2010).

Anderson nennt vier Grundprinzipien und sechs Kernpraktiken der Kanban-Methode. Die Grundprinzipien lassen sich wie folgt beschreiben:

- Begonnen werden soll mit dem, was man ohnehin gerade tut.
- Veränderungen sollen in kleinen evolutionären Schritten erfolgen, also aus dem Bestehenden heraus entwickelt werden.
- Aktuelle Prozesse, Rollen, Verantwortlichkeiten und Ansprüche sollen respektiert werden.
- Die Übernahme von Führungsverantwortung soll auf allen Ebenen in der Organisation gefördert werden.

Die Kernpraktiken sind die

- Visualisierung des Arbeitsflusses (durch ein sogenanntes Kanban-Board),
- Begrenzung der Anzahl angefangener Arbeiten (des sogenannten Work in Progress),
- Messung und Steuerung des Arbeitsflusses,

- Schaffung klarer, für alle verständlicher Regeln,
- Implementierung von Feedbackzyklen,
- Nutzung von Modellen zum besseren Prozessverständnis und zur Lösungsfindung.

Kanban weist viele Gemeinsamkeiten mit Scrum auf. Beide Methoden stehen jedoch in keinem festen Verhältnis zueinander. Der Hauptunterschied zwischen beiden Methoden liegt darin, dass Scrum ein teamorientierter Ansatz ist, während Kanban primär die Wertgenerierung entlang der Wertschöpfungskette optimieren will. Dieser Unterschied schließt aber eine Verbindung von Scrum und Kanban nicht aus.

6.1.3.3 Tatsächliche Nutzung von Scrum und Kanban

Scrum und Kanban werden in vielen Unternehmen schon länger genutzt, und so sind es in erster Linie die Unternehmensjuristen, die – häufig in gemischten Teams mit Mitarbeitern anderer Fachbereiche – mit solchen agilen Arbeitsmethoden bereits Erfahrung gesammelt haben. In Kanzleien sind diese Methoden dagegen bislang eher selten anzutreffen. Das liegt sicherlich auch daran, dass das Arbeitsumfeld innerhalb von Kanzleien – tatsächlich oder vermeintlich – ohnehin relativ agil ist, sodass die Notwendigkeit, sich mit derartigen Methoden zu befassen, geringer erscheint.

6.2 Initiativen und Verbände

6.2.1 Meet-ups

In der Legal-Tech-Community gab es schon sehr früh sogenannte Meet-ups. Sie haben sich schnell auch in verschiedenen deutschen Städten etabliert. Meet-ups sind Treffen, an denen jeder, der an den entsprechenden Themen interessiert ist, kostenlos teilnehmen kann. Die Meet-ups werden meist von Einzelpersonen oder Gruppen initiiert, von Kanzleien oder Unternehmen ausgerichtet und dienen der Information und dem gemeinsamen Gedankenaustausch. Insofern wohnt ihnen ein kollaboratives Element inne.

6.2.2 Hackathons

Neben den Meet-ups wurden sehr schnell auch sogenannte Legal Hackathons veranstaltet. Bei einem Hackathon (abgeleitet von „Hack“ und „Marathon“) treffen sich eine größere Zahl von Personen meist über einen oder wenige Tage, um innerhalb dieser Zeit gemeinsam Softwareprodukte herzustellen oder Lösungen für gegebene Probleme zu finden. Bei einem Legal Hackathon geht es darum eine Anwendung zu entwickeln, die ein mit rechtlichen Fragen verknüpftes Problem löst. Häufig erfolgt die Entwicklung in Teams, die aus Juristen und Informatikern gemischt sind. Auch die Hackathons beinhalten somit ein starkes kollaboratives Element. Zu den bekanntesten Legal Hackathons, die regelmäßig stattfinden, gehören der Berlin Legal Tech Hackathon und – international – der Global Legal Hackathon.

6.2.3 Konferenzen

Mittlerweile gibt es eine ganze Reihe von jährlich wiederkehrenden Konferenzen zum Thema Legal Tech. Zu den bekanntesten gehören

- Legal Geek, London,
- Berlin Legal Tech, Berlin,
- Legal Revolution, an wechselnden Veranstaltungsorten,
- Legal Transformation Days, Düsseldorf,
- Schweitzer Zukunftsforum, Hamburg,
- Legal Tech Tour, zu wechselnden Zielorten,
- Swiss Legal Tech, Zürich,
- Vienna Legal Tech, Wien.

Zu den Veranstaltungen, bei denen es nicht speziell um Legal Tech, sondern um Schnittmengen aus Recht und IT oder allgemein um Veränderungsprozesse im Rechtsmarkt geht, gehören etwa

- Der Anwaltszukunftskongress, an wechselnden Veranstaltungsorten,
- die International Conference on Artificial Intelligence in Law, alle zwei Jahre an wechselnden Veranstaltungsorten, und
- das Internationale Rechtsinformatik-Symposion, Salzburg.

Speziell für Justiz und Verwaltung von besonderer Bedeutung sind beispielsweise

- der EDV Gerichtstag, an wechselnden Veranstaltungsorten, und
- die Fachtagung des IT-Planungsrats, an wechselnden Veranstaltungsorten.

6.2.4 Verbände

Einige Vereine und Verbände sind heute im Bereich Legal Tech oder in angrenzenden Bereichen aktiv. Bekannteste Beispiele sind die Folgenden:

- ***European Legal Tech Association*** *e. V. (ELTA)* mit Sitz in Berlin. Satzungsmäßiger Zweck des Vereins ist die gezielte Förderung der Bekanntheit von technologie- und softwaregestützten Lösungen und Prozessen in der Rechtsbranche (Legal Technology) sowie von Unternehmen, Kanzleien, Start-ups und Initiativen in diesem Bereich. Der Verein konzentriert sich dementsprechend auf das Thema Legal Tech.
- ***Liquid Legal Institute*** *e. V. (LLI)* mit Sitz in München. Zweck des Vereins ist die Erforschung und Förderung von neuem Denken sowie von Technologien und sonstigen Innovationen im „Ökosystem Recht“ (d. h. der sogenannten Legal Transformation).

Der Verein befasst sich dementsprechend nicht nur mit Legal Tech, sondern darüber hinaus auch ganz allgemein mit dem Wandel im Rechtswesen. Er hat sich insbesondere der Grundlagenforschung zu einer Common Legal Platform verschrieben (dazu Abschn. 2.1.8).

- ***International Legal Technology Association***, *Inc. (ILTA)* mit Sitz in den USA. Der Verband, dessen Mitgliederkreis überwiegend aus Kanzleien besteht, ist – anders als der Name erwarten lässt – nicht nur auf Legal Tech fokussiert, sondern auch auf andere, insbesondere für Kanzleien wichtige Themen ausgerichtet.
- ***International Association for Artificial Intelligence and Law***, *Inc. (IAAIL)* mit Sitz in den USA. Satzungsmäßiger Zweck des Verbands ist es, den Bereich der Künstlichen Intelligenz und des Rechts auf internationaler Ebene zu fördern und weiterzuentwickeln. Insbesondere veranstaltet der Verband alle zwei Jahre die International Conference on Artificial Intelligence in Law.
- ***Rechtswissenschaftliche Gesellschaft für Künstliche Intelligenz und Robotik*** *e. V./ Robotics & AI Law Society (RAILS) e. V.* mit Sitz in Hannover. Satzungsmäßiger Zweck des Vereins ist es, die Diskussion um den gegenwärtigen und künftigen nationalen und internationalen Rechtsrahmen für Künstliche Intelligenz und Robotik in wissenschaftlicher Hinsicht zu begleiten und konkrete Empfehlungen zu rechtlichen Fragestellungen zu erarbeiten. Dieser Zweck ist zwar ebenfalls nicht speziell auf Legal Tech ausgerichtet, der Verein unterhält aber eine Fachsektion Legal Tech.
- Beim ***Bundesverband der Unternehmensjuristen*** *e. V. (BUJ),* Frankfurt am Main, gibt es ebenfalls eine „Fachgruppe Legal Tech", die auch quartalsweise das „Legal Technology Journal" herausgibt.
- Beim ***Bundesverband Deutsche Startups*** *e. V.*, Berlin, gibt es eine „LegalTech Plattform", die von über 20 Start-ups aus dem Verband gegründet wurde.

6.2.5 Universitäre und studentische Initiativen

Auch wenn das Thema Legal Tech an den deutschen Universitäten noch kein fester Ausbildungsbestandteil ist, so gibt es dennoch auch hierzulande bereits einige universitäre Initiativen zu Legal Tech. Beispiele sind

- die ***Forschungsstelle Legal Tech***, die zum *Institut für Energie- und Wettbewerbsrecht in der kommunalen Wirtschaft e. V. (EWeRK)* an der Humboldt Universität zu Berlin gehört. Ziel der Forschungsstelle ist die wissenschaftliche Annäherung an grundlegende Fragen, wie den Begriff, die Bedeutung und juristische Tragweite von Legal Tech;
- die ***Humboldt Consumer Law Clinic*** der juristischen Fakultät der Humboldt Universität zu Berlin, in der Studierende unter Anleitung rechtssuchende Verbraucherinnen und Verbraucher unter Nutzung von Legal Tech beraten sollen;

- das ***Promotionskolleg digitales Rechts***, in dessen Rahmen die juristische Fakultät und die Fakultät für Mathematik und Informatik der Universität Heidelberg in Zusammenarbeit mit der Universität Ulm die Gelegenheit zu Forschung und Promotion im Bereich des „digitalen Rechts" bieten;
- das Forschungsprogramm ***LexAlyze***, eine Kooperation zwischen Teilbereichen der Technischen Universität München und der Ludwigs-Maximilians Universität München, die darauf ausgerichtet ist, Synergien zwischen der Rechtswissenschaft und der Informatik zu erschließen.

An einzelnen Universitäten haben sich in den vergangenen Jahren zudem studentische Initiativen gegründet, die das Thema Legal Tech im universitären Bereich voranbringen möchten. Dazu gehören namentlich

- *Legal Tech Lab Frankfurt am Main e. V.*, Frankfurt am Main,
- *eLEGAL e. V.*, Göttingen,
- *Legal Tech Lab Cologne*, Köln,
- *Munich Legal Tech Student Association e. V. (MLTech),* München,
- *recode.law e. V.*, Münster,
- *Osnabrücker Legal Tech Forum e. V.*, Osnabrück,
- *Tübingen Legal Tech e. V.,* Tübingen.

International seien die beiden folgenden Initiativen beispielhaft hervorgehoben:

- *CodeX* nennt sich das *Stanford Center for Legal Informatics*. Dort arbeiten Forscher, Rechtsanwälte, Unternehmer und IT-Experten gemeinsam daran, die Grenzen der Rechtstechnologie zu erweitern und neue Maßstäbe in Bezug auf Effizienz, Transparenz und Zugang zum Recht zu setzen.
- Die *University of Oxford* hat Ende 2019 zusammen mit vier namhaften Wirtschaftskanzleien ein Forschungsprojekt ins Leben gerufen, dessen Ziel es ist, das Potenzial und die Grenzen des Einsatzes Künstlicher Intelligenz zur Unterstützung von Rechtsdienstleistungen zu untersuchen. Dabei sollen auch betriebswirtschaftliche und Governance-Aspekte untersucht werden. In diesem Zusammenhang haben sich die vier Kanzleien auch zusammengetan, um eine universell einsetzbare Legal Mark-up Language (GLML) zu entwickeln.

6.2.6 Sonstige Initiativen

Daneben gibt es zahlreiche sonstige Initiativen ganz unterschiedlicher Art. Beispiele sind

- das *Bucerius Center on the Legal Profession*, das zur Bucerius Law School, Hamburg, gehört und sich seit einigen Jahren in unterschiedlichsten Veranstaltungen dem Thema Legal Tech und Legal Transformation widmet,

- das *Legal Tech Center*, Berlin, das vor allem Workshops, Konferenzen, Beratung und Auftragsentwicklung anbietet,
- *reinvent Law,* das erste hierzulande gegründete Innovations Hub, zu dessen Mitgliedern eine Kanzlei und mehrere Unternehmen gehören,
- die *Denkfabrik Legal Tech,* eine vom Bayerisches Staatsministerium der Justiz organisierte regelmäßige Informationsveranstaltung, die sich jeweils unterschiedlichen Themen aus dem Bereich Legal Tech widmet,
- die *Legal Tech und Innovation Nürnberg*, hinter der verschiedene Initiativen, Unternehmen und Einzelpersonen stehen,
- die *Legal Hackers*, eine globale Bewegung von Juristen, Politikern, Designern und Informatikern mit dem Ziel, kreative Lösungen für die drängendsten Probleme an der Schnittstelle von Recht und Technologie zu erforschen und zu entwickeln.

All diesen Initiativen ist es gemein, dass sie auf Kollaboration setzen.

6.3 Kollaboration als Chance

Die vorstehenden Abschnitte haben das Thema Kollaboration mit dem Fokus auf der Transformation des Rechtswesens, insbesondere mit dem Fokus auf Legal Tech, betrachtet. Abschließend soll kurz der Blick auf Kollaboration als Chance dafür gerichtet werden, die Relevanz der Juristen, insbesondere in Unternehmen, zu erhöhen.

Anwälte in Kanzleien und Rechtsabteilungen verstehen sich herkömmlicherweise als Berater. In Unternehmen ist diese Rolle in den vergangenen zehn bis zwanzig Jahren aufgebrochen worden. In den Kanzleien zeichnet sich eine parallele Entwicklung nur ganz allmählich ab. Ein Berater betrachtet einen Sachverhalt meistens von außen. Er kann als Außenstehender den Sachverhalt zwar bewerten, häufig aber nicht selbst anpassen. Erachtet er eine neue Idee rechtlich nicht für zulässig, rutscht er automatisch in die Rolle desjenigen, der eine wirtschaftlich gute Idee ausbremst. Kollaboration kann den Juristen hingegen dahin bringen, unternehmerisches Tun mitzugestalten. Wenn die Rechtsabteilung oder die Kanzlei nicht mehr wie ein Außenstehender auf die Dinge drauf schaut, sondern in Entstehungsprozesse eingebunden ist und diese im Austausch mit operativen Einheiten des Unternehmens mitgestaltet, bekommen die Juristen eine ganz andere, als produktiver angesehene Rolle (vgl. dazu Strathausen 2017, S. 9 ff. sowie Schindler 2017, S. 423 ff.). Der im Zusammenhang mit Legal Tech beschworene Kollaborationsgedanke kann hier einen neuen Impuls setzen.

Literatur

Anderson, D. (2010). *Kanban: Successful Evolutionary Change for Your Technology Business.* Sequim: Blue Hole Press.

Schindler, D. (2017). LIQUID LEGAL Manifesto: Changing the State of Aggregation in Legal. In K. Jacob, D. Schindler, & R. Strathausen (Hrsg.), *Liquid Legal – Transforming legal into a business Savvy, information enabled and performance driven industry* (S. 423–454). Cham: Springer.

Strathausen, R. (2017). Masters of ambiguity: How legal can lead the business. In K. Jacob, D. Schindler, & R. Strathausen (Hrsg.), *Liquid legal – Transforming legal into a business Savvy, information enabled and performance driven industry* (S. 9–32). Cham: Springer.

7 Schlussbemerkungen

- Es gibt keinen Zweifel daran, dass auch die juristische Tätigkeit zunehmend technologiegeprägter wird. Legal Tech wird vor allem Effizienzsteigerungen bewirken und in der Folge die Qualität der juristischen Arbeit verbessern. Zudem werden wohl in Zukunft völlig neue Möglichkeiten der rechtlichen Analyse zur Verfügung stehen, die Grundlage für strategische Entscheidungen in rechtlichen, mitunter aber auch in operativen Fragen sein können.
- Im Laufe der Zeit wird der Computer in Teilbereichen des Rechtsmarkts den Menschen als Erbringer von Rechtsdienstleistungen weitgehend verdrängen. Das wird vor allem dort sein, wo es um Massen gleich oder ähnlich gelagerter Fälle geht sowie in stark regulierten Bereichen. In den übrigen Bereichen wird sich der übergeordnete Arbeitsablauf in Kanzleien und Rechtsabteilungen unter Umständen durch Wegfall bestehender und Einfügung neuer Arbeitsschritte verändern. Aber selbst wenn ein Team in einer Kanzlei oder Rechtsabteilung durch Legal Robots ergänzt wird, dürfte die Arbeit auch dieses Teams im Übrigen auch weiterhin der heute bekannten Gesamtstruktur folgen.
- Die Rechtsanwälte in Wirtschaftskanzleien und Rechtsabteilungen können sich durch den Einsatz von Legal Tech und Legal Robots stärker auf anspruchsvolle und strategische Fragen sowie auf künftige Entwicklungen fokussieren und so ihren Mehrwert für die Unternehmen steigern.
- Verändern werden sich die Strukturen vieler Kanzleien. Wo die eingesetzte Technik größere Bedeutung erlangt und Kanzleien so wie andere Unternehmen Investitionen tätigen müssen, treten die individuellen Anwälte tendenziell eher in den Hintergrund. Die Anwaltspersönlichkeit wird dort zunehmend durch die Marke ersetzt werden. In der Folge lässt sich dann auch in Kanzleien zumindest in Teilbereichen Produktion und Vermarktung trennen. Insbesondere werden sich in größeren Kanzleien neben den traditionellen Hierarchiestrukturen, an deren Spitze die Partner

J. Wagner, *Legal Tech und Legal Robots,* https://doi.org/10.1007/978-3-658-28555-5_7

stehen, teilweise neue eigenständige Bereiche mit alternativen Karrierestrukturen ausbilden, deren Schwerpunkt in der Nutzung von Legal-Tech-Anwendungen liegt.

- In Justiz und Verwaltung sind Entwicklungen denkbar, die im Kern parallel zu denjenigen in Kanzleien und Rechtsabteilungen verlaufen. Allerdings lassen sich hier per heute noch keine belastbaren Aussagen treffen. Wenn der elektronische Rechtsverkehr, einschließlich der elektronischen Akte, einmal vollumfänglich aufgesetzt ist, werden sich auf Basis der dann geänderten Prozesse vermutlich neue Gestaltungsmöglichkeiten und Potenziale zeigen.
- Der durchgreifende Wandel des Rechtswesens wird nicht von heute auf morgen eintreten. Der Einsatz von Legal Tech und Legal Robots im Kernbereich der juristischen Tätigkeit steht gegenwärtig erst am Anfang. Aber die durch Legal Tech und den elektronischen Rechtsverkehr ausgelöste Digitalisierungswelle wird nicht aufzuhalten sein.
- Der ersten Digitalisierungswelle wird eine zweite folgen. Es ist zu erwarten, dass Blockchain-Technologie und Smart Contracts, wenn sie in größerem Umfang genutzt werden, einen Wandel auslösen, der die Digitalisierung des Rechtswesens auf eine neue Stufe hebt.
- Mittel- und langfristig ist damit zu rechnen, dass sich Gestaltung, Struktur und Anwendung von Gesetzen tiefgreifend verändern. Wenn es dazu kommt, wird dies das Rechtswesen insgesamt nachhaltig verändern. Die Digitalisierung der Gesetze und ihres Vollzugs bzw. ihrer Anwendung werden vermutlich eine dritte Digitalisierungswelle auslösen und Legal Tech wird dann eine ganz neue Dimension erreichen.

Stichwortverzeichnis

J. Wagner, *Legal Tech und Legal Robots,* https://doi.org/10.1007/978-3-658-28555-5

Printed in Poland
by Amazon Fulfillment
Poland Sp. z o.o., Wrocław

19127090R00090